21 世纪高等职业教育计算机系列规划教材

SQL 语言与关系数据库

黄　河　王贤志　主　编

田启明　王志梅　副主编

電子工業出版社

Publishing House of Electronics Industry

北京 • BEIJING

内 容 简 介

本书全面而系统地介绍了SQL语言的使用，并深入浅出地介绍了数据库基本原理。主要内容包括：SQL基础、SQL的查询与修改、实体-联系模型、关系模型、关系数据库设计理论、SQL的高级功能、关系数据库的实现技术及数据库新技术等。

本书着重于以实例引入概念，对概念的阐述以够用为度，注重实际技能的引导与培养。

本书可作为各高职高专院校和各类培训学校计算机及其相关专业的数据库基础课程的教材，同时可以作为数据库初学者的入门自学教材，也适合作为数据库开发人员的学习参考资料。

图书在版编目（CIP）数据

SQL语言与关系数据库 / 黄河，王贤志主编. —北京：电子工业出版社，2011.8
21世纪高等职业教育计算机系列规划教材
ISBN 978-7-121-13918-5

Ⅰ. ①S… Ⅱ. ①黄… ②王… Ⅲ. ①SQL语言－高等职业教育－教材 ②关系数据库系统－高等职业教育－教材 Ⅳ. ①TP311.132

中国版本图书馆CIP数据核字（2011）第124822号

策划编辑：徐建军（xujj@phei.com.cn）
责任编辑：周宏敏
印　　刷：北京虎彩文化传播有限公司
装　　订：北京虎彩文化传播有限公司
出版发行：电子工业出版社
　　　　　北京市海淀区万寿路173信箱　邮编 100036
开　　本：787×1 092　1/16　印张：12.75　字数：343千字
版　　次：2011年8月第1版
印　　次：2018年7月第4次印刷
定　　价：27.00元

凡所购买电子工业出版社图书有缺损问题，请向购买书店调换。若书店售缺，请与本社发行部联系，联系及邮购电话：（010）88254888，88258888。

质量投诉请发邮件至 zlts@phei.com.cn，盗版侵权举报请发邮件至 dbqq@phei.com.cn。

本书咨询联系方式（010）88254570。

前　　言

数据库技术经历了 30 多年的发展演变，已经取得了辉煌的成就，发展成了一门内容丰富的学科。虽然新的技术层出不穷，如面向对象数据库、XML 数据库，但关系数据库技术仍然是主流。SQL 语言是关系数据库的标准语言，是学好关系数据库的前提。

本书通过一个通篇使用、精简实用的案例，全面介绍了 SQL 语言的类型、查询、更新、约束、触发器、视图、安全性等方面的内容。在此基础上，也适度介绍了关系数据库的理论知识，包括实体-联系模型、关系模型、关系数据库设计理论、实现技术等内容。

本书是一本针对高职高专计算机或相关专业数据库课程的教材，全书共 8 章。

第 1 章 SQL 基础。从数据库应用的角度出发，介绍了 SQL 语言的基本概念、基本类型以及数据定义语句。

第 2 章 SQL 的查询与修改。首先讲述了基本的查询语句，接着引入了更加复杂的查询操作，如聚集查询、连接查询、集合查询及子查询等，并讲解了数据操纵语句的使用。

第 3 章实体-联系模型。介绍了实体-联系（E-R）数据模型的一些主要要素：实体、属性、联系、主码，以及 E-R 图表示法。

第 4 章关系模型。系统讲解了关系数据库的重要概念，包括关系模型的数据结构、关系代数基本运算以及关系的完整性。

第 5 章关系数据库设计理论。首先从关系模式可能的存储异常问题，引入函数依赖的概念，然后介绍了以函数依赖为基础的关系范式，包括 1NF、2NF、3NF，最后简单介绍了数据库设计的方法与过程。

第 6 章 SQL 的高级功能。在第 2 章的基础上，继续就 SQL 语言进行了介绍。其主要内容（如约束、触发器、视图、游标及安全性管理等）都是 SQL 语言的精华。

第 7 章关系数据库的实现技术。重点介绍了两种数据库的核心实现技术：索引与散列、事务与并发控制。

第 8 章数据库新技术。概略地介绍了当前新型的数据库系统。

本书的特点：

- 在讲解顺序上采用先介绍 SQL 的应用，再引入关系数据库的理论知识的方式，符合高职学生的认知特点。
- 以实例引入概念，对理论的阐述少而精，以够用为度。
- 注重实用性且语言通俗易懂。

建议教学实践环境为 SQL Server 2008。

本书由黄河、王贤志任主编，田启明、王志梅任副主编，黄乐丹、张燕姑、张苏豫、项道东、卢劲松、方绪健、刘智海、李少鹏、谢梅源、曹月芹参与了编写工作。

为了方便教师教学，本书配有电子教学课件及案例源代码，请有此需要的教师登录华信教育资源网（www.hxedu.com.cn）免费注册后进行下载，有问题时请在网站留言板留言或与电子工业出版社联系（E-mail：hxedu@phei.com.cn），也可与编者联系（E-mail：hhsky@sohu.com）。

由于编者水平有限和时间仓促，书中难免存在疏漏和不足，希望同行专家和读者给予批评和指正。

编　者

目　　录

第 1 章　SQL 基础

本章学习目标：

- ◆ 理解与数据库相关的概念及数据库的作用；
- ◆ 理解 SQL 语言标准；
- ◆ 理解 SQL 的数据类型；
- ◆ 理解 SQL 的定义语句。

随着信息管理水平的不断提高，信息资源已成为社会各行各业的重要资源和财富，用于信息管理的数据库技术也得到了很大的发展，其应用领域也越来越广泛。

现在，数据库已经成为我们每天生活中不可缺少的一部分，虽然有人可能并没有意识到这一点。为了方便讨论，我们认为“数据库”是相关数据的集合，而“数据库管理系统”（Database Management System，DBMS）是管理和控制对数据库进行访问的软件，更概括的术语“数据库系统”是指与数据库相关的应用程序的集合。设计数据库系统的目的是为了管理大量的信息。在本章里，我们将简要介绍数据库系统的基本原理。

1.1　数据库系统的应用

1.1.1　应用实例

数据库系统的应用非常广泛。以下是一些具有代表性的典型示例，通过这几个典型的示例，能够了解到数据库技术到底可以起到什么作用，更使我们对这门信息技术的支撑技术有一个感性的认识。

1．银行业务系统

银行在数据库中存储各个客户的信息、账户、贷款和交易。你到 ATM 上取款实际上是这样一个过程：你在 ATM 上插入你的银行卡，并且输入你的密码，ATM 会连接到银行数据库去查询密码以进行核对。在确认了你是合法用户后，ATM 就允许你进行存款、取款或者其他操作。当你决定要取出一定数额的现金并且告诉 ATM 后，ATM 会到银行数据库中检查你所取的金额是否超出了你的账户余额以及你的信用额度，如果没有超出，ATM 就在银行数据库中修改你的账户信息和添加本次交易的信息，然后付给你现金。

2．铁路售票系统

铁路公司利用数据库进行售票管理。当你去火车站或任意一个售票点去购买火车票时，售票应用程序首先连接到数据库中，检查是否还有你所要的车次的余票，如果有，就修改数据库中的信息：把某个车厢的某个座位标识为已经出售，然后把火车票打印出来给你。当然还有一种比较复杂的情况，当某个车次只剩下一张票了，两个售票窗口在同一时间发现有一张余票，并且都开始尝试订购这最后一张票。我们的数据库系统不得不处理这种情况，必须保证某个车厢的某个座位只能出售一次，所以系统要通知一个窗口订购成功，通知另一个窗口订购失败。

3．超市购物系统

到超市购物，也会用到数据库。收银员使用条形码阅读器来扫描你所购买的每种货物，收银台程序使用条形码从货物数据库中查询该项货物的价格，并在收银机上显示价格，然后根据购买量修改库存数量。更好的系统会监测该项产品库存数量是否低于某个最低极限值，该系统可能会自动设置一张订单来订购此种产品以增加库存。

4．图书管理系统

到图书馆借阅图书，同样离不开数据库。图书馆一般会有一个数据库，其中保存的信息包括图书的信息、读者的信息、借阅的信息等。它允许读者基于作者、出版社、书名或者其他信息查找所需书籍。通过条形码输入器，图书馆的数据库系统处理借阅、续借、还书等操作。

5．学生选课系统

对于学校，同样有数据库的应用。比如构建一个学生选课的数据库系统。简单来说，这个系统中应该保存学生的基本信息（学号、姓名、班级等）、课程的信息（课程号、课程名、课时等）及选课信息（此信息描述各个学生选了哪些课程以及所获成绩）。学生可以在此系统进行选课，实际上就是往数据库中添加一些选课信息。教师可以在系统中登记学生所获成绩，学生可以查询自己的选课情况和课程成绩。

这里仅仅是几种数据库系统应用，很显然，你会发现我们周围许多其他应用情况。尽管我们平时都熟知这些应用，也在使用它们，但是它们的背后，却隐藏着复杂的高级技术，而我们就要开始学习这些技术。

1.1.2　数据库系统的应用前景

在当今的信息时代，我们的生活中越来越多地依赖信息的存取和使用，数据库系统正日益广泛地应用到人们的生活中。我们可以使用数据库访问银行账户信息，从而使存取钱更方便、快捷；在股票交易中，使用数据库可以很方便地将钱从银行户头转换到股票户头等等。

信息需求的增长使数据库系统的应用日益重要，范围日益广泛，数据库和数据库管理系统正在探寻前所未有的应用领域。目前，数据库系统已经应用到医学监控、医学诊断、计算机辅助设计、计算机辅助制造、计算机辅助工程、能源管理、图书馆管理、航空系统、天气预报、交通预订、旅馆预订等许多领域。

数据库系统的发展满足了用户共享信息的需求，随着在线信息的增加以及越来越多的用户希望访问在线信息，今后还会开发出更多的面向应用的数据库系统。

1.2　数据库相关概念

对数据库的基本概念的掌握，有助于理解和学习后续的知识，本节将为数据库技术中的一些术语提供正式的定义。

1．实体和记录

在生活中我们会经常听到“实体”一词，在数据库概念中，实体是所有客观存在的、可以被描述的事物，例如计算机、人、课本、桌子甚至课本的结构，都属于客观存在的，可以被描述的，这些都称为实体。

在计算机描述这些实体的时候，采用的方法是针对这些实体所具有的“特征”进行表述的，例如针对人和书本，描述的方面是不一样的，针对人，我们可能说明其编号、姓名、年龄、民族、收入及职业等；针对书本，我们要描述的重点应当是书本的价格、章节数、页数、作者、出版社、出版日期等。再深入考虑一下，对不同的人的描述，其实都可以在编号、姓名、年龄、民族、收入以及职业等方面体现，因此我们发现，只要是对人的描述，描述"格式"都是一样的，在这种格式下，不同的数据体现了不同的实体。

数据库中的数据就是按照这种格式进行存储的，而不是杂乱无章的，相同的"格式"和类型的数据统一存放在一起，而不会把人和书本混在一起存储，这样，数据的存储就如图 1.1 所示那样有条不紊了。

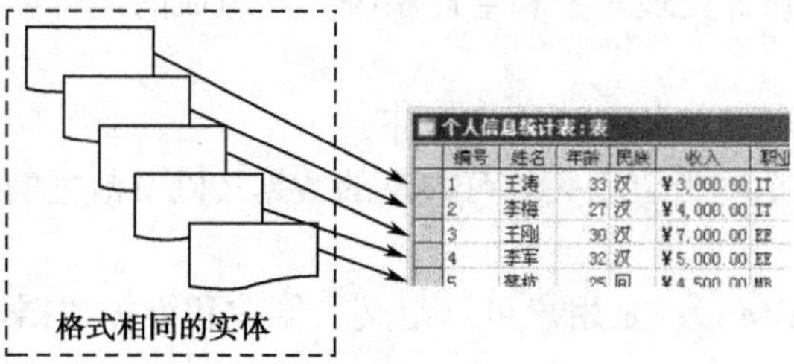

图 1.1　数据存储方式

观察图 1.1，数据库中存储的数据，每一"行"实际上对应一个实体，这样的一行，在数据库中，通常叫做"一条记录"。表中的每一个输入项，叫做"列"，编号、姓名、年龄、民族、收入、职业都是列名，在数据库中，通常叫做"字段"。

2．数据库和数据库表

从图 1.1 中可以得知，不同的记录组织在一起，形成了数据库的"表"，也可以说表是实体的集合，是用来存储具体的数据的。那么上面提到的书本的信息又存储在哪里呢，很显然，跟人的信息一样，书本的信息也应当存储在另外一张表中，但需要注意的是，并不是每一张表就是一个数据库，数据库和表存在怎样的关系呢？简单地说，数据库就是表的集合，如图 1.2 所示。

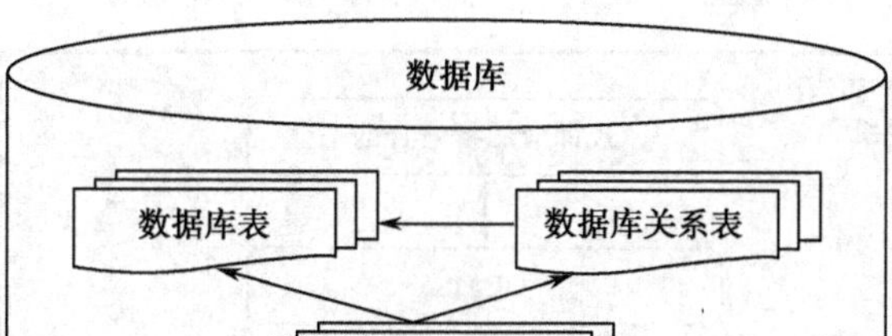

图 1.2　数据库表和数据库的关系

通常，数据库并不是简单地储存这些实体的数据，它还要求表述实体之间的关系，如书本和人是存在关系的，它们之间并不是互不相干的，例如书本的作者可能就是数据库中的某个人，因此，需要建立书本和人的"关系"，这种关系也需要数据库来表示，因此"关系"的描述也是数据库的一部分。

随着数据库技术的发展和需求的增加，数据库还产生了其他许多的辅助功能，例如进行全文检索、为了保密和方便所产生的存储过程、视图、操作数据行的游标等，这些操作对象也逐渐成为数据库的一部分。

3．数据库系统和数据库管理系统

数据库管理系统（DBMS）是一种系统软件，由一个互相关联的数据集合和一组访问数据的程序构成。这个数据集合通常称为数据库，其中包含了有用的数据信息。数据库管理系统的基本目标是要提供一个可以方便有效地存取数据库信息的环境。数据库管理系统的主要功能是维护数据库，并有效地访问数据中各个部分的数据，图 1.3 表示了数据库管理系统与数据库的关系。

数据库系统（DBS）是一个实际可运行的软件系统，可以对系统提供的数据进行存储、维护和应用，它是由存储介质、处理对象和管理系统共同组成的集合体。它通常由软件、数据库和数据库管理员组成。

综上所述，数据库相关的基本概念定义如下。

数据库（Database）：是逻辑上相关的可共享的数据（以及数据的描述）集合。用于处理组织所需的信息。

数据库管理系统（DBMS）：是用户可以定义、创建和维护数据库以及提供对数据库有限制的访问的软件系统。

数据库系统（DBS）：带有数据库的计算机系统，包括以下 5 部分。

- 数据库（DB）。
- 数据库管理系统（DBMS）。
- 应用（Application）：使用数据库的应用程序。
- 人员：包括普通用户和数据库管理员（Database Administrator，DBA）。数据库是整个组织的数据资源，因此组织设立了专门的数据资源管理机构来管理数据库，DBA 则是这个机构的一组人员，负责全面地管理和控制数据库管理系统。
- 硬件。

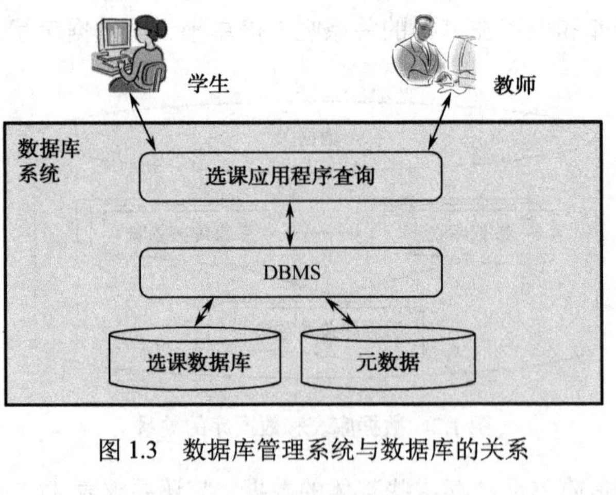

图 1.3　数据库管理系统与数据库的关系

1.3　SQL 基本概念

SQL（Structure Query Language）是结构化查询语言的简称，是关系型数据库管理系统中最流行的数据查询和更新语言。

SQL 可以用两种方法来发音：用单个字母 S—Q—L，或者发“Sequal”的音，两种发音都是可以接受的。

1.3.1 SQL 语言标准

SQL 语言是 20 世纪 70 年代由 IBM 公司研制开发的关系数据库管理系统的原型系统 System R 实现的，经过多年的发展，SQL 语言已成为关系数据库的标准语言。

SQL 语言不同于 Java、C#这样的程序设计语言，它只是数据库能够识别的指令，但是在程序中，可以组织 SQL 语句发送给数据库，数据库再执行相应的操作。例如，在 C#程序中要得到 SQL Server 数据库表中的记录，可以在 C#程序中编写 SQL 查询语句，然后发送到数据库，数据库根据查询的 SQL 语句进行查询，再把查询结果返回 C#程序。

1.3.2 SQL 语言的特点

SQL 之所以能够被用户和业界所接受并成为国际标准，是因为它是一种综合的、功能强大的且简洁易学的语言。SQL 语言集数据查询、数据操纵、数据定义和数据控制功能于一体，其主要特点如下。

（1）一体化。SQL 语言风格统一，可以完成数据库活动中的全部工作，包括创建数据、定义模式、更改和查询数据以及进行安全控制和维护数据库等。

（2）高度非过程化。SQL 是一种面向结果的语言。所谓面向结果指的是，只是告诉数据库，需要什么数据，而不关心如何去取数据。

（3）简洁。虽然 SQL 语言功能强大，但它只有为数不多的几条命令，完成核心功能的语句只用了 9 个动词（见表 1.1）。

（4）能以多种方式使用。SQL 语言可以直接以命令方式交互使用，也可以嵌入到程序设计语言中使用。而且不管用哪种方式，SQL 语言的语法基本都是一样的。

1.3.3 SQL 语言功能概述

SQL 的功能可分为四部分：数据定义功能、数据控制功能、数据查询功能和数据操纵功能。表 1.1 列出了实现这四部分功能的命令。

SQL 语言分为以下几类。

- 数据定义（DDL）：实现定义、删除和修改数据库对象（基本表、视图、索引等）的功能。
- 数据查询（DQL）：实现查询数据的功能。
- 数据操纵（DML）：实现对数据库数据的增加、删除和修改的功能。
- 数据控制（DCL）：实现控制用户对数据库的操作权限的功能。

表 1.1 SQL 命令分类

SQL 功能	命令
数据定义	CREATE DROP ALTER
数据查询	SELECT
数据操纵	INSERT UPDATE DELETE
数据控制	GRANT REVOKE

1.4 SQL 的数据类型

前面介绍过，关系数据库的表是由列组成的，列指明了要存储的数据的含义，同时指明了要存储的数据的类型。因此，在定义表结构时，必然要指明每个列的数据类型。

每种数据库产品所支持的数据类型并不完全相同，而且与标准的 SQL 也有差异。在本书中主要介绍 Microsoft SQL Server 支持的常用数据类型，为进行对比，也列出了对应的标准 SQL 数据类型。

需要指出的是，本章及后续章节的所有例子均通过 SQL Server 2008 的 Transact-SQL 实现。

1.4.1 数值型

数值型分为准确型和近似型两类。

准确型数值是指在计算机中能够精确存储的数据，比如整型数、定点小数等都是准确型数据；近似型是用于表示浮点型数据的近似数据类型。浮点型数据为近似值，表示在其数据类型范围内的所有数据在计算机中不一定都能精确地表示。

1.4.2 字符数据类型

字符型数据是由汉字、字母、数字和各种符号组成的，在 SQL Server 中，默认情况下，字符数据是用单引号括起来的。如'Visual Basic'、'数据库'、'2003'等都是合法的字符串。

在 SQL Server 中，字符数据可以用 char、varchar、text 三种形式存储，字符的编码方式也有两种：普通字符编码和统一字符编码。普通字符编码指的是不同国家或地区的编码长度不一样，比如，英文字符的编码是一个字节（8 位），中文汉字的编码是两个字节（16 位）；而采用统一字符编码标准（Unicode）的编码方式不管对哪个地区、哪种语言均采用双字节（16 位）进行编码。

1.4.3 日期时间类型

SQL Server 的日期时间型数据是将日期和时间合起来存储，它没有单独存储的日期和时间类型。但 SQL-92 或 SQL-99 是将日期和时间类型数据分开存储，没有日期时间合起来存储的类型，在 SQL-92 或 SQL-99 中日期是 Date 类型，时间是 Time 类型。

SQL Server 提供了两种存储日期和时间的数据类型：datetime 和 smalldatetime。

- datetime：占用 8 字节存储空间，用于存储日期和时间的结合体，它可以存储从公元 1753 年 1 月 1 日零时起～公元 9999 年 12 月 31 日 23 时 59 分 59 秒之间的所有日期和时间。
- smalldatetime：与 datetime 类型相似，但其日期时间范围较小，占用 4 字节空间，存储从 1900 年 1 月 1 日～2079 年 6 月 6 日的日期和时间数据。

当存储 datetime 或 smalldatetime 类型的数据时，默认格式是 MMDDYYYYhh:mm:ss AM/PM，当插入数据或在其他地方使用该类型时，需用单引号把它括起来。

在输入日期数据时，可采用如下几种输入格式（以 2004 年 4 月 22 日为例）：

```
Apr 22 2004      /*英文数字格式*/
2004-04-22       /*数字加分隔符格式*/
20040422         /*纯数字格式*/
```

在输入时间时，可采用 12 小时格式或 24 小时格式（以 2004 年 4 月 22 日下午 2 点 25 分 35 秒为例）：

```
2004-04-22 2:25:35 PM          /*12 小时格式*/
2004-04-22 14:25:35            /*24 小时格式*/
```

1.4.4　货币类型

货币数据表示正的或负的货币值，在 SQL Server 中使用 money 和 smallmoney 数据类型存储货币数据。货币数据存储的精确度为 4 位小数。货币类型的数据实际上都是带有 4 位小数的 decimal 类型的数据。在 money 或 smallmoney 类型的字段中输入货币数据时必须在数值前加上一个货币符号，如$符号；输入负值时，应当在货币数据的后面加一个负号。SQL-92 或 SQL-99 没有对应的货币类型。

表 1.2 归纳了 SQL Server 所支持的各种数值类型的使用范围。

表 1.2　数 值 类 型

分类	备注和说明	数据类型	说明
二进制数据类型	存储非字符和文本的数据	image	可用来存储图像
文本数据类型	字符数据包括任意字母、符号或数字字符的组合	char	固定长度的非 Unicode 字符数据
		varchar	可变长度非 Unicode 数据
		nchar	固定长度的 Unicode 数据
		nvarchar	可变长度 Unicode 数据
		text	存储长文本信息
		ntext	存储可变长度的长文本
日期和时间	日期和时间在单引号内输入	datetime	日期和时间
数字数据	该数据仅包含数字，包括正数、负数以及分数	int，smallint	整数
		float，real	数字
货币数据类型	用于十进制货币值	money	
bit 数据类型	表示是/否的数据	bit	存储布尔数据类型

1.4.5　SQL 的标识符与关键字

1. SQL 的标识符

- 规则标识符：也称为标准标识符，它是字符串，可以具有多达 128 个字符的长度，只能由字母、数字及下画线组成，并且只能以字母开始。规则标识符大小写不敏感。
- 定界标识符：也称为非标准标识符，它是字符串，可以具有多达 128 位的长度，位于两个双引号之间。定界标识符大小写敏感（在 Transact-SQL 中，定界标识符也可以位于方括号“[ ]”之间）

2. SQL 的关键字

对于 SQL 有特殊意义的单词，称为关键字。如 SELECT、OR、AND 等。

- 关键字分为两种：保留关键字和非保留关键字。

- 保留关键字不能用于规则标识符。而非保留关键字没有这样的限制，但是不推荐使用非保留关键字作为规则标识符。
- 关键字大小写不敏感。
- 详细的关键字列表请查阅相关资料。

3. 空值（NULL）

- NULL 代表丢失或未知的数据。它是一个值，但这并不意味着它是丢失或未知的数据。
- NULL 属于一个域，不能说 NULL “等于”、“大于”、“小于” 某个值。

4. 三值逻辑结构

- 大部分的逻辑系统都是建立在二值基础之上的：是/否（True/False）。
- 但在 SQL 中，逻辑系统是建立在三值基础之上的：是/否/未知（True/False/Unknown）。
- 一般来说，对于两个表达式 E1 和 E2，若要比较 E1=E2，如果 E1 为 NULL 或者 E2 为 NULL 或者两者都为 NULL，那么其结果为 Unknown（未知）。

表 1.3 给出了三值逻辑真值表。

表 1.3　三值逻辑真值表

P	Q	Not P	P and Q	P or Q
真	真	假	真	真
真	假	假	假	真
真	未知	假	未知	真
假	真	真	假	真
假	假	真	假	假
假	未知	真	假	未知
未知	真	未知	未知	真
未知	假	未知	假	未知
未知	未知	未知	未知	未知

1.4.6　数据定义语句

表是数据库模式中最重要的对象，也是数据库操作最多的对象。关系数据库的表是二维表，包含行和列，创建表就是定义表所包含的列的结构，其中包括列的名称、数据类型、约束等。下面专门讨论如何定义这些表。

SQL 的数据定义语句能创建和修改数据库的逻辑结构，包括定义对象（CREATE 语句）、修改对象（ALTER 语句）和删除对象（DROP 语句）。

1. 定义表

使用 CREATE　TABLE 语句来定义表，这种表通常称为基本表。CREATE　TABLE 语句的语法非常复杂，但其基本的语法格式为：

```
CREATE   TABLE   <表名> (
<列名 1>   <数据类型 1>
<列名 2>   <数据类型 2>
<列名 3>   <数据类型 3>
```

```
    ⋮
    <列名 n>  <数据类型 n>)
```

其中，<表名>是所定义的基本表的名字，<列名>是表中所包含的列的名字。

例如，用 SQL 语句创建三张表：学生表、课程表、选课表，这三张表的结构如表 1.4、表 1.5 和表 1.6 所示。

表 1.4　学生表结构

列名	数据类型
学号	整数
姓名	字符串，长度为 8
性别	字符串，长度为 1
班级	字符串，长度为 10
年龄	整数

表 1.5　课程表结构

列名	数据类型
课程号	整数
课程名	字符串，长度为 20
教师	字符串，长度为 8
周课时数	浮点数
备注	变长字符串，最大长度为 50

表 1.6　选课表结构

列名	数据类型
学号	整数
课程号	整数
成绩	浮点数

创建如上结构的三张表的 SQL 语句如下：

```
CREATE  TABLE  学生表
(
    学号  INT ,
    姓名  CHAR（8），
    性别  CHAR（1），
    班级  CHAR（10），
    年龄  INT
)
CREATE  TABLE  课程表
```

```
(
    课程号  INT ,
    课程名  CHAR（20），
    教师  CHAR（8），
    周课时数  FLOAT ,
    备注  VARCHAR（50）
)
CREATE  TABLE  选课表
(
    学号  INT ,
    课程号  INT ,
    成绩  FLOAT
)
```

2. 修改表

表被创建以后，用户可以改变表中原先定义的许多选项。可以增加列、删除列、改变表名和改变表的所有者等。

修改表使用 ALTER　TABLE 语句实现。ALTER　TABLE 语句可以增加列、删除列、修改列的定义、定义主码和外码，也可以添加和删除约束（对码及约束的 SQL 操作语句将在第 6 章中讲解）。

（1）修改列定义的语法格式为：

```
ALTER  TABLE  <表名>  ALTER  COLUMN  <列名>  <新数据类型>
```

（2）添加列的语法格式为：

```
ALTER  TABLE  <表名>  ADD  <新列名>  <数据类型>
```

（3）删除列的语法格式为：

```
ALTER  TABLE  <表名>  DROP  COLUMN  <列名>
```

例如，如果要求为选课表添加“课程类别”列，类型为字符串，长度为 4，则可使用如图 1.4 所示语句来完成。

```
ALTER  TABLE  选课表
    ADD  课程类别  CHAR（4）
```

图 1.4　在表中添加新列

将图 1.5 所示语句中新添加的课程类别列的类型改为 char（6），可使用如图 1.5 所示的语句来完成。

```
ALTER  TABLE  选课表
    ALTER  COLUMN  课程类别  CHAR（6）
```

图 1.5　在表中修改列定义

如果需要删除课程表的备注列，可采用如图 1. 6 所示的修改语句。

```
ALTER  TABLE  课程表
       DROP  COLUMN  备注
```

图 1.6　在表中删除列

3．删除表

删除表就是将指定的表中的数据和表的结构从数据库中永久性地除去。删除表之后，如果没有备份，那么这种删除就不能再恢复了。

删除表可以使用 DROP　TABLE 语句实现，该语句的语法格式如下：

```
DROP  TABLE  <表名>
```

例如，要删除课程表，则可用图 1.7 所示语句来完成。

```
DROP  TABLE  课程表
```

图 1.7　删除表的示例语句

1.5　本 章 小 结

数据库系统用于存储大量信息。今天数据库系统已经非常普遍了，大多数人每天都要直接或间接地与数据库进行多次交互。

数据库管理系统（DBMS）的基本目标是提供一个可以让人们方便、高效地存取信息的环境。用数据库来管理，将使数据的存储、检索变得更安全和高效。

SQL 语言是数据库能够识别的通用指令集，在后续章节中将介绍 SQL 语句的各种查询的操作方法。

习　　题

1．结合自己的生活和工作，说说数据库有哪些应用场合。

2．说明数据库系统的组成部分。

3．结合实际情况，说明电话号码、性别、年龄、照片、薪水等信息一般使用什么数据类型存储。

4．在数据库 YY 中存在两张表，分别为患者表、病历表，定义如下：

患 者 表

字段名	字段类型
ID	int
姓名	varchar(20)
出生日期	smalldatetime
性别	char(1)

注：其中 ID 为主键。

病　历　表

字段名	字段类型
ID	integer
患者 ID	integer
看病时间	smalldatetime
主治医生	varchar(20)
看病情况	varchar(400)
备注	varchar(100)

注：其中 ID 为主键，患者 ID 为外键引用患者表的 ID 字段。

请用 SQL 语句创建以上两张表（患者表，病历表）。

第 2 章　SQL 的查询与修改

本章学习目标：

- ◆ 掌握查询语句的基本结构；
- ◆ 掌握投影、选择及连接等基本查询操作；
- ◆ 掌握聚集查询、子查询等高级查询操作；
- ◆ 掌握数据操纵语句 INSERT、UPDATE、DELETE 的使用。

用户使用数据库时需要对数据库进行各种各样的操作，如查询数据，添加、删除和修改数据，定义、修改数据模式等。DBMS 必须为用户提供相应的命令或语言，这就构成了用户与数据库的接口。接口的好坏直接影响着用户对数据库的接受程度。因此，现代 DBMS 都加强了用户接口的功能，尽量使用户感到方便和友好。DBMS 所提供的语言一般只局限于对数据库的操作，有别于普通的高级程序设计语言，称为数据库语言。

目前，关系数据库都配有说明性的关系数据库语言，也就是说用户只需说明需要什么数据，而不必表示如何获取这些数据，系统会自动完成。其中最成功、应用最广泛的首推 SQL 语言，它已成为关系数据库语言的国际标准。

本章介绍的 SQL 语言，是一种被众多数据库产品广泛使用的标准结构化查询语言。按照 SQL 语言语法编写的各种查询语言可以在数据库中执行各种数据操作。本章将要对 SQL 查询和修改语句进行详细的介绍。

2.1　SQL 基本查询语句

本节主要介绍一些基本的查询语句。查询语句的执行离不开数据库模式实例，在以下的查询示例中，都是以如图 2.1 所示的示例数据库模式实例为基础的。

学生表（学号，姓名，性别，班级，年龄）

选课表（学号，课程号，成绩）

课程表（课程号，课程名，教师，周课时数，备注）

图 2.1　示例数据库模式

2.1.1　查询语句的基本结构

数据检索就是把数据库中存储的数据根据用户的需求提取出来的过程。SQL 语言中查询语句使用 SELECT 语句来执行。查询语句是数据操作中最基本和最重要的语句之一，其功能是从数据库中检索满足条件的数据。查询的数据源可以是一张表，也可以是多张表，甚至是视图，查询的结果是由 0 行（没有满足条件的数据）或多行记录组成的一个记录集合，并允许选择一个或多个字段作为输出字段。SELECT 语句还可以对查询的结果进行排序、汇总等。

SELECT 语句完整的语法形式非常复杂，图 2.2 给出了 SELECT 的简洁语法形式。

```
SELECT <目标列名序列>            --需要输出哪些列
FROM <数据源>                    --来自于哪些表
[WHERE <检索条件表达式>]         --根据什么条件
[GROUP BY <分组依据列>]
[HAVING <组提取条件>]
[ORDER BY <排序依据列>]
```

图 2.2　查询语句的基本结构

在如图 2.2 所示的结构中：

- SELECT 子句用于指定输出的字段，即指定属性的名称，只有指定的属性才能在查询集中出现。
- FROM 子句用于指定数据的来源，即查询所涉及的关系名称，在 FROM 子句中不仅可以列出一个关系的名称，而且可以列出多个关系的名称。当然，列出的关系名称都是将要查询的对象。
- WHERE 子句用于给出查询的条件，即指定数据的选择条件，就像关系代数中的选择条件一样，只有匹配这些条件的元组才能出现在结果中。
- GROUP BY 子句用于对检索到的记录进行分组。
- HAVING 子句用于指定组的选择条件。
- ORDER BY 子句用于对查询的结果进行排序。

在这些子句中，SELECT 子句和 FROM 子句是必需的，其他子句都是可选的。

注意：在 SQL 语句中，关键字对大小写不敏感；“--”表示注释。

2.1.2　投影

图 2.3 所示为一个最简单的查询语句。

```
SELECT  *
FROM 学生表
```

图 2.3　查询学生表中的所有记录

学号	姓名	性别	班级	年龄
1031231	张小燕	F	GZ02电气2	21
1031232	张张	F	GZ02电气2	21
1031233	陈毓兰	M	GZ02电气2	20
2011101	方彩峰	F	GZ02机制1	21
2011102	张叶	M	GZ02机制1	20
2011103	叶光旭	M	GZ02机制1	22
2011104	何忠义	M	GZ02机制1	22
2011105	卢卫平	F	GZ02机制1	21
2011106	王里桂	F	GZ02机制1	21
2011108	陈用今	M	GZ02机制1	20

图 2.4　学生表中的全部记录

该语句的作用就是检索学生表中的全部信息，即全部列和全部行。其中，SELECT 子句后面是一个星号（*），表示检索全部列。在这个结果中，显示的信息与数据在表中存储的顺序完全一样。该查询语句的执行结果如图 2.4 所示（因为记录很多，这里只列出部分记录，以下同）。

1．选择列

在很多情况下，我们都是根据自己的需要来查询信息的。也就是说，可以把查询所涉及的关系投影到某些属性上面，这样可以减少结果中那些没有意义的信息量。

这时，可以在 SELECT 关键字后面指出要检索的列名。图 2.5 所示语句就是检索每一个学生的学号、姓名和班级。

```
SELECT 学号，姓名，班级
FROM 学生表
```

图 2.5　检索学生表中的字号姓名和班级信息

在图 2.5 所示的查询语句中，SELECT 关键字后列出了三个属性的名称，即学号、姓名和班级，这些属性之间用逗号分开。这些属性顺序既可以与关系模式实际定义的属性相同，也可以不同。但是，查询结果中的属性与这里列出的属性顺序相同。图 2.5 所示的查询语句的执行结果如图 2.6 所示。

学号	姓名	班级
1031231	张小燕	GZ02电气2
1031232	张张	GZ02电气2
1031233	陈毓兰	GZ02电气2
2011101	方彩峰	GZ02机制1
2011102	张叶	GZ02机制1
2011103	叶光旭	GZ02机制1
2011104	何忠义	GZ02机制1
2011105	卢卫平	GZ02机制1
2011106	王里桂	GZ02机制1
2011108	陈用今	GZ02机制1

图 2.6　图 2.5 所示语句的执行结果

在数据检索的时候，结果集中列的顺序是由 SELECT 后列名的顺序确定的，因此，可以在结果集中重新排列列的顺序。列顺序的改变只影响数据结果的显示，对于表中的数据存储顺序无任何影响。

图 2.7 所示的查询语句则改变了图 2.5 所示查询的列的显示顺序。

```
SELECT 学号，班级，姓名
FROM 学生表
```

图 2.7　重新对列排序

如图 2.8 所示为重新对列排序后的输出结果。

学号	班级	姓名
1031231	GZ02电气2	张小燕
1031232	GZ02电气2	张张
1031233	GZ02电气2	陈毓兰
2011101	GZ02机制1	方彩峰
2011102	GZ02机制1	张叶
2011103	GZ02机制1	叶光旭
2011104	GZ02机制1	何忠义
2011105	GZ02机制1	卢卫平
2011106	GZ02机制1	王里桂
2011108	GZ02机制1	陈用今

图 2.8　重新对列排序后的输出结果

2. 改变列标题

在默认情况下，数据检索结果集中所显示出来的列标题就是在创建表时所使用的列名。但是，显示的列标题也是可以改变的。

改变列标题有两种方法：使用“=”；使用 AS 关键字。

（1）当使用“=”时，语法形式为：

```
新标题=列名（此时，也可以用单引号将新标题括起来）
```

```
SELECT 学号，姓名，所在班级=班级  FROM 学生表
```

图 2.9　用“=”号改变列标题

示例如图 2.9 所示。

（2）当使用 AS 时，语法形式为：

```
列名 AS 新标题
```

示例如图 2.10 所示。

```
SELECT 学号，姓名，班级 AS 所在班级  FROM 学生表
```

图 2.10　使用 AS 改变列标题

两种情况下，输出结果都如图 2.11 所示。

学号	姓名	所在班级
1031231	张小燕	GZ02电气2
1031232	张张	GZ02电气2
1031233	陈毓兰	GZ02电气2
2011101	方彩峰	GZ02机制1
2011102	张叶	GZ02机制1
2011103	叶光旭	GZ02机制1
2011104	何忠义	GZ02机制1
2011105	卢卫平	GZ02机制1
2011106	王里桂	GZ02机制1
2011108	陈用今	GZ02机制1

图 2.11　改变列标题后的输出结果

注意：虽然查询结果中的列标题改变了，但是关系模式中属性的名称（即表中的字段名）并没有任何改变，只是显示出来的结果变化了。

3. 带表达式的 SELECT 子句

SELECT 子句中可以包含算术表达式，允许+、–、*、/，当然也可以是常量表达式。例如，要求出成绩提高 20%后的成绩，则可用如下表达式进行描述，参见如图 2.12 所示查询语句。

```
SELECT 学号，课程号，成绩，成绩*1.2  AS 调整后的成绩
FROM 选课表
```

图 2.12　SELECT 子句中带算术表达式

如图 2.12 所示查询语句，用“成绩*1.2”算出了将成绩提高 20%后的新的成绩，并且赋予了一个列标题“调整后的成绩”。查询语句执行后，产生的结果如图 2.13 所示。

学号	课程号	成绩	调整后的成绩
1031231	1	99.0	118.8
1031231	2	60.0	72.0
1031231	3	50.0	60.0
1031231	4	88.0	105.59999999999999
1031232	1	100.0	120.0
1031232	2	63.0	75.599999999999994
1031232	3	58.0	69.599999999999994
1031233	1	100.0	120.0
2011101	1	85.0	102.0
2011102	1	81.0	97.200000000000003

图 2.13 SELECT 子句中带算术表达式的结果

在查询结果中，还可以增加一些常量，改变查询结果的显示格式，提高结果关系中数据的可读性。例如，可以在如图 2.6 所示的查询结果中，在其后面增加一列：“2002 级学生”，这时可以用如图 2.14 所示的查询语句来完成。

注意：增加的常量需要使用单引号引起来。

```
SELECT 学号，姓名，班级，‘2002 级学生’ AS 界别
FROM 学生表
```

图 2.14 包含常量的查询语句

如图 2.14 所示的查询语句执行后，其结果如图 2.15 所示。在该查询结果中，第 4 列是常量值并且被赋予了一个列标题“界别”。

学号	姓名	班级	界别
1031231	张小燕	GZ02电气2	2002级学生
1031232	张张	GZ02电气2	2002级学生
1031233	陈毓兰	GZ02电气2	2002级学生
2011101	方彩峰	GZ02机制1	2002级学生
2011102	张叶	GZ02机制1	2002级学生
2011103	叶光旭	GZ02机制1	2002级学生
2011104	何忠义	GZ02机制1	2002级学生
2011105	卢卫平	GZ02机制1	2002级学生
2011106	王里桂	GZ02机制1	2002级学生
2011108	陈用今	GZ02机制1	2002级学生

图 2.15 包含了常量的查询语句的结果

4．ALL 与 DISTINCT

SQL 允许关系和查询结果中出现重复行，要强制消除重复，可在 SELECT 后使用关键字 DISTINCT，而指定 ALL 则不消除重复。在 MSSQL 中，默认为 ALL。

例如，如果需要根据学生表显示出全校有哪些班级，则可对比图 2.16 和图 2.17 所示的查询语句。

从图 2.16 可以看出，由于该查询语句中没有使用关键字 DISTINCT，所以查询结果中出现了重复记录，从而得不到正确的结果。

如果在图 2.16 所示的查询语句中使用了关键字 DISTINCT，如图 2.17 所示，则会消除记录中的重复记录，得到正确的结果。

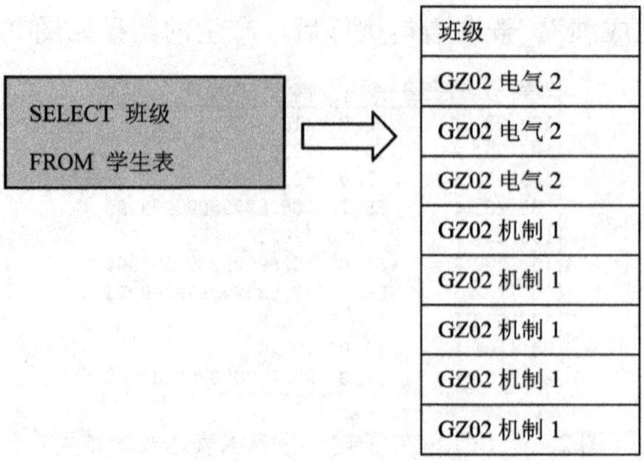

图 2.16　没有删除重复记录的查询语句和结果

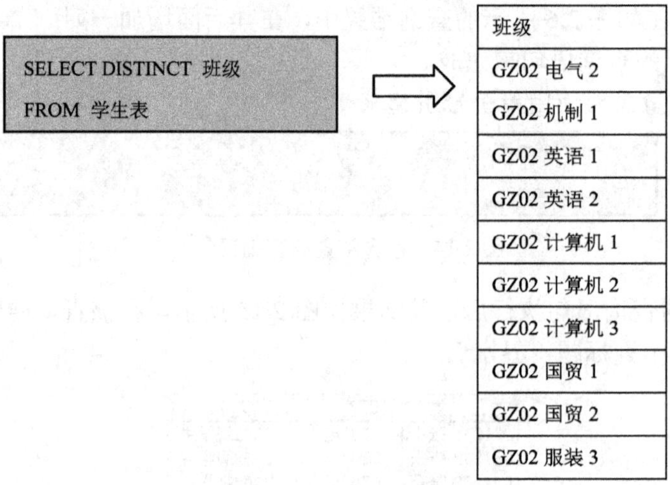

图 2.17　删除重复的查询语句和结果

另外，在选课表中，一个学生可以同时选多门课，如果要求检索出已经选过课的学生学号，可参见如图 2.18 所示的示例。

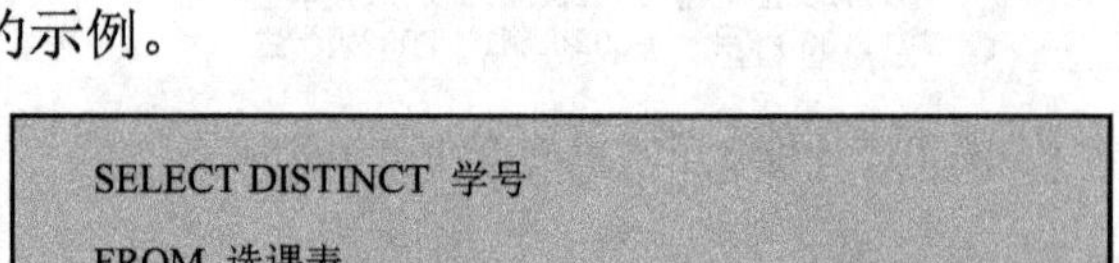

图 2.18　显示出已经选过课的学生的学号

注意：关键字 DISTINCT 针对的是 SELECT 子句后面的所有属性不能出现重复，不是针对 SELECT 后面第一个属性不能重复。例如，“SELECT DISTINCT 学号，课程号”的含义是“学号”字段和“课程号”字段的任意组合都不能重复，而不是某一个字段不能重复。

2.1.3　选择

在前面的示例中，都是检索表中的全部行。当然，在很多情况下，只需要表中的一部分数据。在 SELECT 语句中，WHERE 子句指定要检索的数据行，只有满足关键字 WHERE 中指定条件的元组才能出现在结果关系中。

1. 比较运算符

WHERE 子句的语法允许在表列的名称之后和列值之前使用比较运算符（=、>、<、>=、<=、<>），在比较运算条件的运算项中，可以使用常量或关系中的属性，还可以使用通用的算术运算符（+、-、*、/）。

例如，要求检索出选课表中所有成绩在 95 分以上的同学的学号、课程号和成绩，那么可以在 WHERE 子句中使用条件：成绩>95，可使用如图 2.19 所示的查询语句来完成。

图 2.19 所示查询语句的执行结果如图 2.20 所示。该结果集中只包含了所有成绩在 95 分以上的同学的信息。

```
SELECT  *  FROM  选课表
WHERE 成绩>95
```

图 2.19　使用比较运算符的查询语句

学号	课程号	成绩
1031231	1	99.0
1031232	1	100.0
1031233	1	100.0
2011102	2	97.0
2011112	3	97.0
2011114	1	96.0
2011120	1	100.0
2011132	1	98.0
2011134	1	96.0
2011161	2	98.0

图 2.20　成绩>95 的查询结果

在上面的查询语句中，指定的条件是数字。如果指定的条件是字符串类型的，那么需要把字符串用单引号引起来。例如，要求查询出班级为 GZ02 计 5 班的全部同学的信息，则可以使用如图 2.21 所示的查询语句。查询结果见图 2.22。

```
SELECT  *  FROM  学生表
WHERE 班级='GZ02 计 5'
```

图 2.21　查询 GZ02 计 5 班的同学信息的查询语句

学号	姓名	性别	班级	年龄
2021501	贾胜红	F	GZ02计5	21
2021502	金建娥	F	GZ02计5	21
2021503	杨志英	M	GZ02计5	22
2021504	陈佳	F	GZ02计5	21
2021505	俞江武	M	GZ02计5	20
2021506	林肖霞	F	GZ02计5	21
2021507	陈晓青	M	GZ02计5	18
2021508	林剑	M	GZ02计5	22
2021509	肖丽娟	M	GZ02计5	20
2021510	蔡凌俊	M	GZ02计5	20

图 2.22　查询 GZ02 计 5 班的同学信息的查询结果

2．逻辑运算符

在 WHERE 子句中，可以使用逻辑运算符把若干个查询条件连接起来，组成复合条件。这些逻辑运算符包括 AND、OR、NOT。当在同一条语句中同时包含多个逻辑运算符时，其优先级从高到低依次是 NOT、AND、OR。

图 2.23 中的示例使用了 AND 逻辑运算符，检索选修了 1 号课程并且成绩在 80 分以上的同学的学号和成绩。

```
SELECT 学号,课程号,成绩
FROM 选课表
WHERE 课程号='1' AND 成绩>80
```

图 2.23　使用逻辑运算符

图 2.23 所示查询语句的执行结果如图 2.24 所示。

学号	课程号	成绩
1031231	1	99.0
1031232	1	100.0
1031233	1	100.0
2011101	1	85.0
2011102	1	81.0
2011113	1	81.0
2011114	1	96.0
2011115	1	84.0
2011120	1	100.0
2011126	1	92.0

图 2.24　使用逻辑运算的查询结果

3．BETWEEN…AND（NOT BETWEEN…AND）

BETWEEN…AND…（NOT BETWEEN…AND…）可以指定搜索范围，可以用来查找值在（不在）指定范围内的元组，其中 BETWEEN 后边指定范围的下限，AND 后边指定范围的上限，表示在（不在）下限与上限之间。

例如，如果要求检索出学生表中年龄在 20～23 之间的所有男同学的信息，则可使用如图 2.25 所示的查询语句。查询结果见图 6.26。

```
SELECT *
FROM 学生表
WHERE 年龄 BETWEEN 20 AND 23 AND 性别='M'
```

图 2.25　使用 BETWEEN 关键字查询语句

当然，对于 BETWEEN 关键字，也可以使用比较运算符来代替，比如，图 2.25 所示的查询条件也可以表示为：

```
WHERE 年龄>=20 AND 年龄<=23 AND 性别='M'
```

注意：在用 BETWEEN…AND…指定查询范围时，如果是针对 char、varchar、text、datetime、smalldatetime 等数据类型的数据，则一定要用单引号引起来。

学号	姓名	性别	班级	年龄
1031233	陈毓兰	M	GZ02电气2	20
2011102	张叶	M	GZ02机制1	20
2011103	叶光旭	M	GZ02机制1	22
2011104	何忠义	M	GZ02机制1	22
2011108	陈用今	M	GZ02机制1	20
2011109	陈斌	M	GZ02机制1	22
2011111	王华珍	M	GZ02机制1	20
2011113	章鸿燕	M	GZ02机制1	20
2011114	胡建杰	M	GZ02机制1	20
2011115	陈建华	M	GZ02机制1	22

图 2.26　使用 BETWEEN 关键字的查询结果

4．IN（NOT IN）

IN 或者 NOT IN 关键字允许指定要选择的取值表，意思是包含在由 IN 指定的列表之中或不包含在由 NOT IN 指定的列表中。例如，要求检索出学生表中 GZ02 计 5、GZ02 计 6、GZ02 计 7 三个班级的同学信息，可使用如图 2.27 所示的查询语句。

```
SELECT *
FROM 学生表
WHERE 班级 IN ('GZ02 计 5', 'GZ02 计 6', 'GZ02 计 7')
```

图 2.27　使用 IN 关键字的查询语句

如图 2.27 所示的例句也可由图 2.28 所示的例句代替。

```
SELECT *
FROM 学生表
WHERE 班级='GZ02 计 5' OR 班级='GZ02 计 6' OR 班级='GZ02 计 7'
```

图 2.28　图 2.27 所示语句的另一种形式

5．字符串模糊匹配

在实际应用中，如果需要从数据库中检索出一批记录，但又不能给出精确的字符查询条件，这时就可采用字符串的模糊匹配。字符串匹配功能是使用 LIKE 关键字来实现的。LIKE 关键字用于检索与特定字符串相匹配的记录行。LIKE 关键字后面跟一个值段而不是一个完整的列值。

LIKE 关键字的使用形式如下：

```
列名 [NOT] LIKE <匹配字符串>
```

匹配字符串是一种特殊的字符串，其特殊之处在于它不仅可以包含普通字符，还可以包含通配符。通配符用于表示任意字符或字符串。在 LIKE 关键字前面也可使用 NOT，表示对结果取反。

在 LIKE 关键字中，可以使用 4 种匹配符。

- %（百分号）：匹配 0 个或多个字符；
- _（下画线）：匹配任意一个字符；
- [ ]：匹配[ ]中的任意一个字符；
- [^]：不匹配[^]中的任意一个字符。

带有匹配符的字符串必须使用单引号引起来，如下面的示例：

LIKE ‘BR%’ 返回以“BR”开始的任意字符串。

LIKE ‘Br%’ 返回以“Br”开始的任意字符串。

LIKE ‘%een’ 返回以“een”结束的任意字符串。

LIKE ‘%en%’ 返回包含“en”的任意字符串。

LIKE ‘_en’ 返回以“en”结束的 3 个字符的字符串。

LIKE ‘[CK]%’ 返回以“C”或者“K”开始的任意字符串。

LIKE ‘[S-V]ing’ 返回长为 4 个字符的字符串，结尾是 ing，开始是 S 到 V。

LIKE ‘M[^c]%’ 返回以“M”开始且第 2 个字符不是“c”的任意字符串。

例如，要求检索出学生表中所有姓陈的同学，可使用如图 2.29 所示的查询语句。查询结果见图 2.30。

```
SELECT  *  FROM 学生表
WHERE 姓名 LIKE'陈%'
```

图 2.29　查找姓陈的同学

学号	姓名	性别	班级	年龄
1031233	陈毓兰	M	GZ02电气2	20
2011108	陈用今	M	GZ02机制1	20
2011109	陈斌	M	GZ02机制1	22
2011115	陈建华	M	GZ02机制1	22
2011164	陈荣强	M	GZ02机制1	18
2011209	陈汉远	F	GZ02机制2	21
2011210	陈顺来	M	GZ02机制2	20
2011220	陈雪刚	M	GZ02机制2	22
2011228	陈端剑	F	GZ02机制2	21
2012112	陈建宇	F	GZ02机电1	21

图 2.30　学生表中陈姓同学的查找结果

如果要求查询学生表中姓陈或姓李或姓刘的学生情况，则可采用如图 2.31 所示的查询语句来完成。查询结果见图 2.32。

```
SELECT  *
FROM 学生表
WHERE 姓名 LIKE'[陈李刘]%'
```

图 2.31　姓陈、李、刘的学生情况查询语句

学号	姓名	性别	班级	年龄
1031233	陈毓兰	M	GZ02电气2	20
2011108	陈用今	M	GZ02机制1	20
2011109	陈斌	M	GZ02机制1	22
2011115	陈建华	M	GZ02机制1	22
2011130	刘伯清	M	GZ02机制1	18
2011162	李陈晓	F	GZ02机制1	21
2011163	刘愉建	F	GZ02机制1	21
2011164	陈荣强	M	GZ02机制1	18
2011209	陈汉远	F	GZ02机制2	21
2011210	陈顺来	M	GZ02机制2	20

图 2.32　姓陈、李、刘的学生情况查询结果

注意：在使用关键字 LIKE 进行数据检索时，应注意，一个英文字母和一个汉字都被当做一个字符。

6. 涉及空值的查询

前面已经对空值进行了解释。

空值（NULL）在数据库中有特殊的含义。空值 NULL 是指没有任何值，它与数字 0、空格字符、逻辑假不同，0、空格、假也是值，但 NULL 表示目前不能确定其具体内容。空值具有以下特性：

- 等价于没有任何值。
- 与 0、空字符串或空格不同。
- 排序在其他数据前面。
- 在计算过程和大多数函数中均可使用空值。

例如，某些学生选修课程后还没有参加考试，所以这些学生虽然有选课记录，但没有考试成绩，因此考试成绩为空值（而不是 0）。判断某个值是否为空值，不能使用普通的比较运算符（=、<>或!=等），而只能使用专门判断空值的子句来完成。

判断取值是否为空值的语句格式为：

```
列名  IS  [NOT]  NULL
```

例如，要求查询已经选课，但无考试成绩的学生的学号和相应的课程号，可使用如图 2.33 所示的查询语句。

```
SELECT 学号，课程号
FROM 选课表
WHERE 成绩 IS NULL
```

图 2.33　涉及空值的查询语句

如果要查询所有有考试成绩的学生的学号和课程号，则可使用：

```
SELECT 学号，课程号 FROM 选课表 WHERE 成绩 IS  NOT  NULL
```

从以上介绍可知，在 SQL 查询中，选择操作是通过 WHERE 来完成的。归纳起来，WHERE 子句常用的查询条件如表 2.1 所示。

表 2.1　WHERE 子句常用的查询条件

查询条件	谓　词
比较运算	=、>、>=、<、<=、<>（或!=）
逻辑运算	AND、OR、NOT
确定范围	BETWEEN AND、NOT BETWEEN AND
确定集合	IN、NOT IN
字符匹配	LIKE、NOT LIKE
空值	IS NULL、IS NOT NULL

2.1.4　对查询结果进行排序

在查询结果中，元组的排列顺序与实际数据的存储顺序相同。但有时，我们希望查询的结果能按一定的顺序显示出来，比如将学生的考试成绩按从高到低的顺序排列。SQL 语句具有按用户指定的列排列查询结果的功能，而且查询结果既可以按一个列排序，也可以按多个列排序。

在 SQL 语句中，排序就是指用 ORDER BY 子句排列查询结果的顺序。使用 ORDER BY 子句，可以在 SELECT 语句的结果表显示或者返回到程序之前排列顺序，即 ORDER BY 只能在最终结果上进行操作。ORDER BY 子句使用升序（ASC）或降序（DESC）指定一组列。对于在结果表中无列名称的列，可以使用一个相对列号来代替列名。系统默认的排列顺序是升序。

例如，要检索出选课表中所有选修课程号为 1 并且成绩在 95 分以上的同学的学号和成绩，并要求按成绩从高到低的顺序排列，则可以使用如图 2.34 所示的查询语句。

```
SELECT 学号，成绩
FROM 选课表
WHERE 课程号=1 AND 成绩>=95
ORDER BY 成绩 DESC
```

图 2.34　按成绩降序查询语句

图 2.34 所示查询语句的执行结果见图 2.35。

学号	成绩
2091203	100.0
2091220	100.0
2101112	100.0
2091109	99.0
2072213	99.0
2072130	99.0
2072406	99.0
2072407	99.0
2072411	99.0
2071122	99.0

图 2.35　按成绩降序排列的查询结果

在如图 2.34 所示的查询中，按成绩从高到低的顺序排列，如果要求在成绩相同的情况下，再按学号升序排列，则可使用如图 2.36 所示的查询语句。

```
SELECT 学号，成绩
FROM 选课表
WHERE 课程号=1 AND 成绩>=95
ORDER BY 成绩 DESC，学号
```

图 2.36　多重排序示例

如果 ORDER BY 子句中使用多个列进行排序，则这些列在该子句中出现的顺序决定了对结果集进行排序的次序。当指定多个排序依据列时，首先按照排在 ORDER BY 后面的第一个列进行排序，如果按第一个列排序后存在两个或两个以上列值相同的记录，则将列值相同的记录再按第二个依据列进行排序，依此类推。

学号	成绩
2091203	100.0
2091220	100.0
2101112	100.0
1031231	99.0
2011210	99.0
2012222	99.0
2021525	99.0
2021818	99.0
2021824	99.0
2031202	99.0

图 2.37　多重排序结果

2.2　高级查询语句

前面介绍的查询语句都是最基本的 SQL 操作，这些操作不能充分体现出 SQL 语句的强大功能。SQL 语句的强大和灵活，在于可以在一个查询语句中处理多个关系表、对关系的查询结果进行集合运算、对关系中的属性值应用聚集函数以及在其他查询语句中嵌套查询语句等，即聚集查询、连接查询、集合查询及子查询等。

2.2.1　聚集查询

1．聚集函数

聚集函数也称为集函数、聚合函数或计算函数，其作用是对一组值进行计算并返回一个单值。聚集函数可以返回整个或者几个列或者一个列的汇总数据，它常用来计算 SELECT 语句查询的统计值。例如，求某个列的平均值、最大值等，并且聚集函数经常与 SELECT 语句的 GROUP BY 子句一同使用，按照给定的条件进行分组，计算一些合计值。

在 SQL 语言中，提供了如表 2.2 所示的几个常用的聚集运算符，这些运算符可以产生某一个列的汇总值。

表 2.2　常用聚集函数及功能

聚 集 函 数	功　能
AVG	返回数据表达式的平均值
COUNT	返回在某个表达式中数据值的数量
COUNT（*）	返回所选择行的数量
MAX	返回表达式中的最大值
MIN	返回表达式中的最小值
SUM	返回表达式中所有值的和
STDEV	返回表达式中所有数据的标准差
STDEVP	返回总体标准差
VAR	返回表达式中所有值的统计变异数
VARP	返回总体变异数

注意：除 COUNT（*）外，其他函数在计算时忽略 NULL 值。

以上这些聚集函数必须用在 SELECT 子句中，其返回的结果在查询结果集中作为新列出现。函数表达式可以是下列几种形式的任意组合：

- 列名。
- 常量。
- 由算术运算符连接起来的函数。

例如，要求通过选课表查询出所有选修 1 号课程的学生的最高分、最低分及平均分，则可以使用如图 2.38 所示的查询语句来完成。

```
SELECT MAX(成绩) AS 最高分,MIN(成绩) AS 最低分,AVG(成绩) AS 平均分
FROM 选课表
WHERE 课程号=1
```

图 2.38　MAX、MIN、AVG 等函数的使用

执行结果如图 2.39 所示。

最高分	最低分	平均分
100.0	50.0	74.69086826347305

图 2.39　MAX、MIN、AVG 等函数的查询结果

图 2.40 所示的查询语句给出了 COUNT 函数的用法。

```
SELECT  COUNT（*） AS 所有记录数,
        COUNT（学号） AS 所有学生数,
        COUNT（班级）AS 班级列数量,
        COUNT（DISTINCT 班级） AS 班级数
FROM  学生表
```

图 2.40　COUNT 函数的使用

执行结果如图 2.41 所示。

所有记录数	所有学生数	班级列数量	班级数
1726	1726	1725	47

图 2.41　使用 COUNT 函数的查询结果

从如图 2.41 所示的查询结果可以看出，在使用 COUNT 函数时，应注意 COUNT（*）、COUNT（列名）、COUNT（DISTINCT 列名）三种用法的区别：

- 在计算时，COUNT（*）应包括 NULL 值在内，因为 COUNT（*）返回的是所选择行的数量，所以它包括空值在内的所有行。
- 而 COUNT（列名）、COUNT（DISTINCT 列名）均忽略 NULL 值。
- COUNT（列名）统计出所指定列的数量，而 COUNT（DISTINCT 列名）则统计出消除重复后的所指定列的数量，参见图 2.41，COUNT（班级）的返回的值为 1725，而 COUNT（DISTINCT 班级）所返回的值为 47。

例如，如果要求统计出选修了课程的学生人数，则可使用如下所示的查询语句实现：

```
SELECT  COUNT（DISTINCT  学号）FROM  选课表
```

2. 使用 GROUP BY 子句

聚集函数本身只能产生一个单个的汇总数据，使用 GROUP BY 子句之后，就可以生成分组的汇总数据。GROUP BY 子句把数据组织起来分成组。一般情况下，根据表中的某一列进行分组，并且使用聚集函数，对每一个组只能产生一个单个值。

使用 GROUP BY 子句时，应注意以下事项：

- 每一个组计算得到一个汇总值，并把这个汇总值保存在一个字段中。
- 对应于所指定的每一个组，只生成一条记录，且不返回细节信息。
- 所有在 GROUP BY 子句中指定的字段名，都必须出现在 SELECT 语句的选择列表中。
- 如果使用 WHERE 子句，则只对满足 WHERE 子句的记录进行分组和汇总。
- 最好不要对可能包含空值的字段使用 GROUP BY 子句，因为空值也将被当做一组。
- 联合使用关键字 ALL 和 GROUP BY 子句时，不论记录是否满足 WHERE 子句中的条件，组合字段中含有空值的所有行都将被列出。

例如，要求对学生表中按班级进行汇总人数和平均年龄，则可采用如图 2.42 所示的查询语句实现。

```
SELECT  班级,
        COUNT（学号）AS 班级人数,
        AVG（年龄）AS 平均年龄
FROM  学生表
GROUP BY 班级
ORDER BY 班级
```

图 2.42　按班级汇总人数和平均年龄

执行结果见图 2.43。

班级	班级人数	平均年龄
NULL	1	NULL
GZ02宾馆1	25	20
GZ02财1	36	20
GZ02财2	41	19
GZ02财3	44	20
GZ02财4	43	19
GZ02财5	43	19
GZ02财6	44	20
GZ02财7	41	20
GZ02财8	40	19

图 2.43　按班级汇总人数和平均年龄查询结果

如图 2.44 所示的查询语句给出了对 GZ02 计 6 班的同学按性别计算平均年龄的示例。此示例比图 2.42 所示的查询示例多了一个 WHERE 子句，则这个查询将只对 GZ02 计 6 班的同学按性别分组后再进行平均年龄的计算。

```
SELECT 性别，AVG（年龄） AS 平均年龄
FROM 学生表
WHERE 班级='GZ02 计 6'
GROUP BY 性别
```

图 2.44　对 GZ02 计 6 班的同学按性别计算平均年龄

执行结果见图 2.45。

性别	平均年龄
F	19
M	20

图 2.45　图 2.44 的查询结果

3. 使用 HAVING 子句筛选结果集

联合使用 GROUP BY 子句与 HAVING 子句，将在数据分组的基础上，进一步对数据进行汇总。可以用子句 HAVING 为结果集中的组设置条件。在结果集中，HAVING 子句可以在分组的同时，对字段或表达式指定查询条件。HAVING 子句为 GROUP BY 设置条件的方式，与 WHERE 子句为 SELECT 语句设置条件的方式大致相同。

使用 HAVING 子句时，应注意以下事项：

- 一般情况下，只在 GROUP BY 子句中使用 HAVING 子句，没有 GROUP BY 而单独使用 HAVING 子句是没有任何意义的。
- 在 HAVING 子句中，可以引用任何允许出现在 SELECT 选择列表中的字段。

图 2.42 所示的查询中已经给出了按班级汇总人数和平均年龄的示例，图 2.46 所示的查询语句，在此基础上筛选出平均年龄在 19～20 岁且班级人数在 40 人以上的班级。

```
SELECT 班级，COUNT(*)  AS 班级人数，AVG(年龄)  AS 平均年龄
FROM  学生表
GROUP BY  班级
HAVING  AVG(年龄)  BETWEEN 19  AND  20  AND COUNT(*) >40
ORDER BY 班级
```

图 2.46　HAVING 子句示例

执行结果如图 2.47 所示。

班级	班级人数	平均年龄
GZ02财2	41	19
GZ02财3	44	20
GZ02财4	43	19
GZ02财5	43	19
GZ02财6	44	20
GZ02财7	41	20
GZ02电气1	46	20
GZ02电子2	47	19
GZ02国贸1	46	19
GZ02国贸2	46	20

图 2.47　HAVING 子句查询结果

图 2.48 所示的查询语句给出了在选课表里同时选修了 4 门课程的同学的学号的示例。

```
SELECT 学号，COUNT（课程号）AS 课程门数
FROM 选课表
GROUP BY 学号
HAVING  COUNT（课程号）=4
ORDER BY 学号 DESC
```

图 2.48 同时选修 4 门课程的查询示例

查询结果如图 2.49 所示。

学号	课程门数
2101217	4
2101216	4
2101211	4
2101206	4
2101201	4
2101111	4
2101107	4
2101105	4
2101103	4
2091361	4

图 2.49 图 2.48 的查询结果

4. 对 WHERE、GROUP BY、HAVING 的思考

在查询语句中，使用 WHERE 子句、GROUP BY 子句与 HAVING 子句时，很容易搞混，现对这三个子句的使用做一个小结：

- WHERE 子句用来筛选 FROM 子句中指定的操作所产生的行。
- GROUP BY 子句用来分组 WHERE 子句的输出。
- HAVING 子句用来从分组的结果中筛选行。

2.2.2 连接查询

前面的查询都只涉及一个表，但在实际使用过程中，经常需要同时从两个或者两个以上的表中检索数据。连接就是允许同时从两个表或者两个以上的表中检索数据，指定这些表中的某个或者某些列作为连接条件。

连接查询是关系数据库中最主要的查询，主要包括内连接、外连接和交叉连接等。内连接的连接查询结果集中仅包含满足条件的行，内连接是 SQL Server 默认的连接方式，可以把 INNER JOIN 简写成 JOIN；交叉连接的连接查询结果集中包含两个表中所有行的组合；外连接的连接查询结果集中既包含那些满足条件的行，还包含其中某个表的全部行，有三种形式的外连接：左外连接、右外连接、全外连接。各种连接类型及其对应的关键字如表 2.3 所示。

表 2.3 连接查询类型

连接类型		关键字
交叉连接		CROSS JOIN
内连接		INNER JOIN
外连接	左外连接	LEFT OUTER JOIN
	右外连接	RIGHT OUTER JOIN
	全外连接	FULL OUTER JOIN

1. 交叉连接

交叉连接即笛卡儿乘积，是指两个关系中所有元组的任意组合。一般情况下，交叉查询是没有实际意义的。

例如，如果希望得到学生表和选课表两个关系模式的乘积，则可以使用如图 2.50 所示的查询语句。

```
SELECT  *
FROM 学生表 CROSS JOIN 选课表
```

```
SELECT  *
FROM 学生表，选课表
```

图 2.50　交叉连接示例

在图 2.50 所示的例句中，有两个不同的查询语句，它们的笛卡儿乘积条件不同，但却得到相同的查询结果。这里没有列出查询结果，但很清楚，结果关系中有些元组有意义，有些元组是根本没意义的。

2．内连接查询

内连接是一种最常用的连接类型。内连接查询实际上是一种任意条件的查询。使用内连接时，如果两个表的相关字段满足连接条件，则从这两个表中提取数据并组合成新的记录，也就是说，在内连接查询中，只有满足条件的元组才能出现在结果关系中。

内连接查询有两种表示形式：一种是在 FROM 子句中使用关键字 INNER JOIN，此时，需要用关键字 ON 指定连接条件（ANSI 连接）；另一种是不使用 INNER JOIN，但需在 WHERE 子句中指定连接条件（theta 连接，非 ANSI 标准）。

内连接的语法格式为：

```
FROM 表1  [ INNER ] JOIN  表2  ON  <连接条件>
```

<连接条件>的格式一般为：

```
表1.字段1=表2.字段2
```

在连接条件中要指明两个表按什么条件进行连接。当然，两个表的连接列必须是可比较的，即必须是语义相同的列，否则比较将是无意义的。

从概念上讲，DBMS 执行连接操作的过程是：首先取表 1 中的第 1 个元组，然后从头开始扫描表 2，逐一查找满足连接条件的元组，找到后就将表 1 中的第 1 个元组与该元组拼接起来，形成结果表中的一个元组；表 2 全部查找完后，再取表 1 中的第 2 个元组，然后再从头开始扫描表 2，逐一查找满足连接条件的元组，找到后就将表 1 中的第 2 个元组与该元组拼接起来，形成结果表中的另一个元组；重复这个过程，直到表 1 中的全部元组都处理完毕为止。

例如，要查询每个已经选课的学生情况，则可以使用如图 2.51 所示的查询语句实现。我们知道，学生基本信息存放在学生表中，学生的选课信息存放在选课表中，因此此查询实际涉及两个表，将这两个表进行连接的连接条件是两个表中的学号相等。

```
SELECT  *
FROM 学生表 INNER JOIN 选课表 ON 学生表.学号=选课表.学号
```

```
SELECT  *
FROM 学生表，选课表
WHERE 学生表.学号=选课表.学号
```

图 2.51　内连接示例

查询结果如图 2.52 所示。

学号	姓名	性别	班级	年龄	学号	课程号	成绩
1031231	张小燕	F	GZ02电气2	21	1031231	1	99.0
1031231	张小燕	F	GZ02电气2	21	1031231	2	60.0
1031231	张小燕	F	GZ02电气2	21	1031231	3	50.0
1031231	张小燕	F	GZ02电气2	21	1031231	4	88.0
1031232	张张	F	GZ02电气2	21	1031232	1	100.0
1031232	张张	F	GZ02电气2	21	1031232	2	63.0
1031232	张张	F	GZ02电气2	21	1031232	3	58.0
1031233	陈毓兰	M	GZ02电气2	20	1031233	1	100.0
2011101	方彩峰	F	GZ02机制1	21	2011101	1	85.0
2011102	张叶	M	GZ02机制1	20	2011102	1	81.0

图 2.52　图 2.51 所示内连接示例的查询结果

从查询结果可以看出，在两个表连接时，如果是采用 SELECT * ，则连接结果中包含了两个表的全部列。其中学号列重复了两次，这是不必要的。因此，在写查询语句时应当将这些重复的列去掉，此时应在 SELECT 子句中直接写出所需要的列名，而不是写上 SELECT *。而且由于连接后的表中有重复的列名（如“学生表”和“选课表”中都有“学号”列），因此应在连接条件中对重复列加上前缀限制，如学生表.学号或选课表.学号。

如果需要去掉图 2.51 所示查询中的重复列，则可使用如图 2.53 所示的查询语句。

```
SELECT 学生表.学号，姓名，性别，班级，年龄，课程号，成绩
FROM 学生表 INNER JOIN 选课表 ON 学生表.学号=选课表.学号
```

```
SELECT 学生表.学号，姓名，性别，班级，年龄，课程号，成绩
FROM 学生表，选课表
WHERE 学生表.学号=选课表.学号
```

图 2.53　对图 2.51 所示的查询去掉重复的学号字段

图 2.54 所示的查询语句给出了已经选修了 4 号课程的学生信息的示例，该示例涉及到了学生表和选课表。查询结果如图 2.55 所示。

```
SELECT 学生表.*
FROM 学生表 INNER JOIN 选课表 ON 学生表.学号=选课表.学号
WHERE 选课表.课程号=4
```

```
SELECT 学生表.学号，姓名，性别，班级，年龄，课程号，成绩
FROM 学生表，选课表
WHERE 学生表.学号=选课表.学号 AND 选课表.课程号=4
```

图 2.54　已经选修了 4 号课程的学生信息查询示例

学号	姓名	性别	班级	年龄
1031231	张小燕	F	GZ02电气2	21
1031232	张张	F	GZ02电气2	21
2011102	张叶	M	GZ02机制1	20
2011106	王里桂	F	GZ02机制1	21
2011111	王华珍	M	GZ02机制1	20
2011112	吴璋正	F	GZ02机制1	19
2011113	章鸿燕	M	GZ02机制1	20
2011114	胡建杰	M	GZ02机制1	20
2011115	陈建华	M	GZ02机制1	22
2011117	倪海萍	M	GZ02机制1	20

图 2.55　图 2.54 所示示例的查询结果

3．自连接查询

如果在一个连接查询中，涉及的两个表都是同一个表，这种查询称为自连接查询。同一张表在 FROM 子句中多次出现，为了区别该表的每一次出现，需要为表定义一个别名。表别名的定义格式为：

```
FROM　表名　AS　别名
```

注意：当为表指定了别名以后，在查询语句中的其他地方用到该表名时，都应使用其别名，而不能使用其原表名。

自连接是一种特殊的内连接，它是指相互连接的表在物理上为同一张表，但在逻辑上可以分为两张表。使用自连接时，必须在逻辑上为两个表取别名，使之在逻辑上成为两张表。

例如，要求检索出学号为‘2021509’的学生的同班同学的信息。

实现此查询的过程为：首先应该找到学号为‘2021509’的同学属于哪个班，这可从学生表中查询得到；然后再找出这个班的所有学生信息，这依然要从学生表中通过查询得到。可以看出，在此查询中，学生表被使用了两次，所以必须为学生表指定别名，具体的查询语句如图 2.56 所示。

```
SELECT 学生表.*
FROM 学生表　JOIN 学生表 AS　XS　ON 学生表.班级=XS.班级
WHERE　XS.学号=' 2021509'
```

```
SELECT　S1.*
FROM 学生表　AS　S1，学生表　AS　S2
WHERE　S1.班级=S2.班级　AND　S2.学号='2021509'
```

图 2.56　自连接查询示例

查询结果如图 2.57 所示。

学号	姓名	性别	班级	年龄
2021501	贾胜红	F	GZ02计5	21
2021502	金建娥	F	GZ02计5	21
2021503	杨志英	M	GZ02计5	22
2021504	陈佳	F	GZ02计5	21
2021505	俞江武	M	GZ02计5	20
2021506	林肖霞	F	GZ02计5	21
2021507	陈晓青	M	GZ02计5	18
2021508	林剑	M	GZ02计5	22
2021509	肖丽娟	M	GZ02计5	20
2021510	蔡凌俊	M	GZ02计5	20

图 2.57　自连接查询结果

所以，我们可以将自连接理解为在某张表的多个“副本”之间的连接，注意此时一定要用 AS 子句来区分到底是哪个“副本”，即用 AS 指定表的别名。

4．外连接查询

内连接的查询结果都是满足连接条件的元组。但有时我们也希望输出那些不满足连接条件的元组的信息。比如，我们想知道每个学生的选课情况，包括已经选课的学生（这部分学生的学号在学生表中有，在选课表中也有，是满足连接条件的）和没有选课的学生（这部分学生的学号在学生表中有，但在选课表中没有，不满足连接条件），这时，就需要使用外连接。

外连接查询的关键字是 OUTER JOIN。外连接是只限制一张表中的数据必须满足连接条件，而另一张表中的数据可以不满足连接条件的连接方式。

ANSI 方式的外连接的格式为：

```
FROM 表1 LEFT | RIGHT | FULL OUTER JOIN 表2 ON <连接条件>
```

有三种方式的外连接：左外连接、右外连接、全外连接。

（1）左外连接（LEFT OUTER JOIN）。如果在连接查询中，连接关键字左端的表（表 1）中所有元组都列出来，并且能在右端的表（表 2）中找到匹配的元组，那么连接成功。如果在右端的表中没能找到匹配的元组，那么对应的元组是空值（NULL）。这时，查询语句使用关键字 LEFT OUTER JOIN。也就是说，左外连接的含义是限制连接关键字右端的表（表 2）中的数据必须满足连接条件，而不管左端的表（表 1）中的数据是否满足连接条件，均输出左端表（表 1）中的内容。

（2）右外连接（RIGHT OUTER JOIN）。右外连接查询的含义与左外连接的含义非常类似。只是右端表中的所有元组都被列出，使用的关键字是 RIGHT OUTER JOIN。此时，限制左端表的数据必须满足连接条件，而不管右端表中的数据是否满足连接条件，均输出右端表中的内容。

（3）全外连接（FULL OUTER JOIN）。全外连接查询的特点是左、右两端表中的元组都被输出，如果没能找到匹配的元组，就使用 NULL 来代替。这时使用的关键字是 FULL OUTER JOIN。

例如，要查询所有学生的选课情况，包括已经选课的和还没有选课的学生，该查询可使用如图 2.58 所示的查询语句实现。

```
SELECT 学生表.学号，姓名，班级，课程号，成绩
FROM 学生表 LEFT OUTER JOIN 选课表 ON 学生表.学号=选课表.学号
```

图 2.58　查询所有学生的选课情况

查询结果如图 2.59 所示。

从图 2.59 所示的查询结果可以看出，其中有 5 个学生的课程号和成绩为 NULL，这说明他们没有选课。但是，因为进行的是左外连接查询，所以仍将他们显示出来，并在相应的列上放置 NULL。

学号	姓名	班级	课程号	成绩
2011101	方彩峰	GZ02机制1	1	85.0
2011102	张叶	GZ02机制1	1	81.0
2011102	张叶	GZ02机制1	2	97.0
2011102	张叶	GZ02机制1	3	66.0
2011103	叶光旭	GZ02机制1	NULL	NULL
2011104	何忠义	GZ02机制1	NULL	NULL
2011105	卢卫平	GZ02机制1	NULL	NULL
2011106	王里桂	GZ02机制1	1	69.0
2011106	王里桂	GZ02机制1	2	56.0
2011106	王里桂	GZ02机制1	3	76.0
2011106	王里桂	GZ02机制1	4	76.0
2011108	陈用今	GZ02机制1	NULL	NULL
2011109	陈斌	GZ02机制1	NULL	NULL

图 2.59　查询所有学生的选课结果

为了更好地说明外连接查询，这里用另外两张表（图书和作者）来举例，见表 2.4。

表 2.4　图书表和作者表

图书表

图书号	书名	单价
10121123	Internet 技术基础	25
10132112	计算机网络	28
72003210	碧云天	15
22345432	电子技术基础	19

作者表

图书号	作者名
22345432	陈斌
32455776	张叶
67893423	叶光旭
74542324	何忠义

图 2.60 给出了三个外连接查询语句。

左外连接：

```
SELECT  图书.图书号，书名，作者名，单价
FROM 图书 LEFT  OUTER  JOIN 作者 ON 图书.图书号=作者.图书号
```

右外连接：

```
SELECT  图书.图书号，书名，作者名，单价
FROM 图书 RIGHT  OUTER JOIN 作者 ON 图书.图书号=作者.图书号
```

全外连接：

```
SELECT  图书.图书号，书名，作者名，单价
FROM 图书 FULL  OUTER  JOIN 作者 ON 图书.图书号=作者.图书号
```

图 2.60　外连接查询语句

图 2.60 所示查询语句的执行结果如图 2.61 所示。

左外连接查询结果

图书号	书名	作者名	单价
10121123	Internet 技术基础	NULL	25
10132112	计算机网络	NULL	28
72003210	碧云天	NULL	15
22345432	电子技术基础	陈斌	19

右外连接查询结果

图书号	书名	作者名	单价
22345432	电子技术基础	陈斌	19
NULL	NULL	张叶	NULL
NULL	NULL	叶光旭	NULL
NULL	NULL	何忠义	NULL

全外连接查询结果

图书号	书名	作者名	单价
10121123	Internet 技术基础	NULL	25
10132112	计算机网络	NULL	28
72003210	碧云天	NULL	15
22345432	电子技术基础	陈斌	19
NULL	NULL	张叶	NULL
NULL	NULL	叶光旭	NULL
NULL	NULL	何忠义	NULL

图 2.61　外连接查询结果

可以看出：

- 左外连接查询中左端表中的所有元组信息都得到了保留。
- 右外连接查询中右端表中的所有元组信息都得到了保留。
- 全外连接查询中的所有表中的元组信息都得到了保留。

2.2.3 子查询

子查询是一系列 SELECT 语句的嵌套使用。SELECT 语句可以嵌套在其他许多语句中，例如 SELECT、INSERT、UPDATE、DELETE 等，这些嵌套的 SELECT 语句就称为子查询。子查询可以把一个复杂的查询分解成一系列逻辑步骤，这样就可以用一个单个的语句解决一个复杂的查询问题。当一个查询依赖于另一个查询的结果时，子查询会很有用。

使用子查询时应注意：

- 子查询要用括号括起来。子查询一般出现在 SELECT 子句、WHERE 子句、FROM 子句中。
- 只要需要一个值或一系列的值，就可以用子查询代替一个表达式。
- 子查询不应包含在集函数中。
- 子查询中不能查询包含数据类型是 text 或 image 的字段。
- 子查询中也可以再包含子查询，但从兼容性考虑，建议嵌套不要超过 16 层。
- 通常，子查询是可以和连接查询相互转换的。

子查询不是必需的，连接和集合运算符会提供另一种途径。但是子查询是非常重要的，因为：

- 带子查询的语句可读性强。
- 某些特点问题通过子查询可以变得简洁和更加有效。

1．将子查询用做派生的表

- 可以用子查询产生一个派生的表，用于代替 FROM 子句中的表。
- FROM 子句中的子查询将返回一个结果集，这个结果集所形成的表将被外层 SELECT 语句使用。
- 派生表是 FROM 子句中子查询的一个特殊用法，用一个别名或用户自定义的名字来引用这个派生表。

在图 2.62 所示的查询示例中，内层查询用子查询产生了一个派生的表，外层查询将使用内层查询的结果集。在功能上，派生表本身就等同于一个完整的查询。

```
SELECT  XS.*
FROM  ( SELECT 学号，姓名，年龄  FROM  学生表
        WHERE  班级='GZ02 计 6')  AS  XS
```

图 2.62 将子查询用做派生的表

查询结果如图 2.63 所示。

2．将子查询用做表达式

子查询可以作为一个标量值来使用，产生标量值的含义就是把子查询的结果作为一个常量来使用。所有使用表达式的地方，都可以用子查询来代替，此时子查询必须返回一个单个的值或某个字段的值。

学号	姓名	年龄
2021601	陈建	19
2021602	沈林玲	20
2021603	梅勇斌	21
2021604	张德勇	19
2021605	梁美丽	18
2021606	黄开勋	20
2021607	顾雷斌	21
2021608	陶岳坤	18
2021609	蔡正叶	18
2021610	陈海华	19

图 2.63　图 2.62 所示查询的结果

一个简单的示例是：如果要求检索出年龄高于所有学生平均年龄的学生信息，则可用如下语句完成：

```
SELECT  *  FROM  学生表  WHERE  年龄>
(SELECT  AVG（年龄）  FROM  学生表）
```

例如，如果要求查询 GZ02 计 7 班同学的平均年龄以及每个同学年龄与平均年龄的差，则可以使用如图 2.64 所示的查询。

```
SELECT 学号，姓名，年龄，
    (SELECT  AVG(年龄)  FROM 学生表  WHERE 班级='GZ02 计 7')  AS 平均年龄，
    年龄-(SELECT  AVG(年龄)  FROM 学生表  WHERE 班级='GZ02 计 7') AS 年龄差
FROM  学生表
WHERE  班级='GZ02 计 7'
```

图 2.64　用子查询作为标量

在该查询示例中，使用子查询：

SELECT　AVG（年龄） FROM 学生表

WHERE 班级='GZ02 计 7'AS 平均年龄

的计算结果作为选择列表中的一个输出列，并作为下面算术表达式的一部分参与计算：

年龄-（SELECT AVG（年龄）FROM 学生表

WHERE 班级='GZ02 计 7'）AS 年龄差

查询结果如图 2.65 所示。

学号	姓名	年龄	平均年龄	年龄差
2021701	江柳明	21	20	1
2021702	麻笑爱	18	20	-2
2021703	黄国转	19	20	-1
2021704	严海梁	21	20	1
2021705	梅乐兵	18	20	-2
2021706	傅丽芬	20	20	0
2021707	杨羽	20	20	0
2021708	吴庆邦	18	20	-2
2021709	王冬飞	22	20	2
2021710	刘赛微	21	20	1

图 2.65　子查询作为标量使用的查询结果

现在再来看一下如图 2.56 所示的查询，该查询要求检索出学号为‘2021509’的学生的同班同学的信息。如图 2.56 所示的查询是用自连接实现的，现在改用子查询，则可用如下查询语句实现：

```
SELECT  *  FROM  学生表  WHERE  班级=
（SELECT  班级  FROM  学生表  WHERE  学号=‘2021509’）
```

当子查询跟随在比较运算符（ =、<>、<、<=、>、>= ）之后，或子查询用做表达式时，子查询只能返回单值；当返回值多于一个时，即返回一列值，则子查询只能跟在关键字 IN、ALL、ANY 后形成集合。

在 SQL 语言中，当子查询返回一个列时，关键字 IN、ALL、ANY 可以用于关系的比较以便生成逻辑值，放在查询的 WHERE 子句中形成查询条件。假设 R 为子查询生成的一列值，S 为一个标量值，那么这些运算符的含义如表 2.5 所示。

表 2.5 涉及关系的运算符

运算符	描　述
S IN R	当且仅当 S 和 R 中的某一个值相等时，条件为真
S NOT IN R	当且仅当 S 和 R 中的任意一个值都不相等时，条件为真
S=ALL R	当且仅当 S 和 R 中的每一个值都相等时，条件为真
S>ALL R S>=ALL R	当且仅当 S 比 R 中的每一个值都大时（或大于等于时），条件为真
S<ALL R S<=ALL R	当且仅当 S 比 R 中的每一个值都小时（或小于等于时），条件为真
S<>ALL R	当且仅当 S 和 R 中的任意一个值都不相等时，条件为真
S=ANY R	当且仅当 S 和 R 中的某一个值相等时，条件为真
S>ANY R S>=ANY R	当且仅当 S 比 R 中的某一个值大时（或大于等于时），条件为真
S<ANY R S<=ANY R	当且仅当 S 比 R 中的某一个值小时（或小于等于时），条件为真
S<>ANY R	当且仅当 S 和 R 中的任意一个值都不相等时，条件为真

说明：

（1）S IN R 表示 S 与子查询返回的集合中任意一个值相等时，为 TRUE；S NOT IN R 则相反，表示 S 与子查询返回的集合中任意一个值都不相等时，为 TRUE。

例如，如果要求检索出 GZ02 计 7 班中所选课程中有过不及格的同学信息，则可使用如图 2.66 所示的查询语句。在该示例中，因为不及格的同学不止一个，所以子查询返回的值为一系列值，此时将子查询的结果跟在关键字 IN 后，一起放在 WHERE 子句中。

```
SELECT  *
FROM  学生表
WHERE  学号  IN (SELECT  学号  FROM  选课表  WHERE  成绩<60)
        AND  班级=‘GZ02 计 7’
```

图 2.66　子查询返回一系列值

查询结果如图 2.67 所示。

学号	姓名	性别	班级	年龄
2021711	徐阳	F	GZ02计7	19
2021716	叶余	M	GZ02计7	22
2021717	李益靓	M	GZ02计7	22
2021720	陈赛	M	GZ02计7	18
2021724	周文王	M	GZ02计7	20
2021729	吴庆国	M	GZ02计7	18
2021732	陈晓青	M	GZ02计7	22

图 2.67　图 2.66 所示查询的结果

（2）S　比较运算符　ALL　R。

此处，比较运算符可以是下列之一：=、>、<、>=、<=、<>；当子查询返回 0 行或比较运算符对于子查询返回的每一行都是 True 时，则返回 True；若比较运算符对于子查询返回的至少一行是 False，则返回 False。下面给出一个例子以帮助读者理解该用法。

例：求下面条件表达式的值。

```
WHERE　1000> ALL　（SELECT　A　FROM　TEST）
```

其中，设表 TEST 只有一列 A，类型为 Integer。

那么：

- 若 TEST 中含有{100,200,300}，则此表达式为 True。
- 若 TEST 中含有{NULL,2000,300}，则此表达式为 False。
- 若 TEST 中没有值，则此表达式为 True。
- 若 TEST 中含有{1000,200,300}，则此表达式为 False。
- 若 TEST 中含有{1000,NULL,3000}，则此表达式为 Unknown。

例如，如果要求检索出比所有女同学年龄都大的男同学信息，则可用如下的查询语句实现：

```
SELECT * FROM 学生表
  WHERE 年龄 > ALL (SELECT 年龄 FROM 学生表 WHERE 性别='F')
        AND 性别='M'
```

（3）S　比较运算符　ANY　R。

此处，比较运算符可以是下列之一：=、>、<、>=、<=、<>；若比较运算符对于子查询返回的至少一行是 True，则返回 True；若子查询返回 0 行或比较运算符对于子查询返回的每一行都是 False，则返回 False。下面给出一个类似的例子以帮助读者理解该用法。

例：求此条件表达式的值。

```
WHERE　1000> ANY　（SELECT　A　FROM　TEST）
```

其中，设表 TEST 只有一列 A，类型为 Integer。

那么：

- 若 TEST 中含有{100,200,300}，则此表达式为 True。
- 若 TEST 中含有{NULL,2000,300}，则此表达式为 True。
- 若 TEST 中没有值，则此表达式为 False。
- 若 TEST 中含有{1000,2000,3000}，则此表达式为 False。

● 若 TEST 中含有{1000,NULL,3000}，则此表达式为 Unknown。

例如，如果要求检索出有学生的 4 号课程成绩在 95 分以上的那些班级，则可用如下查询语句实现：

```
SELECT DISTINCT 班级  FROM 学生表
WHERE 学号=ANY(SELECT 学号  FROM 选课表 WHERE 成绩>95 AND 课程号=4)
```

从上面几个例子可以看到，子查询被用做表达式时，不管是用于比较测试还是用于基于集合的测试时，都是先执行子查询，然后再在子查询的结果基础之上执行外层查询。子查询都只执行一次，子查询的查询条件不依赖于外层查询，可将这样的子查询称为不相关子查询或嵌套子查询。

3．相关子查询

相关子查询可被用做动态表达式，这个表达式的值相对于外层查询的每一行而变化。查询处理器为外层查询的每一个记录计算子查询的值，一次一行，而这个子查询每次都会被作为一个表达式而被计算并返回给外层查询。相关子查询是动态执行的子查询和外层查询间的一个非常有效的联合。

使用相关子查询时，内层子查询被反复执行，外层查询有多少记录，内层查询就被执行多少次。

例如，要求查询已选修课程号为 1 且成绩在 90 分以上的同学的学号及姓名，则可以使用如图 2.68 所示的查询语句实现。

```
SELECT 学号，姓名
FROM 学生表
WHERE  90<=( SELECT 成绩 FROM 选课表
        WHERE 学生表.学号=选课表.学号 AND 课程号=1 )
```

图 2.68　相关子查询示例语句

下面的步骤描述了如图 2.68 所示示例中相关子查询的执行方式：

● 外层查询给内层查询传递一个值：外层查询传递给内层查询的字段值是“学号”，外层查询把“学生表”中的第一个“学号”值传递给内层查询。
● 内层子查询使用外层查询传递给它的值：“学生表”的“学号”字段被用来查询“选课表”中是否有相同的“学号”。如果第一个“学号”与“选课表”中的某个“学号”匹配，并且这条记录的“课程号”是 1，则内层查询把这个“学号”返回给外层查询；反之，该轮查询结束，由外层查询重新传递一个值给内层查询。
● 内层查询把值返回给外层查询：外层查询的 WHERE 子句进一步查询这个选修了 1 号课程的同学的成绩是否大于等于 90 分。
● 外层查询的每一行将重复这样的步骤：外层查询把“学生表”中的第二个“学号”传递给内层查询，SQL 将为每一行重复这样的步骤。

在相关子查询中，外层查询与内层查询可以使用同一个表。

例如，如果要求查询同时选修了 4 门课程的同学的学号，则可使用如图 2.69 所示的查询语句实现。

```
SELECT   DISTINCT 学号
FROM   选课表 AS   S1
WHERE   4 = ( SELECT   COUNT(课程号) FROM 选课表  AS   S2
                    WHERE   S1.学号=S2.学号 )
```

图 2.69　外层查询与内层查询引用同一张表的相关子查询

可以验证，该查询结果同如图 2.48 所示的查询结果是完全一样的，注意比较这两种方法的不同。从这里也可以看出，相关子查询产生的结果集可以模拟 HAVING 子句产生的结果集。

图 2.70 给出了“检索出每门课程的及格人数与不及格人数，要求按照：课程名、及格人数、不及格人数排列”的相关子查询综合示例。

```
SELECT 课程名,
        (SELECT   COUNT(学号)   FROM 选课表
        WHERE 课程号=课程表.课程号  AND  成绩>=60 ) AS  及格人数,
        (SELECT   COUNT(学号)   FROM 选课表
        WHERE 课程号=课程表.课程号  AND  成绩<60 ) AS  不及格人数
FROM 课程表
```

图 2.70　相关子查询综合示例

查询结果如图 2.71 所示。

课程名	及格人数	不及格人数
软件工程	1067	269
ASP程序设计	804	186
COM技术	535	134
Delphi	291	64
SQL Server	0	0

图 2.71　相关子查询综合示例的查询结果

4. 使用 EXISTS 和 NOT EXISTS 操作符

在相关子查询中可以使用 EXISTS 和 NOT EXISTS 操作符来判断某个值是否存在于一系列的值中。

SQL Server 处理带有 EXISTS 和 NOT EXISTS 操作符的子查询时：

- 外层查询测试子查询返回的记录是否存在。
- 基于查询所指定的条件，子查询返回 TRUE 或 FALSE。
- 子查询不产生任何数据。

例如，要求查询出同时选修了 1 号课程和 2 号课程的同学的信息，则可使用如图 2.72 所示的查询语句实现。

使用时应注意：带 EXISTS 或 NOT EXISTS 操作符的查询是先执行外层查询，然后再执行内层查询，由外层查询的值决定内层查询的结果，内层查询的执行次数由外层查询的结果数决定。由于 EXISTS 的子查询只能返回逻辑真或逻辑假，因此在这里给出列名是无意义的，所以在有 EXISTS 的子查询中，其选择列表达式通常用“*”。

```
SELECT 学号，姓名，班级
FROM 学生表
WHERE  EXISTS (SELECT * FROM 选课表 WHERE
               学号=学生表.学号 AND 课程号=1 )
   AND  EXISTS (SELECT * FROM 选课表 WHERE
               学号=学生表.学号 AND 课程号=2 )
```

图 2.72　EXISTS 使用示例

上述查询语句的处理过程为：

- 找外层表“学生表”的第 1 行，根据其“学号”值处理内层查询。
- 用外层的“学号”与内层表“选课表”的“学号”进行比较，由此决定外层条件的真、假，如果为真，则此记录为符合条件的结果，反之，则不输出。
- 顺序处理外层表“学生表”中的第 2、3、4…行。

例如，要求检索出每一门选修课都及格的学生信息，则可使用如图 2.73 所示的查询语句实现。

```
SELECT  *
FROM 学生表
WHERE  NOT  EXISTS( SELECT * FROM 选课表
                WHERE 学号=学生表.学号 AND 成绩<60)
        AND  EXISTS( SELECT * FROM 选课表
                WHERE 学号=学生表.学号)
```

图 2.73　NOT EXISTS 使用示例

在这个示例中，很容易简写成如下查询：

```
SELECT * FROM  学生表 WHERE
NOT EXISTS（SELECT * FROM  选课表
            WHERE 学生表.学号=选课表.学号 AND 成绩<60）
```

这样一来就犯了一个逻辑错误。可上机验证，看看有什么不同？

当然，此题还有其他解法，如下面所给出的查询例句，其结果与图 2.73 给出的查询结果完全相同。

```
SELECT  *  FROM 学生表
WHERE  学号 IN（SELECT 学号 FROM 选课表
              GROUP BY 学号
              HAVING  MIN（成绩）>=60）
```

2.2.4　关于引用 AS 指定的名字的规则

关键字 AS 为列命名，也可以为表命名，但是，引用 AS 指定的名字则应遵循如下的规则：

- 按照各子句语义上的运算顺序，后算的子句可以引用先算的子句中以 AS 指定的名字。

- 在 SQL 语句中，语义上的运算顺序为 FROM、WHERE、GROUP BY、HAVING、SELECT、ORDER BY。
- 只能由后面的运算引用前面运算子句中 AS 指定的名字，不能逆转。

例如，如果需要检索出人数超过 40 人的班级及班级人数，并要求按班级人数从高到低排列，则可用如下的查询语句实现：

```
SELECT  班级，COUNT（学号）AS 班级人数
FROM  学生表
GROUP BY  班级
HAVING  COUNT(学号) > 40
ORDER BY  班级人数
```

此时，在 HAVING 子句后，不可使用“班级人数”这个名字，但在 ORDER BY 子句中则可以使用“班级人数”这个名字。

2.3 数据操作语句

前面主要讨论了如何查询数据库中的数据，但查询操作不会使数据库中的数据发生任何变化。除了进行数据查询之外，还需要能对数据进行如添加数据、修改数据和删除数据等更新操作。这些操作需要使用 INSERT、UPDATE、DELETE 语句来完成，这三个语句能修改数据库中的数据，但不返回结果集。下面分别介绍这三个语句。

2.3.1 插入数据

在表中插入数据，使用 INSERT 语句。该语句的语法格式为：

```
INSERT [ INTO ] <表名> [（<列名列表>）] VALUES（值列表）
```

INSERT 语句用来新增一个符合表结构的数据行，将值列表中的数据按表中列定义的顺序（或在<列名列表>中指定的顺序）逐一赋给对应的列。在该语句中包括两个子句，即 INSERT 子句和 VALUES 子句。INSERT 子句指定要插入数据的表名或视图名，它可以包含表中或视图中列的列表。VALUES 子句指定要插入的数据，当在 INSERT 子句中指定列的列表时，必须使用 VALUES 子句。

使用 INSERT 语句时，应注意以下几个问题：

- <列名列表>中的列必须属于 INTO 语句中命名的表，列名在<列名列表>中不能重复，但是能够以任何顺序出现。
- （值列表）中的值可以是常量也可以是 NULL 值，各值之间用逗号分隔。
- 数据值依照出现的次序依次分配给<列名列表>中的列，任何被省略的列将被插入默认值（如果没有设定默认值就插入 NULL）。
- 如果<表名>后面没有指明列名，则新插入数据的顺序必须与表中定义列的顺序一致，且每一个列均有值（可以是 NULL）。
- 插入的数据必须和它所在的列的数据类型一致。
- INSERT 语句每一次只能插入一行数据，在向表中插入数据时要注意，字符数据和日期数据要用引号引起来。

例如，要求往学生表中插入一行数据：学号为 999999，姓名为张小三，性别为男，其他情况未知。则可用图 2.74 所示的语句实现，图中的三种方式可以完成相同的操作。

```
INSERT  INTO 学生表( 学号,姓名,性别) VALUES ('999999', '张小三', 'M')
INSERT  INTO 学生表 VALUES ('999999', '张小三', 'M',NULL,NULL)
INSERT  INTO 学生表 VALUES ('999999', '张小三', 'M', DEFAULT , DEFAULT)
```

图 2.74　INSERT 语句示例

我们在此特别要讨论一下带 SELECT 的 INSERT 语句。此种形式可以用 SELECT 检索出要插入的数据值。

例如，假设有一张和学生表定义完全一样的表，表名为"学生表 1"，要求在其中插入学生表中所有的男生信息，则可以使用如图 2.75 所示的插入语句完成。

```
INSERT  INTO 学生表 1（学号，姓名，性别，班级，年龄）
SELECT 学号，姓名，性别，班级，年龄
FROM 学生表 WHERE 性别='M'
```

图 2.75　带 SELECT 的 INSERT 语句示例

值得注意的是，采用这样的形式插入数据，可能会插入零行、一行或多行数据，这就要看查询的结果了。

2.3.2　删除数据

当不再需要表中的某些数据时，就可以使用 DELETE 语句将其删除。

DELETE 语句的语法格式为：

```
DELETE [ FROM ] <表名> [ WHERE <删除条件> ]
```

DELETE 语句可以一次从表中删除一行、多行或全部数据。在 DELETE 语句中，如果指定了 WHERE 子句，那么就从指定的表中删除满足 WHERE 子句条件的数据行；如果没有指定 WHERE 条件，那么就将表中的所有记录全部删除。

例如，要求删除所有学生的选课记录，可使用如图 2.76 所示的删除语句来完成。

```
DELETE  FROM  选课表
```

图 2.76　删除所有学生的选课记录

图 2.76 所示的删除语句是没有 WHERE 子句的删除语句，称为无条件删除，此时删除了表中的全部数据，但保留了表的结构。

例如，要求删除学生表中班级为 GZ02 房产的全部学生信息，则可使用图 2.77 所示的删除语句完成。

当用 WHERE 子句指定删除条件时，如果该删除条件与另外的表有关，则可以采用多表连接或子查询的方法实现。

```
DELETE  FROM 学生表
WHERE 班级='GZ02 房产'
```

图 2.77　删除 GZ02 房产班的全部学生信息

例如，要求删除 GZ02 计 6 班不及格学生的选课记录，则可使用图 2.78 所示的删除语句完成。

再举一个例子，如果课程‘COM 技术’因故停开，请删除所有已经选了这门课的选课信息，则可采用如图 2.79 所示的删除语句完成。

```
DELETE  FROM 选课表 WHERE 成绩<60 AND 学号 IN
   (SELECT 学号 FROM 学生表 WHERE 班级='GZ02 计 6')
```

```
DELETE  FROM 选课表
   FROM 选课表 JOIN 学生表 ON 学生表.学号=选课表.学号
    WHERE 成绩<60  AND 班级='GZ02 计 6'
```

图 2.78　删除 GZ02 计 6 班不及格学生的选课记录

```
DELETE  FROM 选课表 WHERE
   课程号=(SELECT 课程号 FROM 课程表 WHERE 课程名= 'COM 技术')
```

```
DELETE  FROM 选课表
  FROM 选课表 JOIN 课程表 ON 选课表.课程号=课程表.课程号
  WHERE  课程名= 'COM 技术'
```

图 2.79　删除“COM 技术”这门课程的选课信息

2.3.3 更新数据

可以使用 UPDATE 语句修改表中已经存在的数据。UPDATE 语句既可以一次修改一行数据，也可以一次修改多行数据。

UPDATE 语句的语法格式如下：

```
UPDATE <表名> SET <列名=表达式> [, …, n] [ WHERE <更新条件>]
```

- UPDATE 语句使用 WHERE 子句指定要修改的行，如果没有 WHERE 子句，那么就对表中所有的行进行修改，使用 SET 子句给出修改的新数据。
- 新数据可以是常量，也可以是固定的表达式，甚至是一个子查询。
- 不能在同一个 UPDATE 语句中对一个列更改一次以上。
- 新值必须符合列的数据类型以及在列上的约束条件。如果使用 UPDATE 语句修改数据时与数据完整性约束有冲突，那么修改就不会发生，整个修改事务全部被取消。

例如，要求将所有学生的年龄加 1，则可使用图 2.80 所示的修改语句完成。

```
UPDATE 学生表 SET 年龄 = 年龄+1
```

图 2.80　所有学生的年龄加 1

如果要求将“软件工程”课程的周课时数改为 8 课时，并且把备注改为“核心课程”，则可使用如图 2.81 所示的语句完成。

```
UPDATE 课程表 SET 周课时数=8 ,备注='核心课程'
 WHERE  课程名='软件工程'
```

图 2.81 修改软件工程这门课的信息

如果要求将学号为“1031231”的学生的年龄改为与学号为“1031233”的学生的年龄一样，则可采用如图 2.82 所示的语句完成。

```
UPDATE 学生表 SET  年龄=
     (SELECT 年龄 FROM 学生表 WHERE 学号='1031233')
   WHERE  学号='1031231'
```

图 2.82 用子查询实现数据更新

如果要求将 GZ02 计 6 班全班同学的成绩都加上 10 分，则可使用如图 2.83 所示的语句完成。

```
UPDATE 选课表 SET  成绩 = 成绩+10
     WHERE 学号 IN ( SELECT 学号 FROM 学生表
                     WHERE 班级='GZ02 计 6')
```

```
UPDATE 选课表 SET  成绩 = 成绩+10
    FROM 选课表 JOIN 学生表 ON 学生表.学号=选课表.学号
      WHERE 班级='GZ02 计 6'
```

图 2.83 用子查询和多表连接实现数据更新

从图 2.83 所示的语句可以看出，如果更新条件是基于另外的表，则可使用子查询和多表连接两种方法来实现此类数据更新。

2.5 本章小结

本章从 SQL 语言的基本概念出发，首先讲述了基本的查询语句，接着引入了可以完成更加复杂的查询操作，如聚集查询、连接查询、集合查询及子查询等。本章详细研究了数据检索技术。数据检索就是将数据库中的数据提取出来以便使用，是对数据库最重要的对象表的主要操作，也是用户使用最多的技术。本章从最基本的查询语句开始，分别介绍了单表查询的简单查询技术，包括无条件的查询、有条件的查询、分组、排序等；复杂查询技术，包括连接查询、子查询及合并结果集等。SQL 语句之所以具有强大的功能，就在于它可以执行涉及多个表的操作，并且可以在查询语句中嵌入 SELECT 语句。在很多情况下，连接查询语句和子查询语句可以互相交换。但是，从效率方面来看，连接查询语句的效率远远高于子查询语句的效率。

总之，本章详细讲述了 SQL 语言的基础知识，使得用户对 SQL 语言有了一个比较系统和整体的认识，为进一步学习 SQL 语言的高级技能打下一个良好的基础。

习　题

1．SQL 的含义是什么？

2．比较连接查询与子查询的异同点。

3．基于本章的三张表（学生表，选课表，课程表），要求写出以下查询语句：

（1）聚集函数——分组。

- 检索出课程表中的信息，并且按照周课时数降序排列。
- 列出每个班级的班级人数并且按照人数降序排列。
- 求出学校的平均每班人数。
- 从选课表中按照课程号汇总平均成绩，并按平均成绩从高到低排序。
- 按学号算出各个同学的各门选修课成绩的平均值和最大值。
- 检索出那些男生的人数多于 20 个的班级，结果包括班级和男生人数。
- 列出有重名现象的学生姓名和相应重名学生的个数。

（2）连接。

- 检索所有选修课程号为 2 或 1 的 GZ02 计 6 班的同学，显示其学号和选修的课程名称，列出已经选择了软件工程这门课的学生信息。
- 检索出年龄和性别都与学号为“2011109”的学生相同的学生信息。
- 按班级汇总各班平均成绩。
- 计算出每门课程的最高分、最低分、平均分，且结果中要求列出课程名和教师。
- 汇总出每个班级总的课时数（即班级每个人选课时数的总和）。

（3）非相关子查询。

- 查询一门课都没有选的学生信息。
- 检索出 GZ02 计 6 班年龄大于等于全校学生平均年龄的学生信息。
- 列出课程号为 1 的最高分获得者的信息。
- 检索出选修了“COM 技术”课的学生信息（用子查询）。
- 查询出其 2 号课程成绩比所有 1 号课程成绩都低的那些学生的学号。
- 取得班级人数在全校平均班级人数以上的班级以及人数。

（4）相关子查询。

- 检索出只选择了 1 号课程的学生信息（用 Exists）。
- 列出每个学生 1～4 号课程的成绩，要求列出学号、姓名和各科成绩，结果格式为：学号，姓名，一号成绩，二号成绩，三号成绩，四号成绩。
- 按照老师，列出其讲授的课程的被选次数。
- 检索出每门课的及格人数和不及格人数（按照课程名、及格人数、不及格人数排列）。
- 检索出起码上过两个教师课程的学生。
- 列出每个学生每周要上的课时数（按照学号，姓名，课时数排列）。

4．基于本章的三张表（学生表，选课表，课程表），写出下列数据操纵语句：

- 学号为“1031231”的学生新选修了 3 号课程，成绩未知。

- 为 GZ02 计 6 班未选 4 号课程的学生补选 4 号课程。
- 将名字为“王玲俐”的学生的年龄修改为 18 岁，班级改为“GZ02 计 8”。
- 将“软件工程”这门课成绩在 60 分以下的学生的成绩统一修改为 59 分。
- 删除课程号为 1 号的所有选课信息。
- 因为特殊原因，涂老师不能上 GZ02 财 2 班的课，请帮他删除相应记录。

第 3 章　实体-联系模型

本章学习目标：

- ◆ 掌握实体-联系模型中所涉及的基本概念；
- ◆ 掌握码的确定；
- ◆ 掌握实体-联系的表示方法；
- ◆ 掌握实体-联系图的画法；
- ◆ 了解实体-联系设计中的特殊情况；
- ◆ 了解实体-联系模型的扩充。

概念模型实际上是用于信息世界的建模，是现实世界到信息世界的第一层抽象。所以概念模型应该能够方便、准确地表示出信息世界中的常用概念。概念模型的表示方法很多，其中最为著名、最为常用的是由美籍华人彼得·品山·陈（P. P. S. Chen）于 1976 年提出的实体-联系方法（Entity-Relationship Approach）。该方法用 E-R 图来描述现实世界的概念模型，E-R 方法也称为 E-R 模型。

3.1　实体-联系模型的基本要素

E-R 模型基于对现实世界的这样一种认识：世界是由一组称为实体的基本对象及这些对象间的联系组成的。E-R 模型是一种语义模型，它旨在表达数据的含义，它不仅描述了各个实体，而且还描述了各实体之间的内在联系。E-R 模型在将现实世界事实的含义和相互关联映射到概念模式方面非常有用，因此，许多数据库设计工具都利用了 E-R 模型的概念。

本节主要介绍实体-联系模型的基本要素。

3.1.1　实体与实体集

1．实体

简单地说，实体（Entity）是指客观存在并且可区别于其他对象的事物。实体具有以下特点：

（1）实体可以是具体的对象。例如，一个学校是一个实体；一个班级是一个实体。

（2）实体可以是抽象的事件、抽象的概念等对象。例如，学校的寒假、暑假分别是不同的实体；一个学生的思想品德好与坏也分别是不同的实体。

（3）实体可以是有形的对象。例如，一个学生是一个实体；一张课桌是一个实体。

（4）实体可以是无形的对象。例如，像学生的思想品德的好与坏这样的概念就是无形实体。

2．实体集

实体集（Entity Set）是具有相同类型及共享相同性质（或属性）的实体集合。简单地说就是同一类实体形成一个实体集。例如，所有的大学生构成一个“学生”实体集，所有的课程构成一个“课程”实体集，所有的教师构成一个“教师”实体集。

实体集是可以相交的。例如，可以定义银行所有员工的实体集 employee 和所有客户的实体集 customer，而一个人可以是 employee 实体，可以是 customer 实体，可以既是 employee 实体又是 customer 实体，也可以两者都不是。

3.1.2 实体型和实体值

实体有类型和值之分。

用于描述和抽象同一实体集共同特征的实体名及其属性名的集合称为实体型（Entity Type），如学生（学号，姓名，年龄，性别，班级）就是一个实体型。相应地，实体集中的某个实体的值即为实体值（Entity Value），如（“1031231”，“张小燕”，19，“F”，“GZ02 电气”）就是一个实体值，该实体值是学生实体的一个具体实例，它代表了“GZ02 电气”班的一个姓名为“张小燕”的 19 岁女学生，该学生的学号为“1031231”。

属于同一实体集的实体的实体型是相同的，但实体值是不同的。例如，在如图 3.1 所示的学生实体集中共有 5 个实体值，它们分别代表了 5 个不同的学生，但其实体型是相同的。

1031231	张小燕	F	GZ02电气2	21
1031232	张张	F	GZ02电气2	21
1031233	陈毓兰	M	GZ02电气2	20
1031234	方彩峰	F	GZ02电气2	21
1031235	张叶	M	GZ02电气2	20

图 3.1 “学生”实体集

3.1.3 属性

属性（Attribute）是实体集中所有实体所具有共同特征的抽象描述性的性质。实体是通过一组属性来表示的。例如，学生实体集中的属性包括“学号”、“姓名”、“性别”、“班级”、“年龄”等，这些特征就是“学生”实体集的属性。

将一个属性赋予某实体集表明数据库为实体集中每个实体存储相似的信息，但每个实体自己的每个属性都有各自的值。属性的值为属性的具体取值。例如，学生张小燕，其“学号”取值为 1031231，“姓名”取值为张小燕，“性别”取值为 F，“班级”取值为 GZ02 电气化，“年龄”取值为 21，等等。

每个属性都有一个取值范围，称为该属性的域（Domain），或者称为该属性的值域。例如，设“学生”实体集的属性分别具有如下值域：

“学号”的值域为{1031231，1031231，1031232，1031233，…}

- “姓名”的值域为{张小燕，张张，陈毓兰，方彩峰，…}
- “性别”的值域为{F，T}
- “班级”的值域为{GZ02 电气 1，GZ 电气 2，GZ02 机制 1，…}
- “年龄”的值域为{21，22，20，18，19，…}

属性的值域可以是整数的集合、实数的集合、字符串的集合或其他类型的值的集合。

当某实体集的每个属性使它的值域中的一个值同该实体集中的一个实体相联系时，就具体地描述了该实体集中的某个特定实体。

综上所述，数据库包括一组组实体集，每种类型的实体集又有各自的一些属性，每个实体集中包括一些相同类型的实体，各实体在各个属性上有不同的取值。

例如，图 3.2 所示为学校教务管理数据库的一部分，其中有两个实体集：“学生”和“课程”。“学生”实体集有这么几个属性：学号、姓名、性别、班级、年龄。“课程”实体集有属性：课程号、课程名、教师、周课时数。这两个实体集中分别有 5 个实体，我们可以看到各个不同的实体在一些属性上的不同取值。

1031231	张小燕	F	GZ02电气2	21
1031232	张张	F	GZ02电气2	21
1031233	陈毓兰	M	GZ02电气2	20
1031234	方彩峰	F	GZ02电气2	21
1031235	张叶	M	GZ02电气2	20

学生

3	电子技术	张成	4
4	机床概论	李晋	4
5	机床设计	程小前	3.5
6	大学英语	林进华	4
7	高等数学	林小燕	6

课程

图 3.2　实体集“学生”和“课程”

E-R 模型中的属性可以按照以下的属性类型进行划分。

1．简单属性和复合属性

在我们的例子中，迄今为止出现的属性都是简单属性，也就是说它们不能划分为更小的部分，而复合属性可以再划分为更小的部分（即划分为一些其他属性）。例如，“学生”实体集中的“姓名”属性，可被设计为“曾用第一个名”、“曾用第二个名”、“现在姓名”的复合属性。如果希望在某些时候访问整个属性，而在另外一些时候访问属性的一个成分，那么在设计模式中使用复合属性是一个很好的选择。

注意：复合属性可以是有层次的。例如，我们在学生档案实体集中对学生的地址进行设计时，其地址可分为国名、省、城市与街道，而其成分属性街道又可以划分为街道名、街道号。实体集的复合属性如图 3.3 所示。

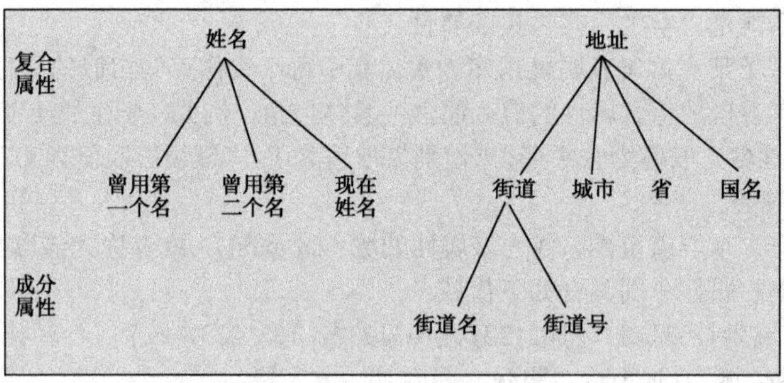

图 3.3　复合属性“姓名”和“地址”

2．单值属性和多值属性

前面提到的属性对一个特定实体都只有单独的一个值。例如，对“学生”实体而言，一个学生只对应一个学号，所以“学号”这样的属性叫单值属性，即一个属性仅对应一个值。然而，在某些情况下对某个特定实体而言，一个属性可能对应于一组值。例如，在学生档案实体集中有一个“联系电话”属性。每个学生可以有零个、一个或多个电话。因此，该实体集中不同的学生实体在联系电话属性上有不同数目的值，这样的属性称为多值属性。同样，在学生档案实体的家庭成员属性也是一个多值属性，因为每个学生可能含有零个、一个或多个家庭成员。

在某些需要的情况下，可以对多值属性的取值数目进行上、下界限制。例如，学生档案可能将一个学生档案的联系电话限制在两个以内。这个限制表明学生档案实体集的联系电话属性的值可以是零个到两个。

3．派生属性

这类属性的值可以从其他相关属性或实体派生出来。例如，假设 student 实体集有一个属性“出生年月”，表示学生何时出生，我们可以通过属性“出生年月”的值计算出年龄属性的值。因此年龄就是派生属性，在这里，出生年月可以称为基属性，或存储的属性。派生属性的值不存储，但在需要时可被计算出来。

4．NULL 属性

当暂时不知道某个属性的值或属性值尚未确定时，可以将属性值设为空（NULL）。例如，当某个新教师的职称还未评定时，该教师的“职称”属性的值便可设为 NULL。

3.1.4　联系与联系集

1．联系

联系（Relationship）是指多个实体间的相互关联。

每个联系都有一个名字，每个联系都可以具有描述性属性。例如，我们可以定义学生实体集的姓名张小燕和课程实体集的课程号 5 相关联的联系，这一联系指明：张小燕学习课程号为 5 的这门课程。

2．联系集

联系集（Relationship Set）是同类联系的集合。

规范地说，联系集是 n（$n≥2$）个实体集上的数学关系，这些实体集不必互异。如果 E_1，E_2，…，E_n 为 n 个实体集，那么联系集 R 是：

$$\{(e_1, e_2, \ldots, e_n) \mid e_1 \in E_1, e_2 \in E_2, \ldots, e_n \in E_n\}$$

的一个子集，其中（e_1，e_2，…，e_n）是一个联系。

例如，可以利用如图 3.2 所示的两个实体集“学生”和“课程”来定义联系集“学习”，以表示学生学习某些课程，这一联系如图 3.4 所示。

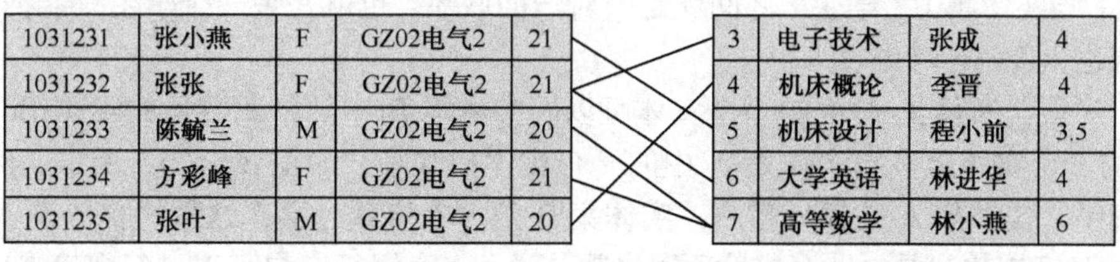

图 3.4　联系集“学习”

3．参与

实体集之间的关联称为参与。

也就是说，实体集 E_1，E_2，…，E_n 参与联系集 R。例如，一个“学生”实体张小燕（学号是“1031231”）和一个“课程”实体（课程号 5）参与到“学习”联系集的一个具体联系中。

这一联系实例表示现实世界中学号为“1031231”、姓名为“张小燕”的学生学习了课程号为 5 的这门课程。

一个给定联系集中的实体称为联系的参与者。

如果联系集 R 的所有参与者都至少在 R 的一个具体联系中出现，那么称这种参与是全部的，反之就是部分的。例如，在学生实体集与班级实体集之间的“属于”联系集中，由于每个具体的学生都属于某个具体的班级，因此，参与者学生在“属于”联系中是全部的。

4．角色

实体在联系中的作用称为角色。

由于参与一个联系的实体集通常是互异的，角色是隐含的并且常常不声明。但是，当同一实体集在一个联系集中参与的次数大于一次时，则每次参与将具有不同的角色。在这类联系集中，有必要用显式的角色名来定义一个实体参与联系实例的方式。例如，对银行所有员工信息的实体集“职工”，我们用联系集“领导”来对有序的“职工”实体对进行建模。每对实体中的第一个员工具有工作人员的角色，而第二个员工具有经理的角色。按照这种方式，所有的“领导”联系通过（工作人员，经理）对来描述，而不描述成（经理，工作人员）对。

联系也可以具有自己的描述性属性。例如，在前面提到的“学习”联系集中，可以增加“成绩”属性。

5．度

参与联系集的实体集的数目称为联系集的度（Degree）。

联系集“学习”是由“学生”与“课程”两个实体集参与的，由此我们可以称联系集“学习”是一个二元联系集，度为 2。学习联系可以由二元组（学生，课程）来描述。

数据库系统中大多数联系集是二元的，但是偶尔有些联系集中涉及的实体集会多于两个。例如，一个 contracts 联系，包括电影公司、影星和电影三个实体集，表示电影公司和某一影星签约，让他出演某一部电影。contracts 联系可以由三元组（电影公司，明星，电影）来描述，为三元联系集，度为 3。度为 n（n>2）的联系集称为 n 元联系集。

6．联系的类型

对于实体集 A 和实体集 B 之间的二元联系集 R 来说，联系主要有以下类型。

（1）一对一。实体集 A 中的一个实体至多同实体集 B 中的一个实体相联系，实体集 B 中的一个实体至多同实体集 A 中的一个实体相联系，如图 3.5（a）所示。例如，学校寝室的实体集 A“床位”与实体集 B“学生”之间就是一对一的联系，也就是说一个学生只能拥有一张床，同时一张床也只能睡一个学生。

（2）一对多。实体集 A 中的一个实体可以同实体集 B 中的任意数目的实体相联系，而实体集 B 中的一个实体至多同实体集 A 中的一个实体相联系，如图 3.5（b）所示。例如，在银行管理系统中，实体集 A 是银行客户，实体集 B 是多笔贷款，那么这里的实体集 A 银行客户与实体集 B 多笔贷款就是一对多的联系。也就是说，一个银行客户可以进行多笔贷款，而一笔贷款只能属于一个客户。

（3）多对一。实体集 A 中的一个实体至多同实体集 B 中的一个实体相联系，而实体集 B 中的一个实体可以同实体 A 中任意数目的实体相联系，如图 3.6（a）所示。例如，在上述一对多的联系中，如果将实体集 A 与实体集 B 进行交换，这样实体集 A 与实体集 B 就是一个多对一的联系。再例如，如果实体集 A 是学生，而实体集 B 是专业，那么实体集 A 与实体集 B 就是多对一的联系，因为一个学生只能属于某一专业，而一个专业可以有多个学生。

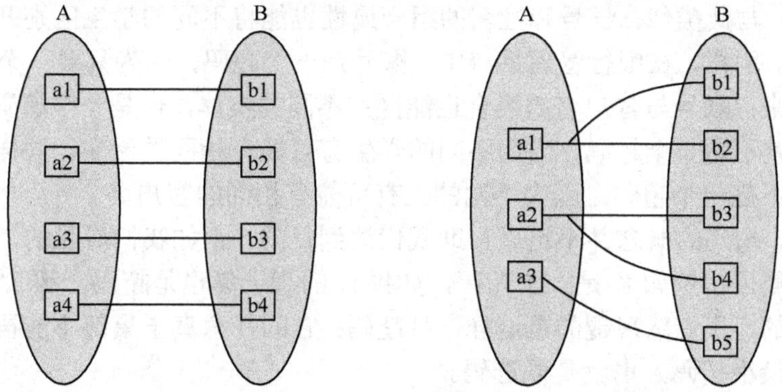

（a）一对一联系　　（b）一对多联系

图 3.5　实体集之间的联系

（4）多对多。实体集 A 中的一个实体可以同实体集 B 中任意数目的实体相联系，实体集 B 中的一个实体也可以同实体集 A 中任意数目的实体相联系，如图 3.6（b）所示。例如，实体集 A 是学生，实体集 B 是课程，这两个实体集就是多对多的联系。因为一个学生可以选择多门课，同样，一门课也可以被多个学生所选择。再例如前面的客户与贷款两个实体中，如果贷款客户为多个商业伙伴共有，那么原来一对多的联系就变成了多对多的联系了。

以上所述是实体间的最基本的联系。原则上，许多实体之间的复杂联系都可以用上述几种基本联系通过若干组联系等价地表示。

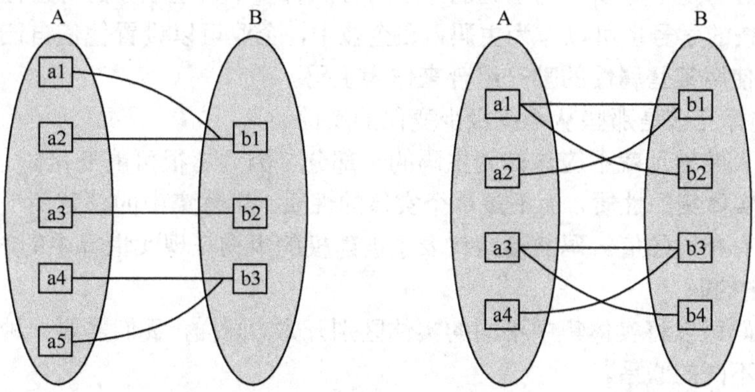

（a）多对一联系　　（b）多对多联系

图 3.6　实体集之间的联系

3.1.5　码

从概念上来说，各个实体是互异的，但从数据的观点来看，它们的区别必须用其属性来表明。因此，一个实体的属性值必须是可以区分实体的。也就是说，一个实体集中没有两个实体的所有属性的值都相同。

码也称为键（Key），码的概念使得我们可以区别实体，码同样可以唯一地标识联系，并将联系互相区分出来。

1．实体集中的码

（1）超码。超码是一个或多个属性的集合，这些属性的组合可以使我们在一个实体集中唯一地标识一个实体。例如，在学生实体集中，学号属性足以将不同的学生实体区分开来，因此，学号是一个超码；与此类似，学号和姓名的组合属性也能将不同的学生区别开来，也是实体集学生的一个超码。同样，在银行管理系统中，账号是一个超码，因为只要一个账号就足以将不同的客户区别开来；账号与客户名的组合也能区别不同的实体，也是一个超码。但是，在学生实体集中，姓名就不是一个超码，因为不同的学生有可能有相同的姓名。同样，在银行账务系统中，客户名也不是一个超码，因为不同的人有可能有相同的客户名。

（2）候选码。超码的概念并不足以帮助我们达到目的。正如我们看见的，超码中可能包含一些无关紧要的属性。例如 K 是一个超码，如果 K 的真子集也是超码，那么这个 K 超码并不是我们所感兴趣的，我们感兴趣的是这样一种超码：它的任意真子集都不能再成为超码。通常称这样的超码为最小超码，也就是候选码。

有这样的情况：几个不同的属性集都可以作为候选码。

例如，在学生实体中，“学号”是能唯一区分学生实体的，同时又假设其“姓名”、“年龄”的属性组合足以区分学生实体，那么{学号}和{姓名，年龄}都是候选码。但是，虽然属性“学号”和“姓名”的组合也能区别学生实体，但它们的组合并不能成为候选码，因为“学号”属性已经是候选码了。

（3）主码。主码也称为主键或主关键字。主码表示被数据库设计者选中的，用来在同一实体集中区分不同实体的候选码。在一个实体集中，候选码可以有多个，但主码却只有一个，因此要特别注意以下两点：

● 主码的选择必须慎重。

比如，人的姓名是不足以作为主码的，因为可能有多个人重名，而身份证号码却可以作为主码；学生在学校的学号也可以作为主码；在企业中，企业可以设置他们自己的唯一标识符作为主码，也可以使用某些属性的唯一组合来作为主码。

● 主码的选择应该是那些从不或极少变化的属性。

例如，一个人的地址就不应该作为主码的一部分，因为它很可能变化。

注意：码是实体集的性质，而不是单个实体的性质。实体集中的任意两个实体都不允许同时在码属性上具有相同的值。码的指定代表了被建模的事物在现实世界中的约束。

2．联系集中的码

实体集的主码可以将实体集中不同的实体区别开来。同样，我们需要一种类似的机制来区别一个联系集中不同的联系。

假设 R 是一个涉及实体集 E_1，E_2，…，E_n 的联系集，而 Primary-key（E_i）代表构成实体集 E_i 主码的属性集合（假设所有主码的属性名是唯一的，并且每个实体集在这个联系中只参与一次）。

那么，以下属性集合总是构成联系集的一个超码：

Primary-key（E_1）∪Primary-key（E_2）∪…∪Primary-key（E_n）

联系集的主码结构依赖于联系集的联系类型：

● 如果实体集 A 与实体集 B 之间的联系集是多对多的联系，那么联系的主码由实体 A 与实体 B 两个实体的主码共同组成。

● 如果实体集 A 与实体集 B 之间的联系集是多对一的联系，那么联系的主码就是实体 A 的主码。

● 如果实体集 A 与实体集 B 之间的联系集是一对多的联系，那么联系的主码就是实体 B 的主码。

● 如果实体集 A 与实体集 B 之间的联系集是一对一的联系，那么联系的主码就是实体 A 与 B 的任何一个主码。

3.2　实体-联系图表示

3.2.1　E-R 符号表示

通常，用一种称为实体-联系图（Entity Relationship Diagram，E-R 图）的直观图示方式描述实体-联系模型。

图 3.7 列出了在 E-R 图中使用的符号集。对 E-R 图中的符号并没有通用的标准，因此不同的书和 E-R 图软件可能使用不同的符号，图 3.8 列出了一些广泛使用的符号。

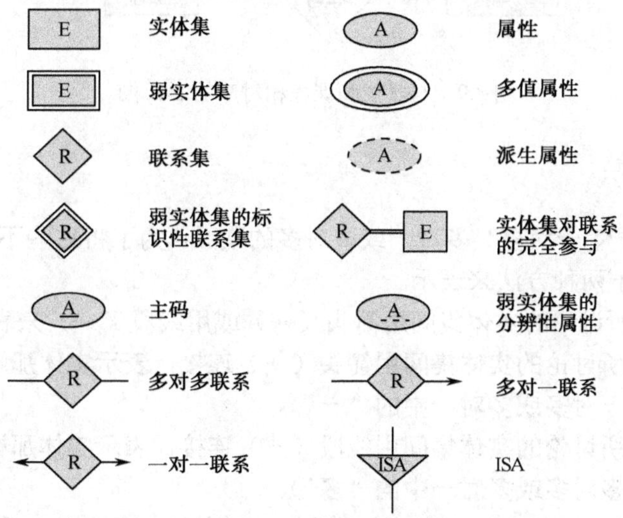

图 3.7　E-R 图中使用的符号

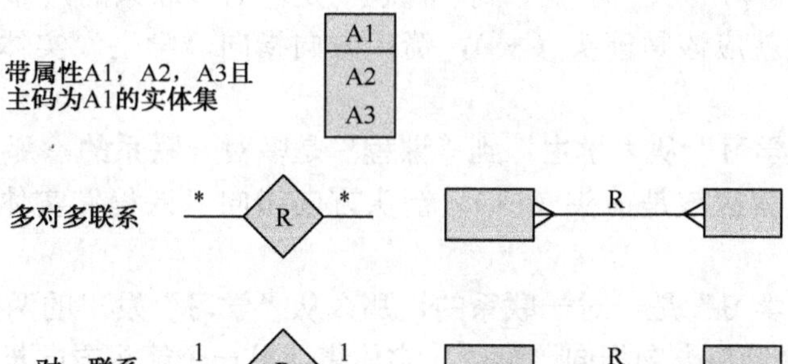

图 3.8　可选的 E-R 符号

例如，对前面提到的“学生”和“课程”两个实体集，可以通过图 3.9 所示的实体-联系图来表示。在图 3.9 中，包括了两个实体集“学生”和“课程”，它们通过二元联系集“学习”联系起来。与实体集“学生”相关的属性有学号、姓名、年龄、班级和性别。与实体集“课程”相关的属性有课程号、教师、课程名和周课时数。图中作为主码的学号与课程号均以下画线标明。

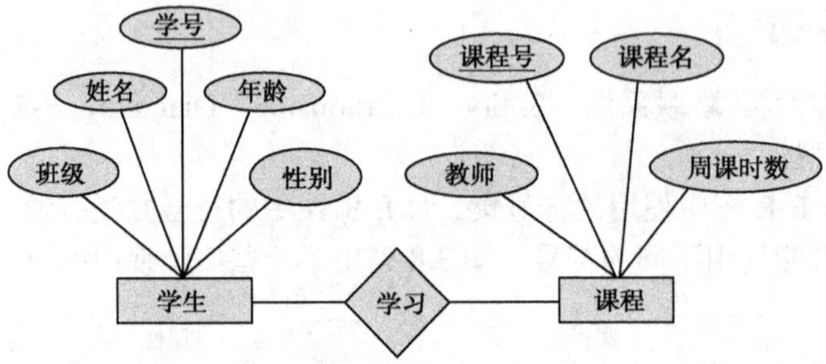

图 3.9　与学生和课程相对应的 E-R 图

3.2.2　E-R图的表示

联系可以是一对一、一对多、多对一或多对多的联系。为了将这些不同的联系类型相互区别开来，我们采用以下两种方法来表示。

（1）在联系集和所讨论的实体集间用箭头（→）或用线段（—）来表示。

- 如果联系集和所讨论的实体集间用箭头（→）连接，表示实体那端是“一”(联系类型中，一对一、一对多或多对一中的“一”)。
- 如果联系集和所讨论的实体集间用线段（—）连接，表示实体那端是“多”(联系类型中，一对多、多对多或多对一中的“多”)。

图 3.9 所示的联系集“学习”是多对多联系的，但为了说明不同联系的 E-R 图示法，特作以下假设：

- 如果联系集“学习”从“学生”到“课程”是一对多联系的，那么从“学习”到“学生”的连接线就应该是箭头（→），箭头方向指向“学生”实体集，如图 3.10（a）所示。
- 如果联系集“学习”从“学生”到“课程”是多对一联系的，那么从“学习”到“课程”的连接线就应该是箭头（→），箭头方向指向“课程”实体集，如图 3.10（b）所示。
- 如果联系集“学习”是一对一联系的，那么从“学习”发出的两条连接线都应该是箭头（→），一个箭头方向指向“学生”实体集，另一个箭头方向指向“课程”实体集，如图 3.10（c）所示。

（2）在直线靠近实体的那端标上“1”或“n”等。

这种表示方法，连接线均采用直线。在直线靠近实体的那端分别标上 1 或 n 来表明联系的类型：

- 一对一表示为（1:1）。
- 一对多表示为（1:n）。

- 多对一表示为（n:1）；
- 多对多表示为（m:n）。

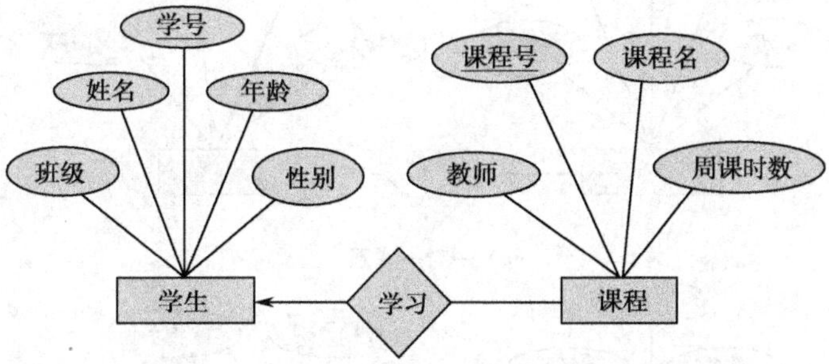

（a）一对多联系

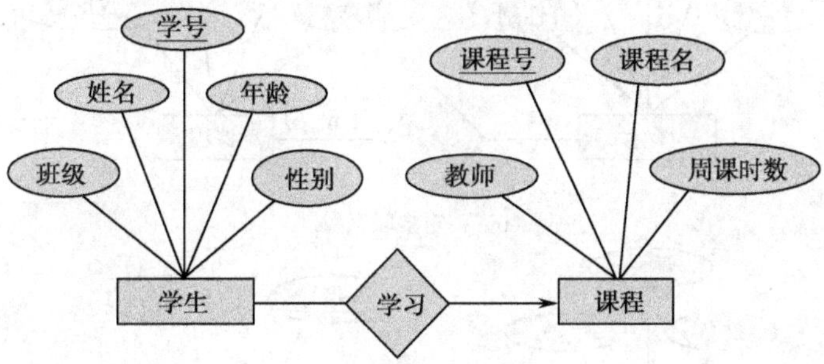

（b）多对一联系

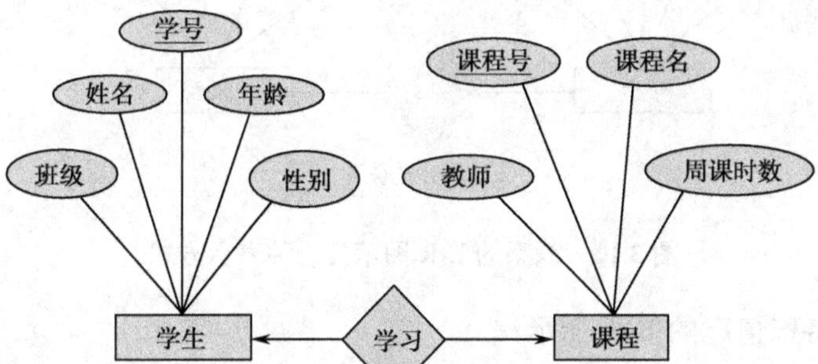

（c）一对一联系

图 3.10　联系的 E-R 图示

例如，采用这种方法，可以将图 3.10 的图示方法用如图 3.11 所示的 E-R 图来表示：

- 图 3.11（a）表示“学生”实体集与“课程”实体集之间的“学习”联系是一对一的，所以“学习”联系集的“学生”实体集端与“课程”实体集端都标有“1”。
- 图 3.11（b）中“学习”联系是一对多的联系，所以“学生”实体集端标“1”，“课程”实体集端都标有“n”。
- 图 3.11（c）中“学习”联系是多对多的联系，所以“学生”实体集端标“m”（或 n），“课程”实体集端都标有“n”（或 m）。

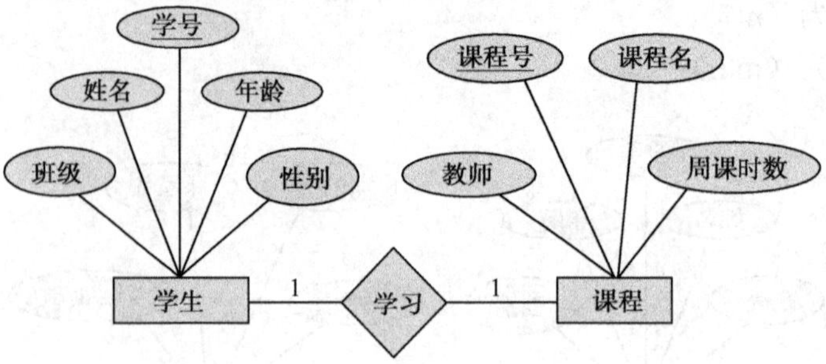

（a）一对一联系

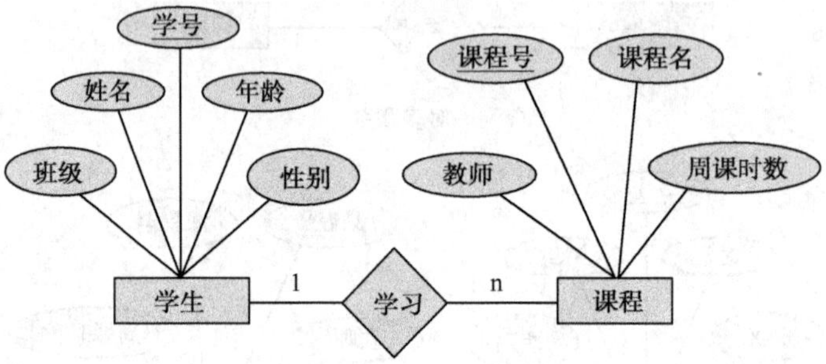

（b）一对多联系

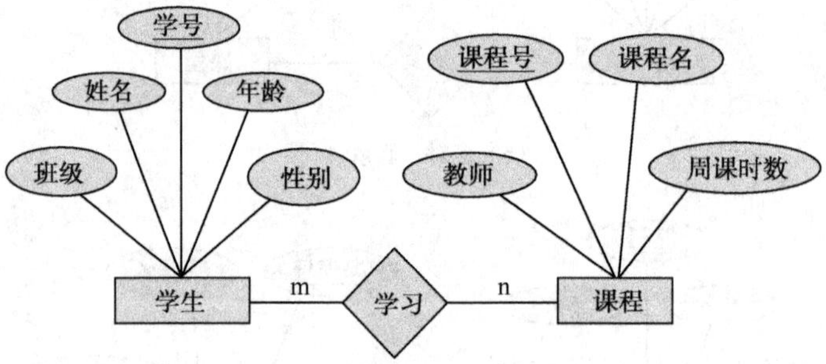

（c）多对多联系

图 3.11　联系的 E-R 图示另一种表示方式

下面给出两种特殊情况的 E-R 图示法。

(1)如果一个联系的某个参与是全部的，那么就用双线将联系与该参与者相连。在图 3.12 中，学生实体集具有学号、姓名、性别和年龄等属性，班级实体集具有班级号、班级名和人数等属性，“学号”和“班级号”分别是学生实体集和班级实体集的键，故其属性名带有下画线，而“人数”属性是派生属性，故用虚椭圆形框表示。班级实体集和学生实体集之间的“属于”联系是一对多的，所以“属于”联系的班级端标有“1”，而学生实体端标有“n”。另外，由于参与者学生在“属于”联系中是全部参与的，所以用双线将其与“属于”联系相连。

(2）具有角色指示符的 E-R 图示。在 E-R 图中表示角色是通过在菱形和矩形之间连线上进行标注的。例如，对银行所有员工信息的实体集“职工”，它具有属性“职工号”、“姓名”、“性别”，我们用联系集“领导”来对有序的“职工”实体集对进行建模，其 E-R 图如图 3.13 所示。实体集“职工”中第一个员工具有工作人员的角色，而第二个员工具有经理的角色。图中给出了“职工”实体集和“领导”联系集之间的角色指示符“经理”和“工作人员”。

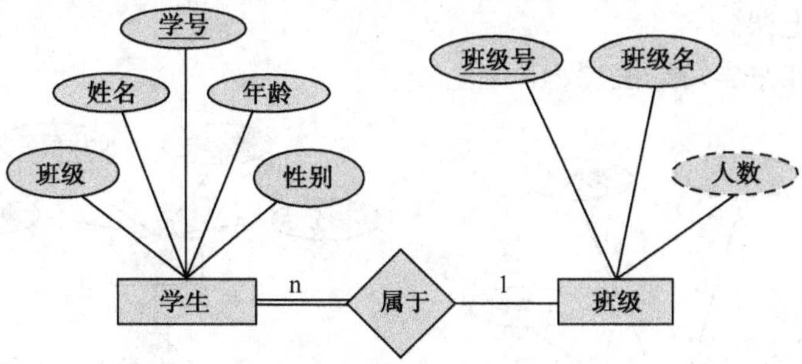

图 3.12　全部参与联系示例

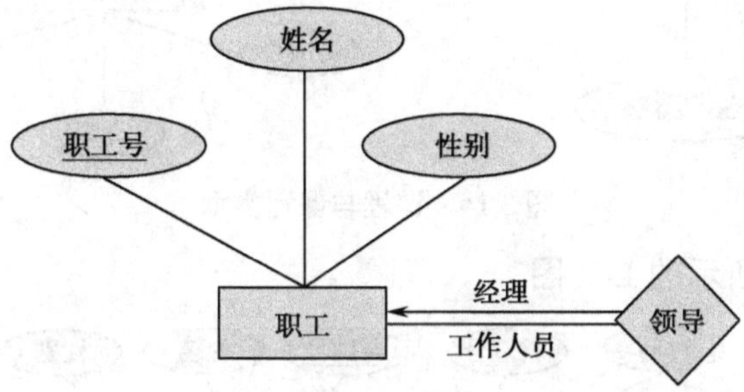

图 3.13　具有角色指示的 E-R 图示例

3.3　E-R 模型的设计

上一节讨论了实体、属性和实体集间的联系在 E-R 模型中的具体表示方法。当我们从现实世界中抽象出实体、属性和实体集间的联系，并用 E-R 模型来描述它们时，会很自然地想到这样几个问题：什么可以作为实体集？什么可以作为属性？如何确定实体集间的联系？本节将讨论在数据库 E-R 模型的设计过程中经常遇到的这些问题。

3.3.1　确定实体集、属性与实体间的联系

1．确定实体集和属性

一般来讲，可以作为属性的事物符合如下两条原则：

- 除了复合属性，其他属性都不能具有需要描述的特性。
- 属性不能与其他实体发生联系。

符合上述原则的事物就作为属性，其余的应作为实体。

如图 3.14 所示，对“课程”实体而言，课程号、课程名、学分和周学时毫无疑问应该作为它的属性，但是如果课程类型还与课程的上课周数有关，则应该把“课程类型”作为一个实体，而将“周数”作为它的属性。

2．确定实体集间的联系

在一个简单的学生管理系统中，存在三个实体集“课程”、“教师”和“学生”，经分析可以得出如下三个联系：

- 教师教授课程。

● 教师给学生上课。
● 学生通过上课来学习一些课程。

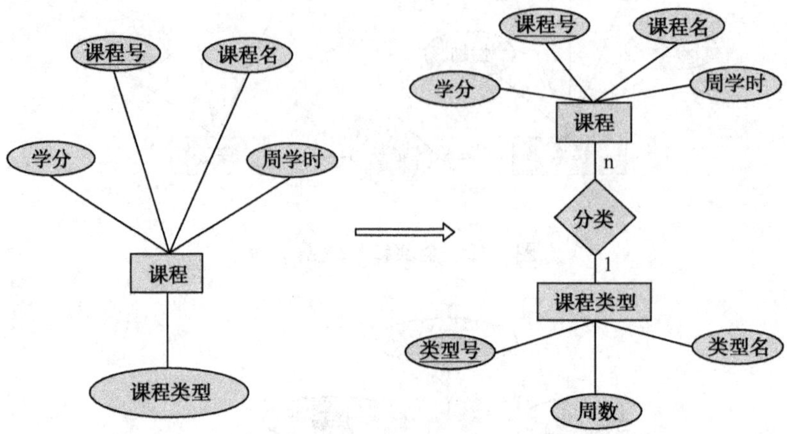

图 3.14　课程与课程类型

因此得到如图 3.15 所示的 E-R 图。

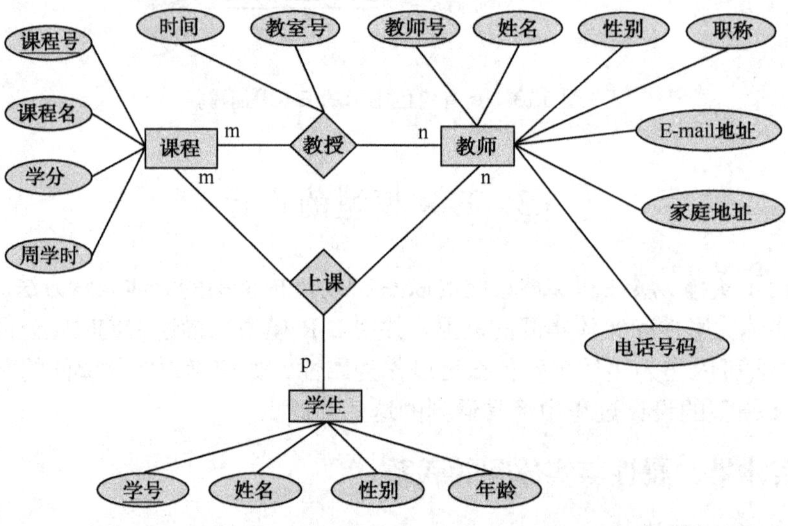

图 3.15　课程、教师和学生实体集及相互间的联系

假设同一教师不能重复教授某门课程，如果修读同一教师所教授的某门课程的学生特别多，可以用大教室上课，每个学生可以修读多门课程，每门课程都由一个具体的教师教授，同一门课程也可以被不同的学生修读。因此，需要给原来 E-R 模型的“教授”联系增加“时间”和“教室号”两个属性。

如果还需要将学生的考试成绩在 E-R 模型中体现出来，应该怎么处理？

显然“成绩”是一个属性，该属性应该放在哪里呢？是在如图 3.15 所示的 E-R 模型的“上课”联系中增加一个“成绩”属性，还是在学生和课程实体间增加一个“考试”联系，然后将“成绩”作为“考试”联系的属性呢？

假设对任何课程，学生都可以申请免考（即学生可以申请参加某门课程的考试，而不需要到教室去上课），显然用图 3.16 所示的 E-R 图可以准确地表达该语义。

可见，在建立 E-R 模型时，必须根据具体的应用环境来决定图中包含哪些实体，实体间又包含哪些联系，联系具有什么属性等。

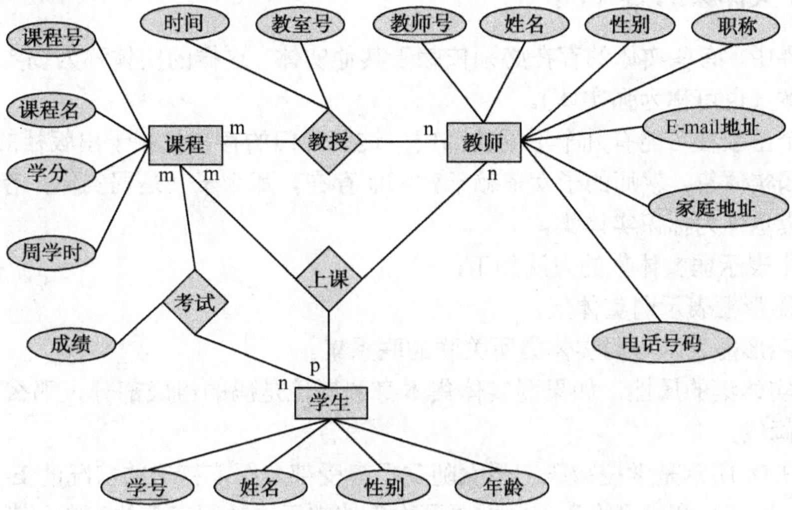

图 3.16 课程、教师和学生实体集及相互间的联系

3.3.2 具有复合属性、多值属性和派生属性的 E-R 图

前面已经介绍了，属性类型有简单属性与复合属性、单值属性与多值属性以及派生属性之分。

对于单值属性和简单属性的表示方法在前面的例子中已经讲了，下面针对怎样用 E-R 图来表示复合属性、多值属性以及派生属性做一个说明。

以“学生”实体集为例。在“学生”实体集中有学号、姓名、年龄、地址、性别、班级和联系电话等属性。在这里我们用复合属性“姓名”来代替原来的简单属性“姓名”，这样复合属性“姓名”中就包含三个属性：曾用第一个名、曾用第二个名、现在姓名。同样，复合属性“地址”也包含四个属性：国名、省、城市和街道。其中“街道”属性本身又包含两个属性：街道名和街道号。对于联系电话，我们也用多值属性来进行设置，多值属性用双椭圆表示。另外，我们可以根据年龄来推算出出生年月，因此，这里的出生年月就是一个派生属性，派生属性用虚椭圆表示。其 E-R 图如图 3.17 所示。

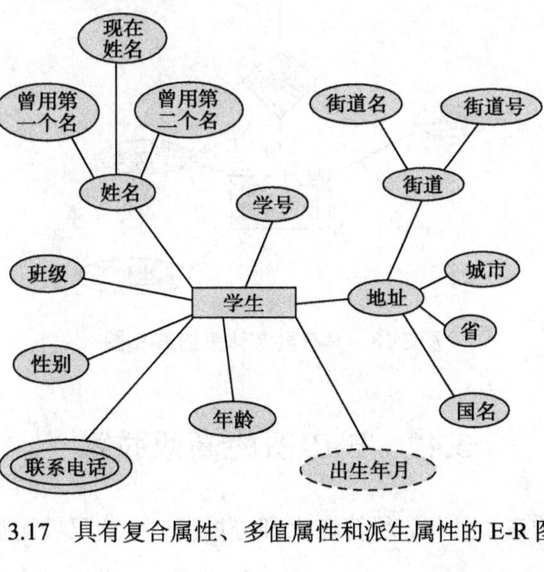

图 3.17 具有复合属性、多值属性和派生属性的 E-R 图

3.3.3　具有弱实体集的 E-R 图

在现实世界中，有些实体的存在必须依赖于其他实体，这样的实体称为弱实体，其他实体则称为常规实体（也可称为强实体）。

例如，一个出版社可能有几个不同的部门，这些部门的存在依赖于出版社的存在，因此，部门实体集是弱实体集；教师的子女依赖于教师而存在，那么子女是弱实体；等等。弱实体集所依赖的实体集也称为标识实体集。

在 E-R 图中表示弱实体集的方法如下：

- 用双边矩形框表示弱实体集。
- 用双边菱形框表示与弱实体集所关联的联系集。
- 关于弱实体集的属性：如果弱实体集本身的属性是码的组成部分，那么在这些属性下面加下画线。

例如，图 3.18 所示是学校教职工子女随父母享受部分医疗待遇的情况的 E-R 图。图中有两个实体集“教职工”和“子女”，其中，“子女”依赖于“教职工”的存在而存在，并且联系集“抚养”是用来标识子女的，因此“子女”实体集是“教职工”实体集的弱实体。“教职工”为标识实体集，“教职工”与“子女”的联系集“抚养”为一对多的联系集。

如果由联系集所联系的某些实体集是由其他联系集来标识的，那么就把这种联系称为弱联系。例如，“子女”实体集是由它的子女号以及它和一个教职工实体集的联系集（即“抚养”联系集）来标识的（由教职工号体现），那么该教职工所抚养的子女实体集与其他实体集之间的任何联系集都将导致弱联系集，即对于与某弱实体集相联系的其他实体集来说，它们与弱实体集之间的联系都是弱联系。

在这里，“子女”弱实体集的码由其本身的“子女号”属性和通过多对一联系“抚养”与该子女相关的教职工的“教职工号”属性共同组成。

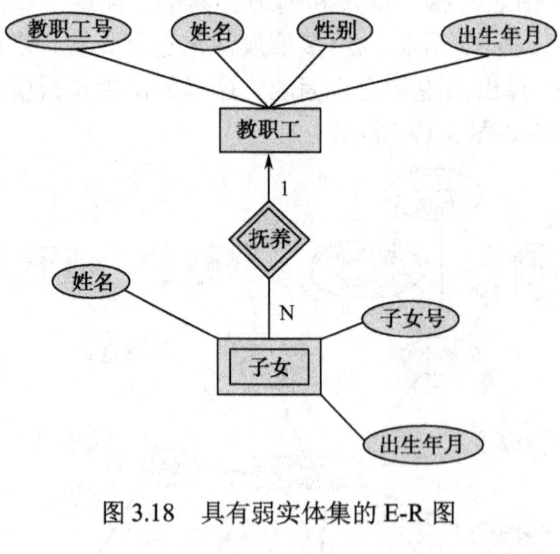

图 3.18　具有弱实体集的 E-R 图

3.4※　E-R 图的高级技术

前面讨论了 E-R 图的基本技术，尽管在大部分情况下，这已经可以满足数据库建模的需要了，即可以将现实世界中的事物及其相互间的联系描述清楚了。但是，有些时候还需要对基本 E-R 模型进行扩充。

3.4.1　特殊化

在某一个实体集中可能包含一些子集，这些子集中的实体在某些方面区别于实体集中的其他实体。比如，实体集中的某个实体子集可能具有不被该实体集中所有实体所共享的一些属性。

现在，我们来仔细分析一下图 3.16 中的“课程”实体集。

（1）“课程”实体集具有课程号、课程名、学分和周学时等属性。

（2）假设课程可以进一步划分为两大类：必修课和选修课。这两大类课程都具有“课程”实体集所具有的所有属性。

（3）但是，选修课和必修课也分别具有区别于其他课程的一些独特的属性。比如，每门必修课应设立一个课程负责人，因此必修课实体还具有课程负责人属性；而每门选修课都有人数限制，因此选修课实体还具有人数上限和人数下限属性，而这些属性是必修课所不具有的。

（4）那么，“必修课”实体集在“课程”实体集的基础上，可以通过“课程负责人”属性来进一步描述；“选修课”实体集在“课程”实体集的基础上，可以通过限制选修人数的属性“人数上限”和“人数下限”来进一步描述。

这种在实体集内部进行分组的过程称为特殊化。实体集可以根据多个可区分的特征来进行特殊化。对“课程”实体集进行特殊化可以产生如下的实体集。

- 选修课：具有人数上限和人数下限属性。
- 必修课：具有课程负责人属性。

选修课还可以分成共同限选课和专业选修课两类，其中共同限选课是面向全校学生开设的选修课，每门共同限选课都有一个模块号；而专业选修课是面向某个专业学生的选修课，因此每门专业选修课都属性于某个专业，并且不同专业对可以选修的课程数目有不同的规定。这样，对“选修课”实体集进行特殊化可以产生如下的实体集。

- 共同限选课：具有模块号属性。
- 专业选修课：不具有模块号属性，但每门专业选修课都属于某个专业。相关专业允许学生可以用选修的专业选修课的门数在专业实体集中描述。

在 E-R 图中，特殊化通过标记为 ISA 的三角形构件来表示，标记 ISA 表示“is a”，ISA 联系也称超类—子类联系。ISA 联系也称为“构入式”联系。一般把 AISAB 读作“A is B”，表示实体集 A 包含在实体集 B 中，A 是 B 中的一种特殊的群体。可见，ISA 联系实质上也是对“同一实体集”的实体之间的联系进行模型化。

上面经过特殊化后的“课程”实体可以用如图 3.19 所示的 E-R 模型表示，其中的“课程”实体集是“选修课”和“必修课”实体集的高层实体集，“选修课”和“必修课”实体集则是“课程”实体集的低层实体集。同理，“选修课”实体集是“共同限选课”和“专业选修课”实体集的高层实体集，而“共同限选课”和“专业选修课”是“选修课”实体集的低层实体集。

特殊化后产生的低层实体集可以具有高层实体集所不包含的属性，也可以参与到不适用于高层实体集中所有实体的联系中。例如，在如图 3.19 所示的 E-R 模型中，选修课的低层实体集就参与到了其高层实体集所有适用的与专业之间的“选修课计划”联系中，该联系主要用于表达专业选修课实体集中的实体属于哪个专业。

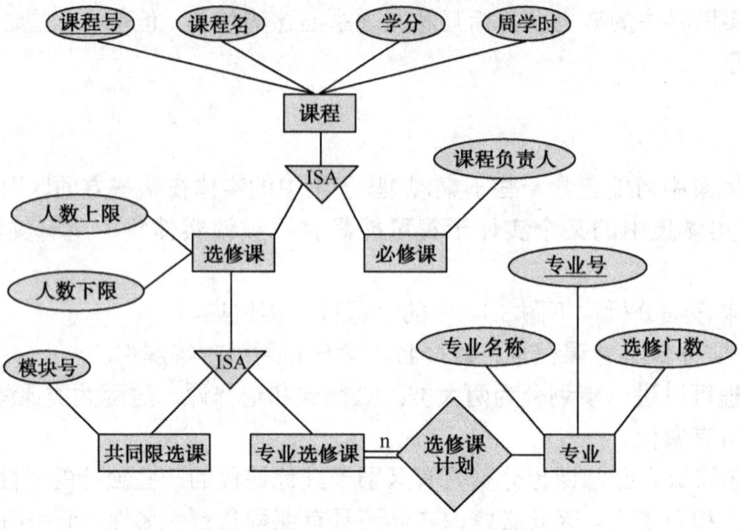

图 3.19　课程及其低层实体集的 E-R 图

3.4.2　概括

在进行 E-R 图设计时，既可以使用自顶向下的设计方法，也可以使用自底向上的设计方法。

特殊化的过程是个自顶向下的设计过程，在该过程中对高层实体集进行分组可以产生若干个低层实体集。

而概括则是特殊化过程的逆过程（概括也称为一般化）。例如，假设我们先设计出了选修课和必修课实体，其中选修课实体集具有课程号、课程名、学分、周学时、人数上限和人数下限等属性，而必修课实体集具有课程号、课程名、学分、周学时和课程负责人等属性。就所具有的属性而言，选修课和必修课实体集间存在着共性，从这种共性中可以概括出课程实体集。

可见，概括是一个从低层实体集出发设计出高层实体集的过程。概括反映了高层实体集和低层实体集间的包含关系，其中的高层实体集称为超类（Supertype），而低层实体集称为子类（Subtype）。一个实体集可以是某个实体集的子类，同时又是另一个实体集的超类。例如，选修课实体是课程实体集的子类，同时又是共同限选课和专业选修课实体集的超类。超类和子类间的联系也是用 ISA 联系表示的。

3.4.3　属性继承

通过特殊化过程和概括过程所产生的高层实体集和低层实体集的一个重要的特性就是：属性继承。

属性继承具有以下两方面的性质：

一方面，属性继承是指通过特殊化技术或概括技术所产生的低层实体集将继承高层实体集的所有属性。例如，图 3.19 中的低层实体集“选修课”和“必修课”都继承了“课程”实体集的属性，因此“选修课”实体集具有课程号、课程名、学分、周学时、人数上限和人数下限等属性，“必修课”实体集具有课程号、课程名、学分、周学时和课程负责人等属性。

另一方面，低层实体集还继承参与其高层实体集所参与的所有联系集。因此，“选修课”和“必修课”实体集都将参与到“课程”实体集所参与的“教授”、“上课”和“考试”等联系中。

总之，低层实体集可以继承其高层实体集所具有的所有属性和联系，但是低层实体集所特有的属性和联系仅适用于该特定的低层实体集及该实体集的低层实体集。

3.5 E-R 模型的设计实例

E-R 数据模式使得我们在对给定数据库模式设计时具有很大的灵活性。通过前面的学习，对于 E-R 图的表示已经有所掌握，在这一节中，我们将通过两个设计实例讨论数据库设计者如何进行 E-R 模式的设计。

3.5.1 E-R 图设计步骤

在对一个具体系统进行 E-R 模型设计之前，首先应该进行系统的需求分析。需求分析是整个数据库设计过程中的第一步，也是最重要的一步。用户需求的最初说明可以基于同数据库用户的交谈或设计者自己对企业的分析。这一设计阶段产生的描述是定义数据库概念结构的基础。

E-R 图有如下四个设计步骤：

- 数据需求分析。
- 实体集设计。
- 联系集设计。
- 综合 E-R 图。

下面先通过对于每个学生来说最有亲身体会的高等院校教学情况的例子来说明如何用 E-R 数据模型将用户需求转化为 E-R 图所表示的概念设计模式；然后，再举一个简化的银行业务的例子，以帮助读者提高 E-R 图设计能力。

3.5.2 大学教学情况 E-R 图设计

我们现在更加详细地看一下大学教学情况的数据库设计需求，并且要做一个比较全面的 E-R 模型的设计。然而，我们并不是要对整个教学情况数据库设计的每个方面都建模，为了阐明 E-R 图设计过程，现只考虑其中的教学一部分。

1. 数据需求

我国大专院校的管理体制各具特色，但就其共性来说，各个大学的专业、课程、学生和教师之间的关系可归纳如下：

- 大学有多个专业，每个专业用唯一的专业代码和专业名称标识。
- 每个专业设置有多门课程，某些课程可被多个专业设置。
- 每门课程由课程号、课程名和学时标识。
- 每位教师由教职工号、姓名、性别、出生年月、职称、（所属）教研室和电话号码标识。
- 每位教师可以讲授多门课程，某些课程可由多位教师主讲。
- 每个学生由学号、姓名、性别、出生年月和籍贯标识。
- 多个学生可以同时学习同一门课程，一个学生必须学习多门课程。
- 一个专业有多个学生，一个学生只能属于某一专业并属于某个班级。

2．实体集设计

专业、课程、学生和教师都可以看做实体，并对应有“专业”实体集、“课程”实体集、“学生”实体集和“教师”实体集。

- “专业”实体集的属性有：专业代码、专业名称（见图 3.20（a）），其中属性专业代码为主码。
- “课程”实体集的属性有：课程名、课程号、学时（见图 3.20（b）），其中属性课程号为主码。
- “学生”实体集的属性有：学号、姓名、性别、出生年月、籍贯（见图 3.20（c）），其中属性学号为主码。
- “教师”实体集的属性有：教职工号、姓名、性别、出生年月、职称、教研室、电话号码（见图 3.20（d）），其中属性教职工号为主码。

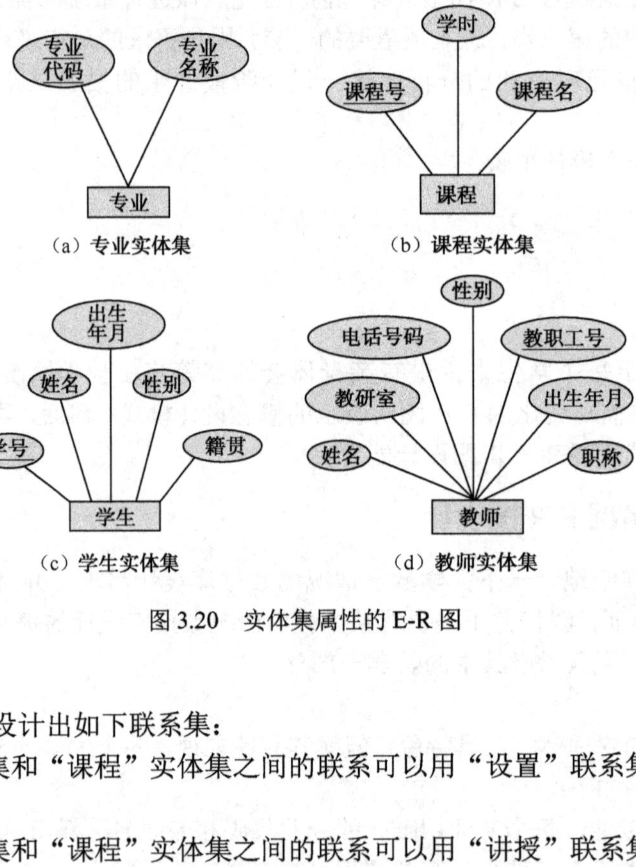

图 3.20　实体集属性的 E-R 图

3．联系集设计

通过分析，可以设计出如下联系集：

- “专业”实体集和“课程”实体集之间的联系可以用“设置”联系集（为多对多联系）来标识。
- “教师”实体集和“课程”实体集之间的联系可以用“讲授”联系集（为多对多联系）来标识。
- “学生”实体集和“课程”实体集之间的联系可以用“学习”联系集（为多对多联系）来标识。
- “学生”实体集和“专业”实体集之间的联系可以用“归属”联系集（为多对一联系）来标识。

标识出联系集的基本属性：

- “学习”联系集的基本属性：分数。

● “归属”联系集的基本属性：班级。

各实体间联系的 E-R 模型如图 3.21 所示。

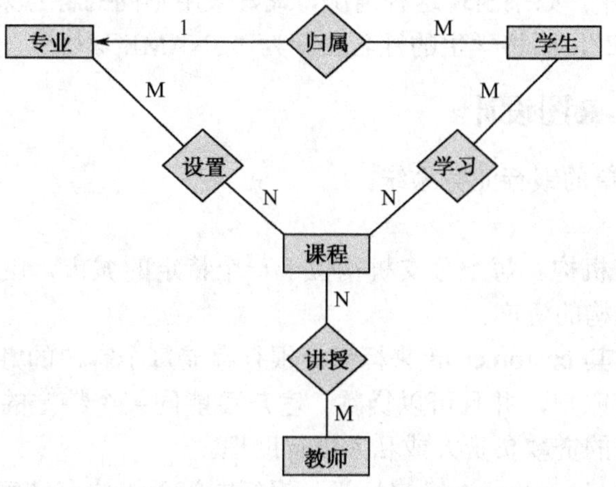

图 3.21 实体集间联系的 E-R 图

4．综合 E-R 图

上述分析从不同的角度描述了学校教学情况的实体−联系模型的特征，其 E-R 图描述如图 3.22 所示。

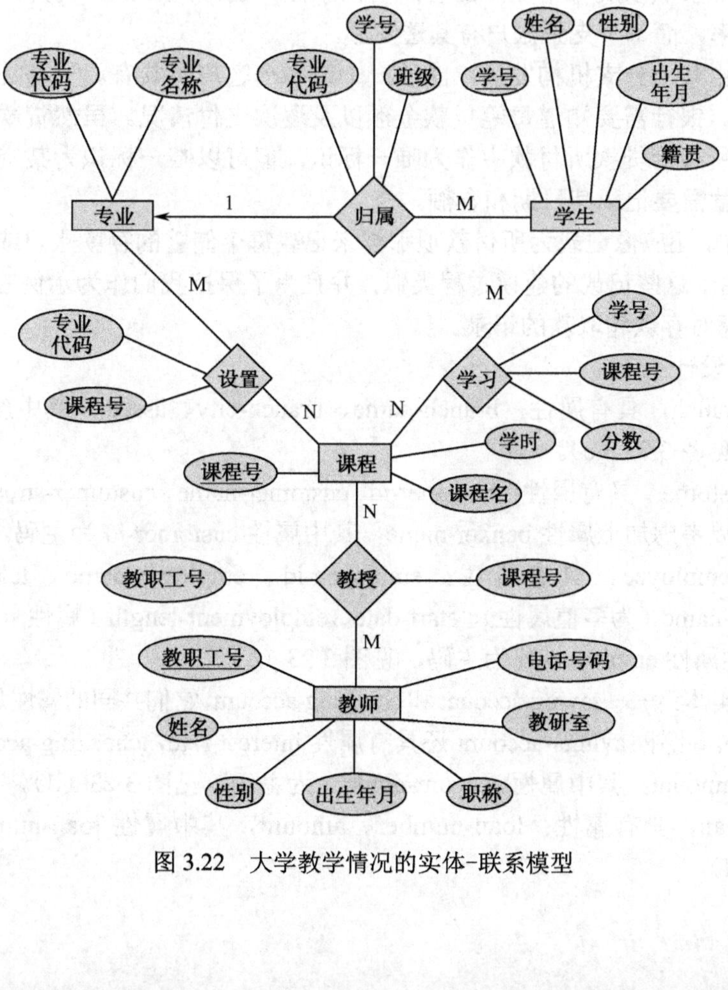

图 3.22 大学教学情况的实体−联系模型

从图 3.22 可以看出，虽然“学生”实体集和“教师”实体集有相同的属性：姓名、性别、出生年月，但由于它们属于不同的实体集，所以代表着不同的特征。

一般在实际的系统中，如果出现这种情况，最好采用不同的符号来表示。例如，可将教师的姓名表示为“TNAME”，而将学生的姓名表示为“SNAME”。

3.5.3　银行企业的 E-R 图设计

现在再来看一个简单的银行业务系统。

1．数据需求

- 银行有多个分支机构。每个分支机构位于一个特定的城市，由唯一的名字标识。银行监控每个分支机构的资产。
- 银行的客户通过其 customer-id 来标识。银行存储每个客户的姓名及其居住的街道和城市。客户可以有账户，并且可以贷款。客户可能同某个特定的银行员工发生联系，该员工作为该客户的贷款负责人或私人银行助理。
- 银行员工也通过其 employee-id 来标识。银行的管理机构存储每个员工的姓名、电话号码、亲属姓名及其经理的 employee-id。银行还需要知道员工开始工作的日期，由此日期可以推知员工的雇用期。
- 银行提供两类账户——支票账户和储蓄账户。账户可以由两个或两个以上客户共有，一个客户也可以有两个或两个以上的账户。每个账户被赋以唯一的账户号。银行记录每个账户的余额以及每个账户的客户访问该账户的最近日期。另外，每个储蓄存款账户有其利率，而每个支票账户有其透支额。
- 每笔贷款由某个分支机构发放，能被一个或多个客户所共有。一笔贷款用一个唯一的贷款标识。银行需要知道每笔贷款金额以及逐次支付情况。虽然贷款的付款号并不能在银行的所有为贷款所付款中作为唯一标识，但可以唯一标识为某贷款的所付款项。对每次付款需要记载其日期和金额。

现实的银行中，还应像记载为所付款项那样来记载每个储蓄的存款账户或支票账户中取出或存入的金额。由于这些记载的建模过程类似，并且为了保持我们作为示例应用的简洁，在我们的模型中不考虑对存款和取款的记录。

2．实体集的设计

- 实体集 branch，具有属性：branch-name、branch-city、assets，其中属性 branch-name 为主码，见图 3.23（e）。
- 实体集 customer，具有属性：customer-id、customer-name、customer-street、customer-city。此外还可以考虑加上属性 banker-name，其中属性 customer-id 为主码，见图 3.23（a）。
- 实体集 employee，具有属性：employee-id、employee-name、telephont-number、dependent-name（为多值属性）、start-date、employment-length（属性 start-date 的派生属性），其中属性 employee-id 为主码，见图 3.23（c）。
- 两个账户实体集——saving-account 和 checking-account，它们共同的属性是 account-number 和 balance。此外 savings-account 还具有属性 interest-rate，checking-account 还具有属性 overdraft-amount，其中属性 account-number 为主码，见图 3.23（d）。
- 实体集 loan，具有属性：loan-number、amount，其中属性 loan-number 为主码，见图 3.23（f）。

● 弱实体集 payment（依赖于实体集 loan），具有属性：payment-number、payment-date 和 payment-amount，见图 3.23（b）。

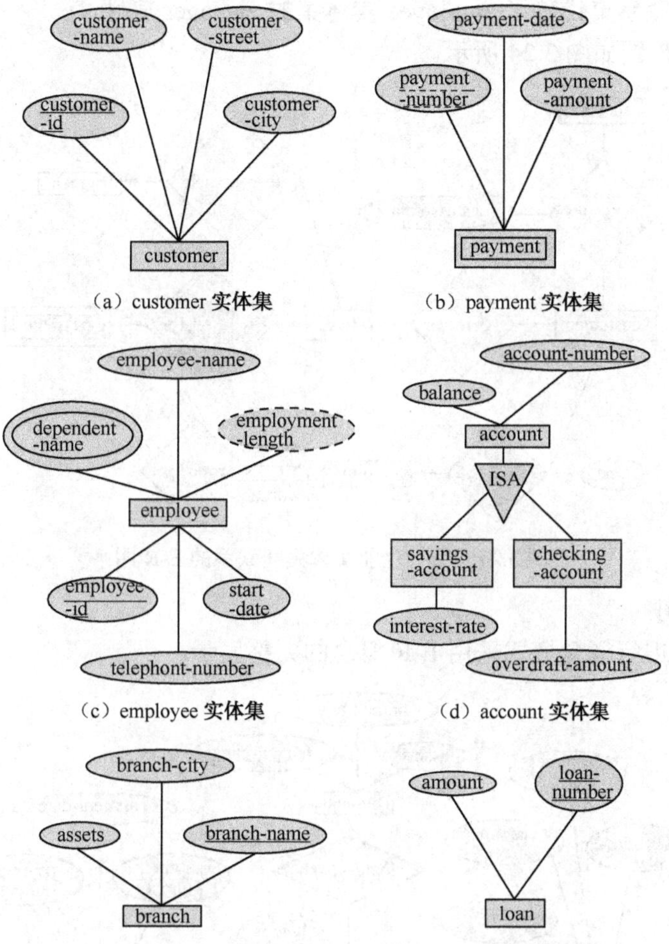

（a）customer 实体集　（b）payment 实体集

（c）employee 实体集　（d）account 实体集

（e）branch 实体集　（f）load 实体集

图 3.23　银行企业各实体集的 E-R 图

3．联系集设计

通过分析，可设计出如下联系集：

● borrower，标识 customer 和 loan 间的一对多联系。

● loan-branch，标识产生贷款的银行分支机构（loan 与 branch 之间）的多对一联系集（loan 与 branch 之间）。注意，此时用这个联系代替了 loan 实体集的 originating-branch 属性（当然也可以不用这个联系集，而保留 loan 实体集的 originating-branch 属性）。

● loan-payment，标识从 loan 到 payment 的一对多联系，表明一笔款项是为某笔贷款而付的。

● depositor，标识 customer 和 account 间的多对多联系，表明某个客户具有某个账户。且具有联系属性：access-date。

● cust-banker，标识 customer 与 empoyee 之间的多对一联系集，且具有联系属性：type，表明一个客户可以从一个银行员工处获得建议，而一个银行员工可以为一个或多个客户提供建议。注意，此时用这个联系集代替了 customer 实体集的 banker-name 属性。

- work-for，标识具有 manager 和 worker 角色指示符的 employee 实体之间联系集。其映射基数表明了一个员工仅为一个经理工作，而一个经理监督一个或多个员工。注意，此时用这一联系集代替了 employee 实体集的 manager 属性。

各联系集的 E-R 图如图 3.24 所示。

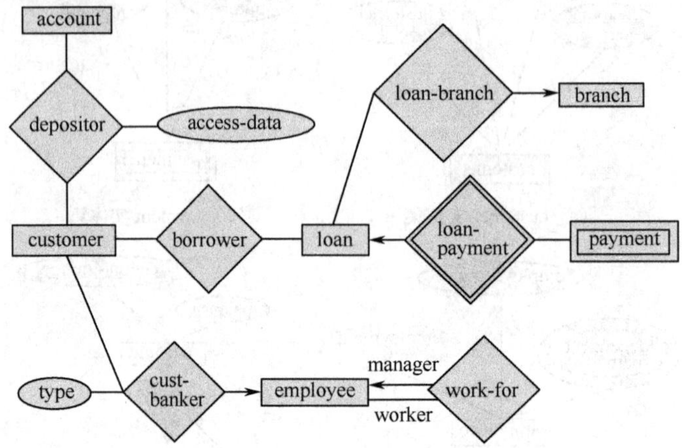

图 3.24　银行企业实体集间联系的 E-R 图

4．综合 E-R 图

图 3.25 给出了银行概念模式采用 E-R 概念的完整表示。

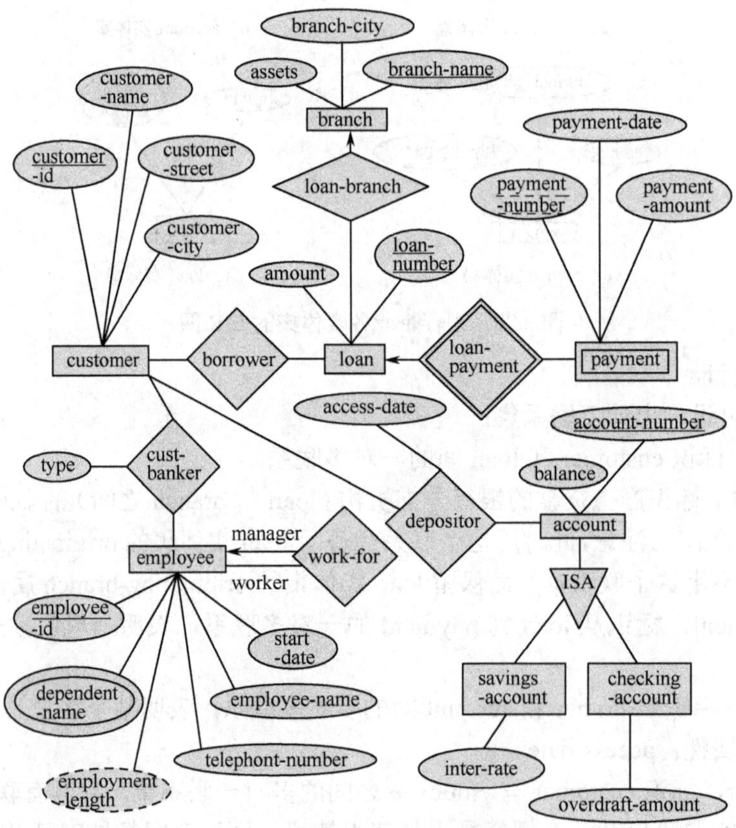

图 3.25　银行企业的综合 E-R 图

3.6 本章小结

本章介绍了实体-联系（E-R）数据模型的基本概念：实体、实体集、实体型、实体值、联系集、属性等；E-R 模式的映射基数；在实体集与联系集中如何确定主码；联系实体表示的主要形式。E-R 模型各种各样的选择性提供给数据库设计者大量的选择机会，使得设计者可以最好地表现被建模的企业。在不同的场合，概念和对象可以用实体、联系或属性来表示。企业总体结构的某些方面可以用弱实体集、一般化和特殊化来表示。设计者常常需要在简单、紧凑的模型与更精确但也更复杂的模型之间做出适当的选择。为了让设计者能够更好地学会建立 E-R 模型，本章列举了不少实例进行讲解，详细分析了 E-R 模式的设计过程。

习　题

1．试给出下列术语的定义：实体、实体集、实体值和属性。

2．实体间联系有哪几种，试举例说明。

3．什么是二元联系？

4．解释主码、候选码和超码这些术语及它们之间的区别。

5．解释弱实体集和强实体集之间的区别。

6．一个大学的注册办公室维护以下实体的数据：

（1）课程，包括编号、名称、学分、课程提纲和选修条件。

（2）课程提供，包括课程号、年、学期、节数、教师、时间和教室。

（3）学生，包括学号、姓名和计划。

（4）教师，包括标识号、姓名、系和职称。

此外，学生课程的登记和学生所选的每门课的成绩评定都要适当建模。要求为注册办公室构造一个 E-R 图。

7．用 E-R 图表示某仓库管理的概念模型。

仓库物资管理涉及的实体如下。

（1）仓库：属性有仓库号、面积、电话号码。

（2）零件：属性有零件号、名称、规格、单价、描述。

（3）供应商：属性有供应商号、姓名、地址、电话号码、账号。

（4）职工：属性有职工号、姓名、年龄、职称。

各实体之间的关系如下。

（1）一个仓库可以存放多个零件，一种零件可以存放在多个仓库中。

（2）一个仓库有多个职工当仓库员，一个职工只能在一个仓库工作。

（3）职工之间具有领导与被领导关系，即仓库主任领导若干个保管员。

（4）一个供应商可以供给多种零件，一个零件可以由多个供应商供给。

8．考虑如下所示的 E-R 图，它为一家网上书店建模。

（1）列出实体集及其主码。

（2）假设书店增加了音乐磁带和唱片。相同的音乐会出现在磁带或唱片中，但具有不同的价格。扩展 E-R 图来为这个附加特点建模，忽略对购物的影响。

（3）现在用一般化来扩展 E-R 图，从而可对书、音乐磁带和唱片的任一组合购物进行建模。

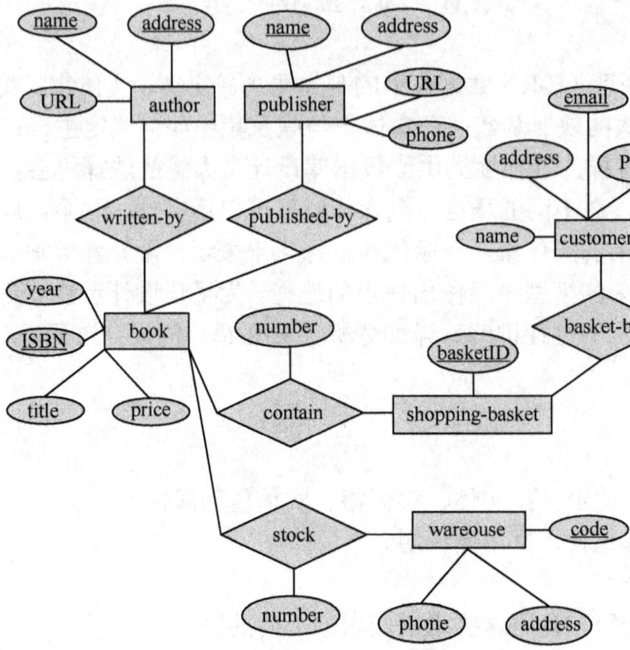

习题 8 的 E-R 图

第 4 章　关 系 模 型

本章学习目标：

- ◆ 掌握关系的基本结构及术语；
- ◆ 掌握关系的基本运算；
- ◆ 理解关系的完整性约束；
- ◆ 掌握 E-R 模型转换成关系模型的方法。

关系数据模型（或称关系模型）属于逻辑数据模型，是对现实世界的第二层抽象。这类模型典型的还有层次模型、网状模型等，但关系模型是目前最重要的一种数据模型。

关系数据库目前是各类数据库中最重要、最流行的数据库。关系数据库采用关系模型作为数据的组织方式。20 世纪 80 年代以来，计算机厂商新推出的 DBMS 几乎都支持关系模型，非关系系统的产品也大都加上了关系接口。

- ● 关系数据库是支持关系模型的数据库系统。
- ● 关系模型就是用二维表格结构来表示实体及实体之间联系的数据模型。
- ● 关系模型由关系数据结构、关系操作集合和完整性约束三部分组成。

4.1　关系基本结构及术语

关系模型的结构非常简单，在关系模型中，现实世界中的实体以及实体之间的联系都通过关系来表达。

在用户观点下，关系模型中数据的逻辑结构是一张二维表，它由行（也称记录）和列（也称属性）组成。例如，表 4.1 所示是学生基本信息的关系模型。

表 4.1　学　生　表

学　号	姓　名	年　龄	性　别	班　级
1031231	张小燕	21	F	GZ02 电气 2
1031232	张张	21	F	GZ02 电气 2
1031233	陈毓兰	20	M	GZ02 电气 2
2011101	方彩峰		F	GZ02 机制 1
2011102	张叶	20	M	GZ02 机制 1
2011103	叶光旭	22	M	GZ02 机制 1
…	…	…	…	…

属性名（指向表头行）

数据（指向数据行）

关系模型涉及以下概念：

1．关系

在关系模型中，数据是以二维表的形式存在的，这个二维表就叫做关系，通俗地说，一个关系对应一张表，如表 4.1 这张学生表就是一个关系。

但关系与传统的二维表又有区别。严格来说，关系是一种规范化的二维表，它应满足如下三个条件：

- 关系表中的每一列都是不可再分的基本属性。
- 表中各属性不能重名。
- 表中的行列次序并不重要，即可以交换行、列的前后顺序。

2．元组

表中的一行即为一个元组，相当于一个记录值。

3．属性

表中的一列即为一个属性，给每一个属性起一个名称即为属性名。如上表有 5 列，对应 5 个属性（学号、姓名、年龄、性别、班级）。

4．主码

主码（也称主键或主关键字）是表中的属性或属性组，用于唯一确定一个元组。在表 4.1 所示的例子中，"学号"就可作为主码。

码的概念与第 3 章中介绍的相同。E-R 模型中的码针对实体，关系模型中的码针对表。

5．主属性与非主属性

包含在主码中的属性称为主属性，不包含在主码中的属性称为非主属性。

6．域

属性的取值范围称为域。如表 4.1 所示的学生表中，"年龄"属性的域是（14~38），"性别"属性的域是（F、M）。

7．分量

元组中的一个属性值。

8．关系模式

关系的描述称为关系模式，通常情况下，简记为 R（U），其中 R 为关系名，U 为 R 中属性名的集合，表示为：

关系名（属性 1，属性 2，…，属性 *n*）

例如，表 4.1 的关系可描述为：

学生（学号，姓名，年龄，性别，班级）

再定义两个跟学生有关的关系模式，即"课程"与"选课"：

- 课程（课程号，课程名，教师，周课时数，备注）
- 选课（学号，课程号，成绩）

9．元数

元数是关系模式中属性的个数。

关系数据模型主要是以集合论中的"关系（Relation）"概念为基础的。从集合论的观点，关系是一个元数为 k（$k \geqslant 1$）的元组的集合。那么对于关系模型，从集合论的观点，应该有如下这样一个整体的认识：

- 关系是元组的集合。
- 关系模式是命名的属性集合。

- 元组是属性值的集合。
- 关系中的每一个属性值都是不可分解的。
- 关系中不允许出现相同的元组。

4.2 关系模型的数据操作

4.2.1 关系操作

关系模型的操作对象是集合。也就是说，操作的数据以及操作的结果都是完整的表。集合处理能力是关系系统区别于其他系统的一个重要特征。

关系模型中常用的关系操作包括查询操作和插入、删除、修改操作两大部分。其中查询操作的表达能力是最重要的，包括选择、投影、连接、除、并、交、差等。

关系模型中的关系操纵能力早期通常用代数方法或逻辑方法来表示，分别称为关系代数和关系演算。关系代数是用对关系的运算来表达查询要求的方式，关系演算是用谓词来表达查询要求的方式。

本节主要介绍关系代数的基本运算。

4.2.2 关系代数

关系代数和高中时学习的代数相似，但也有很大的差别。在高中代数中，变量表示数目的多少，而+、−、*、/等运算符是在数量上进行操作的。但在关系代数中，变量是关系，运算符操纵关系的结果是形成新的关系，如并操作将一个关系上的元组和另一个关系上的元组合并在一起生成另一个关系。事实上，关系代数是封闭的，也就是说，一个或多个关系操作的结果仍然是一个关系。

关系是集合，关系中的元组可以看做是集合的元素，因此能在集合上执行的操作也能在关系上执行。

关系代数用到的运算符包括四类：集合运算符、专门的关系运算符、比较运算符和逻辑运算符，如表 4.2 所示。

表 4.2 关系代数运算符

运算符		含义
集合运算符	$\cup$	并
	$-$	差
	$\cap$	交
专门的关系运算符	$\times$	广义笛卡儿积
	$\div$	除
	σ	选择
	Π	投影
	$\bowtie$	连接

续表

运 算 符		含 义
比较运算符	>	大于
	≥	大于等于
	<	小于
	≤	小于等于
	=	等于
	≠	不等于
逻辑运算符	¬	非
	∧	与
	∨	或

关系模型中常用的关系操作包括选择（Select）、投影（Project）、联接（Join）、除（Divide）、并（Union）、交（Intersection）、差（Difference）等查询（Query）操作和增加（Insert）、删除（Delete）、修改（Update）操作两大部分。其中选择（Select）、投影（Project）、联接（Join）是最基本的关系操作。

1．并

两个集合 R、S 的“并”操作如图 4.1 所示。

图 4.1　R∪S

关系代数中，两个关系的“并”是指将一个关系的元组加到第二个关系中，生成新的关系，新关系的属性列数没有发生变化。元组在新关系中出现的顺序是无关紧要的，但必须消除重复元组，即所有至少出现在两个关系之一中的元组集合。关系 R 与关系 S 的“并”记为：R∪S。

为了使操作有意义，关系必须在“并”上是兼容的。也就是说，每个关系必须要有相同数目的属性，而且在对应列中的属性必须是相同的域。

在图 4.2 中，“学生表 1”和“学生表 2”的关系在“并”操作上是兼容的，因为它们都有 5 个属性，且对应的属性都取自相同的域。关系“学生表 1”和“课程表”都有 5 个属性，但它们在“并”上是不兼容的，因为其有些对应的属性没有相同的域。

图 4.3 给出了“学生表 1”和“学生表 2”两个关系实例的“并”，记为：

学生表 1∪学生表 2

这里，元组[1031233，陈毓兰，20，M，GZ02 电气 2]在两个关系中同时出现，但在它们的并集上并没有重复。

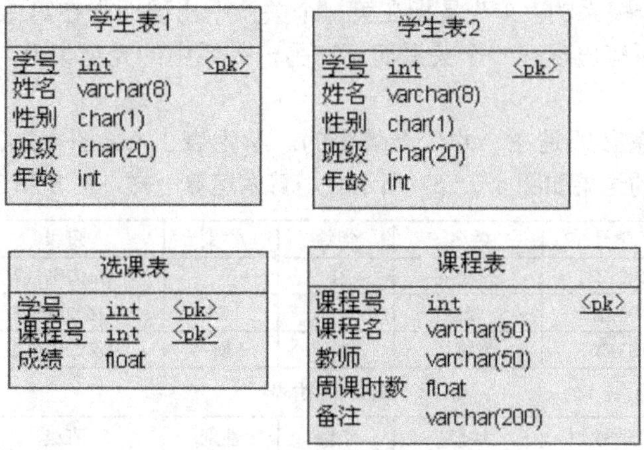

图 4.2　关系及域定义

学号	姓名	年龄	性别	班级
1031231	张小燕	21	F	GZ02电气2
1031232	张张	21	F	GZ02电气2
1031233	陈毓兰	20	M	GZ02电气2

（a）关系“学生表1”

学号	姓名	年龄	性别	班级
1031233	陈毓兰	20	M	GZ02电气2
2011101	方彩峰	21	F	GZ02机制1
2011102	张叶	20	M	GZ02机制1
2011103	叶光旭	22	M	GZ02机制1

（b）关系“学生表2”

学号	姓名	年龄	性别	班级
1031231	张小燕	21	F	GZ02电气2
1031232	张张	21	F	GZ02电气2
1031233	陈毓兰	20	M	GZ02电气2
2011101	方彩峰	21	F	GZ02机制1
2011102	张叶	20	M	GZ02机制1
2011103	叶光旭	22	M	GZ02机制1

（c）二者的“并”

图 4.3　关系“学生表 1”和“学生表 2”及它们的“并”

2. 差

两个集合的“差”操作（R–S）生成一个新的结果集，在结果集中包括所有在集合 R 中出现而在 S 中不出现的元素，两个集合的差操作如图 4.4 所示。

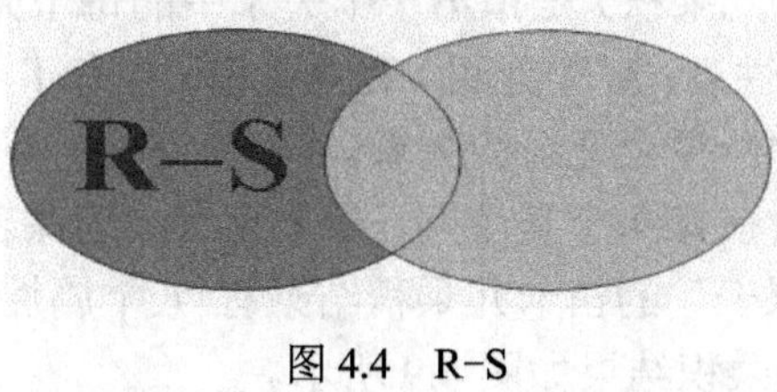

图 4.4　R–S

关系代数中，两个关系的“差”是指在第一个关系中出现而未在第二个关系中出现的元组所组成的新关系，即所有出现在一个关系而不在另一关系中的元组集合。关系 R 与关系 S 的“差”记为：R−S。

差操作使用的关系必须是在“并”上兼容的。学生表 1（见图 4.5（a））和学生表 2（见图 4.5（b））的“差”的结果如图 4.5（c）所示。与算术运算一样，R−S 和 S−R 的结果是不同的。

学号	姓名	年龄	性别	班级
1031231	张小燕	21	F	GZ02电气2
1031232	张张	21	F	GZ02电气2
1031233	陈毓兰	20	M	GZ02电气2

（a）关系“学生表1”

学号	姓名	年龄	性别	班级
1031233	陈毓兰	20	M	GZ02电气2
2011101	方彩峰	21	F	GZ02机制1
2011102	张叶	20	M	GZ02机制1
2011103	叶光旭	22	M	GZ02机制1

（b）关系“学生表2”

学号	姓名	年龄	性别	班级
1031231	张小燕	21	F	GZ02电气2
1031232	张张	21	F	GZ02电气2

（c）二者的“差”

图 4.5　关系“学生表 1”和“学生表 2”及它们的“差”

3. 交

两个集合的“交”操作生成一个新的结果集，在结果集中包括所有在集合 R 中出现并且在 S 中也出现的元素，两个集合的交操作如图 4.6 所示。

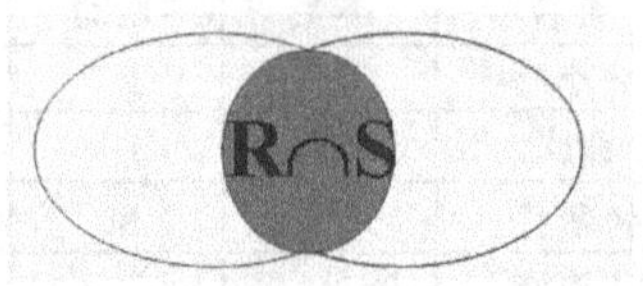

图 4.6　R∩S

两个关系的“交”是指同时出现在第一个和第二个关系中的元组的新关系，关系 R 与关系 S 的“交”记为：R∩S。

“交”操作使用的关系也必须是在“并”上兼容的。在图 4.7 中，“学生表 1”和“学生表 2”的“交”是一个元组[1031233，陈毓兰，20，M，GZ02 电气 2]，即它是同时出现在“学生表 1”和“学生表 2”的唯一元组。

4. 笛卡儿乘积

两个关系的积（也称笛卡儿乘积）是指第一个关系中的每个元组和第二个关系的每个元组的联接。关系 A（含有 *X* 个属性列，*M* 个元组）和关系 B（含有 *Y* 个属性列，*N* 个元组）的“积”是一个有 *X*+*Y* 个属性列，有 *M*×*N* 个元组的关系。“积”记为：A×B 或 B×A。

如图 4.8 所示，课程表关系有 4 个属性列，4 个元组；选课表关系有 3 个属性列，4 个元组，因此“课程表”和“选课表”的笛卡儿乘积结果有 7 个属性列，16 个元组，它们的联接过程如图 4.8 所示，其笛卡儿乘积结果如图 4.9 所示。

学号	姓名	年龄	性别	班级
1031231	张小燕	21	F	GZ02电气2
1031232	张张	21	F	GZ02电气2
1031233	陈毓兰	20	M	GZ02电气2

（a）关系“学生表1”

学号	姓名	年龄	性别	班级
1031233	陈毓兰	20	M	GZ02电气2
2011101	方彩峰	21	F	GZ02机制1
2011102	张叶	20	M	GZ02机制1
2011103	叶光旭	22	M	GZ02机制1

（b）关系“学生表2”

学号	姓名	年龄	性别	班级
1031233	陈毓兰	20	M	GZ02电气2

（c）二者的“交”

图 4.7　关系“学生表 1”和“学生表 2”及它们的“交”

课程号	课程名	教师	周课时数
1	软件工程	吴老师	4
2	ASP程序设计	黄老师	4
3	COM技术	黄老师	2
4	Dephi	涂老师	6

（a）“课程表”关系

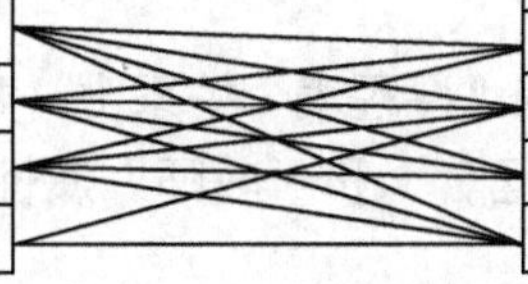

学号	课程号	成绩
2011128	4	74
2011129	1	93
2011130	1	74
2011130	2	84

（b）“选课表”关系

图 4.8　“选课表”与“课程表”的笛卡儿乘积的联接过程

从图 4.9 中可以看出，“选课表”与“课程表”两个关系的笛卡儿乘积结果集中包含了一些没有意义的元组。为了抽取出有意义的信息，还需要执行其他操作，关于这一点将在后面叙述。

课程号	课程名	教师	周课时数	备注	学号	课程号	成绩
1	软件工程	吴老师	4		2011128	4	74
1	软件工程	吴老师	4		2011129	1	93
1	软件工程	吴老师	4		2011130	1	74
1	软件工程	吴老师	4		2011130	2	84
2	ASP程序设计	黄老师	4		2011128	4	74
2	ASP程序设计	黄老师	4		2011129	1	93
2	ASP程序设计	黄老师	4		2011130	1	74
2	ASP程序设计	黄老师	4		2011130	2	84
3	COM技术	黄老师	2		2011128	4	74
3	COM技术	黄老师	2		2011129	1	93
3	COM技术	黄老师	2		2011130	1	74
3	COM技术	黄老师	2		2011130	2	84
4	Delphi	涂老师	6		2011128	4	74
4	Delphi	涂老师	6		2011129	1	93
4	Delphi	涂老师	6		2011130	1	74
4	Delphi	涂老师	6		2011130	2	84

图 4.9　“课程表”和“选课表”关系的笛卡儿乘积结果

5．投影

投影是从一个关系中选择指定的属性的操作。

投影的结果是一个带有所选属性的新的关系。换句话说，投影是从一个关系中选择列的操作。关系 R 上的投影是从 R 中选择出若干属性列组成新的关系，记为：Π_A（R），其中 A 为 R 的属性列。

课程号	课程名	教师
1	软件工程	吴老师
2	ASP程序设计	黄老师
3	COM技术	黄老师
4	Delphi	涂老师

（a）$\Pi_{课程号，课程名，教师}$（课程表）

教师
吴老师
黄老师
涂老师

（b）$\Pi_{教师}$（课程表）

图 4.10　课程表关系的投影运算举例

例如，在如图 4.8（a）所示的“课程表”关系中，要求查询课程号、课程名及教师的信息，即求出课程表在“课程号”、“课程名”和“教师”属性上的投影，可表示为：

$\Pi_{课程号，课程名，教师}$（课程表）

或$\Pi_{1，2，3}$（课程表）

结果如图 4.10（a）所示。

例如，课程表在“教师”属性上的投影记为：

$\Pi_{教师}$（课程表）

结果如图 4.10（b）所示。

注意，如图 4.10（b）所示的“教师”只有 3 个，而“课程表”有 4 个元组。很显然，有一个元组被消除掉了。这是因为在投影完成后，元组[黄老师]出现了两次。投影结果是一个关系，而关系不包含任何重复的元组，所以冗余的元组就被消除了。

投影可用于变换一个关系中的属性顺序。通俗点说，从关系模式中挑选出若干属性组成新的关系称为投影。这是从列的角度进行的运算，相当于对关系进行垂直分解。

6．选择

投影操作取得的是在垂直方向上关系的子集（列），选择操作取得的是水平方向上关系的子集（行）。投影标识的是新关系中所包括的属性，选择标识的是在新关系上所包括的元组。在关系 R 中选择满足给定条件的元组，可以表示为：σ_F（R）。其中 F 表示选择条件，它是一个逻辑表达式，取逻辑值“真”或“假”。在逻辑表达式中，可以使用=、≠、<、>、≤、≥，另外可以使用连词 and（∧）、or（∨）、not（¬）。

从关系中找出满足给定条件的那些元组称为选择。这是从行的角度进行的运算，即水平方向抽取元组。

下面几个例子以图 4.8（a）中的“课程表”关系进行运算。

课程号	课程名	教师	周课时数	备注
1	软件工程	吴老师	4	
2	ASP程序设计	黄老师	4	

（a）

课程号	课程名	教师	周课时数	备注
4	Delphi	涂老师	6	

（b）

图 4.11 “课程表”关系选择示例

例如，查询周课时数为 4 的课程信息：

$O'O'_{周课时数=4}$（课程表）

或 $O'_{4=4}$（课程表）

其中下角标 4 为“周课时数”的属性列序号，结果如图 4.11(a)所示。

例如，查询课程号大于 3 的课程信息：

$O'O'_{课程号>3}$（课程表）

或 $O'_{1>3}$（课程表）

结果如图 4.11（b）所示。

关系运算的对象和结果都是关系。我们可以把多个关系运算组合称为一个关系代数表达式。下面是几个关系组合运算的例子。

例如，找出所有年龄大于 20 岁的学生姓名：

$\Pi_{姓名}$（$O'_{年龄>20}$（学生表））

例如，查询出名叫张三和张六的学生的性别和年龄：

$\Pi_{姓名，性别，年龄}$（$O'_{姓名=张三\vee 姓名=张六}$（学生表））

例如，查询出所有学生都及格的课程的课程号：

$\Pi_{课程号}$（课程表）$-\Pi_{课程号}$（$O'_{分数<60}$（选课表））

7．联接

联接操作是积、选择和可能包括的投影操作的组合，记为$R\underset{A\odot B}{\bowtie}S$。

其中，A 和 B 分别为 R 上度数相等且可比的属性组，⊙表示比较运算符。

两个关系的联接操作定义如下：

首先，形成 R×S 的乘积；然后，选择去除某些元组（选择的标准是联接时要指定的一部分）；最后（可选择地），通过投影的方式移走一些属性。

在图 4.8（a）与（b）所示的“课程表”和“选课表”关系中，假设想知道学生所选课程的“课程名”，就需要通过匹配“课程号”的选课表元组和课程表元组来联接。也就是说，如果课程表中的“课程号”等于选课表中的“课程号”，则将课程表元组和选课表元组进行联接。

若要产生元组，让我们再来看图 4.9 中定义的“课程表”和“选课表”关系的积，其实这里有许多元组是没有意义的，仅有 4 个元组是有意义的，如图 4.12（a）所示。注意到这里“课程号”属性有一个是冗余的，这就需要用投影操作消除它，消除后的结果如图 4.12（b）所示。

联接运算中有两种最为重要且最为常用的联接形式：一种是等值联接，另一种是自然联接。

（1）等值联接

联接运算符为“=”的联接运算称为等值联接。它是从关系 R 与 S 的广义笛卡儿乘积中选取 A、B 属性值相等的那些元组，选课表与课程程表进行等值联接记为：

$\text{选课表}\underset{\text{选课表.课程号=课程表.课程号}}{\bowtie}\text{课程表}$

结果如图 4.12（a）所示。

课程号	课程名	教师	周课时数	备注	学号	课程号	成绩
1	软件工程	吴老师	4		2011129	1	93
1	软件工程	吴老师	4		2011130	1	74
2	ASP程序设计	黄老师	4		2011130	2	84
4	Delphi	涂老师	6		2011128	4	74

（a）等值联接

课程号	课程名	教师	周课时数	备注	学号	成绩
1	软件工程	吴老师	4		2011129	93
1	软件工程	吴老师	4		2011130	74
2	ASP程序设计	黄老师	4		2011130	84
4	Delphi	涂老师	6		2011128	74

（b）自然联接

课程号	课程名	教师	周课时数	备注	学号	课程号	成绩
1	软件工程	吴老师	4		2011129	1	93
1	软件工程	吴老师	4		2011130	1	74
2	ASP程序设计	黄老师	4		2011130	2	84
3	COM技术	黄老师	2				
4	Delphi	涂老师	6		2011128	4	74

（c）外联接

图 4.12　关系课程表与选课表联接示例

（2）自然联接

自然联接是一种特殊的等值联接，它要求两个关系中进行比较的分量必须是相同的属性组，并且在结果中把重复的属性列去掉，选课表与课程表自然联接记为：

$\text{选课表} \bowtie \text{课程表}$

结果如图 4.12（b）所示。

一般的联接操作是从行的角度进行运算的。但自然联接还需要取消重复列，所以是同时从行和列的角度进行的运算。

下面给出将投影、选择及联接等运算组合起来的例子。

例如，找出所有选择了“软件工程”课程的学生的学号。

$\Pi_{\text{学号}}(O'_{\text{课程名=“软件工程”}}(\text{课程表} \bowtie \text{选课表}))$

（3）外联接

仔细观察可以发现，图 4.12（a）和（b）中都没有课程号等于 3 的课程的信息，这是因为没有学生选修该门课程。当课程表和选课表关系联接时，没有被学生选修的课程信息就会被删除。如果想包括没有被选修的课程信息，则可以使用外联接，结果如图 4.12（c）所示。

除上述联接外，还可以有其他形式的联接。

注意，不管是哪种条件的联接，在联接条件上有一个重要的限制：条件中的属性必须来自同一个域。因此课程表中的“课程号”与选课表中的“成绩”联接是非法的。即使“课程号”和“成绩”大小是兼容的，但因为它们来自不同的域，在语义上，这样的联接是没有意义的。

8. 除

除操作是同时从行和列的角度进行的运算。设关系 R 和 S 的元数分别为 r 和 s（设 r>s>0），那么 R÷S 是一个（r–s）元的元组的集合。

R÷S 的计算过程如下。

第一步：T=Π1，2，…，*r–s*（R）。

第二步：W=（T×S）–R。

第三步：V=Π1，2，…，*r–s*（W）。

第四步：R÷S=T–V。

A	B	C	D
a	b	c	d
a	b	e	f
a	b	d	e
b	c	e	f
e	d	c	d
e	d	e	f

关系R

C	D
c	d
e	f

关系S

图 4.13 关系 R 与 S

计算步骤如下。

第一步：$T=\Pi_{1,2,\dots,r\text{-}s}$（R），即先对 R 关系进行 *r-s* 投影，投影结果设为关系 T，如图 4.14 所示。

A	B
a	b
a	b
a	b
b	c
e	d
e	d

=

A	B
a	b
b	c
e	d

关系T

图 4.14 关系 T

第二步：W=（T×S）–R，即对 T 与 S 进行笛卡儿乘积再减去 R，结果设为 W，如图 4.15 所示。

W=(T×S)

A	B	C	D
a	b	c	d
a	b	e	f
b	c	c	d
b	c	e	f
e	d	c	d
e	d	e	f

W=(T×S)–R

A	B	C	D
~~a~~	~~b~~	~~c~~	~~d~~
~~a~~	~~b~~	~~e~~	~~f~~
b	c	c	d
~~b~~	~~c~~	~~e~~	~~f~~
~~e~~	~~d~~	~~c~~	~~d~~
~~e~~	~~d~~	~~e~~	~~f~~

关系W

图 4.15 关系 W

第三步：$V=\Pi_{1,2,\dots,r\text{-}s}$（W），即对 W 关系再进行 r-s 投影，投影结果设为关系 V，如图 4.16 所示。

$V=\Pi_{1,2,\dots,r\text{-}s}(W)$

A	B
b	c

关系V

图 4.16　关系 V

第四步：R÷S=T−V，即把关系 T 减去关系 V 就是 R÷S 的结果，如图 4.17 所示。

R÷S=T−V

A	B
a	b
b	c
c	d

关系T

−

A	B
b	c

关系V

=

A	B
d	b
e	d

图 4.17　R÷S 的结果

4.3　关系的完整性约束

现实世界中有如下三个问题：

- 如何保证一个数据（实体）是可识别的？
- 如何由一个数据找到另一个数据？
- 如何保证一个数据的取值合理？

在关系模型中是通过关系的完整性约束来解决的。关系模型的完整性规则是对关系的某种约束条件。关系模型中可以有三类完整性约束：实体完整性、参照完整性和用户定义的完整性。其中实体完整性和参照完整性是关系模型必须满足的完整性约束条件，被称为关系的两个不变性，应该由关系系统自动支持。

目前许多关系数据库管理系统都提供了定义和检查实体完整性、参照完整性和用户定义的完整性的功能。对于违反实体完整性和用户定义的完整性的操作一般都采用拒绝执行的方式进行处理。而对于违反参照完整性的操作，并不都是简单地拒绝执行，有时要根据应用语义执行一些附加的操作，以保证数据库的正确性。

4.3.1　实体完整性

实体完整性（Entity Integrity）规则：若属性 A 是基本关系 R 的主属性，则属性 A 不能取空值。

例如，在课程表（课程号，课程名，教师，周课时数，备注）中，“课程号”属性为主码，则“课程号”不能取相同的值，也不能取空值。

对于实体完整性规则说明如下：

- 实体完整性规则是针对基本关系而言的。一个基本表通常对应现实世界的一个实体集。例如，学生关系对应于学生的集合。

- 现实世界中的实体是可区分的，即它们具有某种唯一性标识。相应地，关系模型中以主码作为唯一性标识。
- 主码中的属性即主属性不能取空值。所谓空值就是“不知道”或“无意义”的值。如果主属性取空值，就说明存在某个不可标识的实体，即存在不可区分的实体，这与上一点相矛盾，因此这个规则称为实体完整性。
- 实体完整性规则规定基本关系的所有主属性都不能取空值，而不仅是主码整体不能取空值。例如，在选课表（学号，课程号，成绩）中，“学号”、“课程号”为主码，则“学号”和“课程号”两个属性都不能取空值。

实体完整性保证一个表中的每一行必须是唯一的（元组的唯一性）。为保证实体完整性，要求关系数据库中所有的表都必须有主码，而且表中不允许存在无主码值的记录和主码值相同的记录。

4.3.2 参照完整性

1. 关系间的引用

现实世界中的实体之间往往存在某种联系，在关系模型中实体与实体间的联系都是用关系来描述的，因此可能存在着关系与关系间的引用。

例1:职工实体集和部门实体集以及职工与部门之间的一对多联系可以用下面的关系表示，其中主码加下画线来标识：

- 职工（职工号，姓名，性别，部门号，上司，工资，佣金）
- 部门（部门号，名称，地点）

这两个关系之间存在着属性的引用，即“职工”关系引用了“部门”关系的主码“部门号”。显然，“职工”关系中的“部门号”值必须是确实存在的部门号，也就是说，“部门”关系中应该有该部门的记录，即“职工”关系中的某个属性的取值需要参照“部门”关系的属性取值。

例2：学生、课程以及学生与课程之间的多对多联系可以用如下三个关系表示：

- 课程表（课程号，课程名，教师，周课时数，备注）
- 学生表（学号，姓名，年龄，性别，班级）
- 选课表（学号，课程号，成绩）

这三个关系之间也存在着属性的引用，即“选课表”关系引用了“学生表”关系的主码“学号”和“课程表”关系的主码“课程号”；同样，“选课表”关系中的“学号”的取值必须是确实存在的学生的学号，即“学生表”关系中必须有该学生的记录；“选课表”关系中“课程号”的取值也必须是确实存在于“课程表”关系中的课程号，即课程关系中有该课程的记录。换句话说，“选课表”关系中某些属性的取值需要参照其他关系的属性取值。

注意，不仅两个或两个以上的关系间可以存在引用关系，同一关系内部属性间也可能存在引用关系。

例3：有如下职工关系：

职工（职工号，姓名，性别，部门号，上司，工资，佣金）

在“职工”关系中，“职工号”属性是主码，“上司”属性表示该职工的直接上司的职工号，它引用本关系“职工号”属性，即“上司”必须是确实存在的职工的职工号。

2. 外码（外键）

设F是基本关系R的一个或一组属性，但不是关系R的码，如果F与基本关系S的主码

Ks 相对应，则称 F 是基本关系 R 的外码，并称基本关系 R 为参照关系，基本关系 S 为被参照关系。关系 R 和 S 不一定是不同的关系。

显然，目标关系 S 的主码 Ks 和参照关系的外码 F 必须定义在同一个域上。

在前面的例 1 中，职工关系的“部门号”属性与部门关系的主码“部门号”相对应，因此“部门号”属性是职工关系的外码。这里职工关系是参照关系，部门关系是被参照关系，如图 4.18（a）所示。

在前面的例 2 中，选课关系的“学号”属性与学生关系的主码“学号”相对应，“课程号”属性与课程关系的主码“课程号”相对应，因此“学号”和“课程号”属性是选课关系的外码。这里学生关系和课程关系均为被参照关系，选课关系为参照关系，如图 4.18（b）所示。

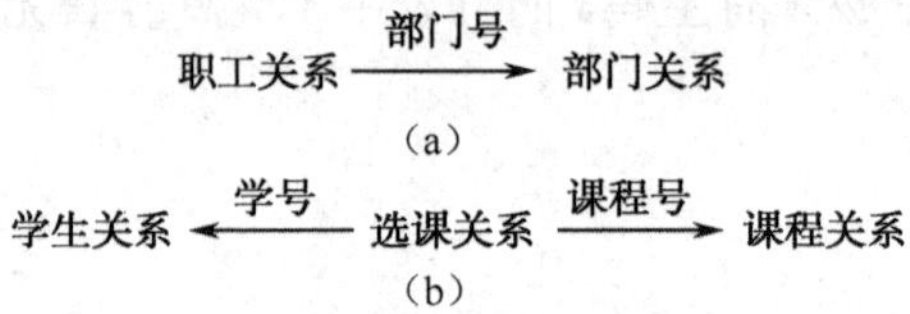

图 4.18　关系的参照图

在前面的例 3 中，“上司”属性与本身的主码“职工号”属性相对应，因此“上司”是外码。这里的职工关系既是参照关系也是被参照关系。

需要指出的是，外码并不一定要与相应的主码同名（如例 3）。不过，在实际应用中，为了便于识别，当外码与相应的主码属于不同关系时，往往给它们取相同的名字。

3．参照完整性规则

假如一个数据库中存储着“学生”、“课程”及它们之间关系的数据。如果在某天你更新了一门课程的主键值，那么这时所有选修了该门课程的学生将查不到该课程的信息了。为什么？

因为当你更改课程的主键值时，实际上忽略了为该课程的相关记录更新外键值。换言之，你创建了数据“孤儿”（即不和主键值匹配的外键记录）。在这种情况下，系统没办法将选课的明细与课程信息对应起来。

没有引用完整性的保障，就可能输入不匹配的外键值。关系模型不允许这些数据“孤儿”记录出现。要防止出现“孤儿”，最简单的办法就是实现参照完整性。

参照完整性就是定义外码与主码之间的引用规则。

参照完整性规则：若属性（或属性组）F 是基本关系 R 的外码，它与基本关系 S 的主码 Ks 相对应（关系 R 和 S 不一定是不同的关系），则对于关系 R 中每个元组在关系 F 上的值必须为：

- 或者取空值（F 中的每个属性值均为空值）；
- 或者等于 S 中某个元组的主码值。

例如，对于前面的例 1，定义了“职工”关系与“部门”关系之间的参照完整性，如图 4.19 所示，则职工关系中的每个元组的部门号属性只能取下面两类值。

第一类：空值，表示尚未给该职工分配部门；

第二类：非空值，但该值必须是部门关系中某个元组的部门号值，表示该职工不可能分配到一个不存在的部门中。即被参照关系“部门”中一定存在一个元组，它的主码值等于该参照关系“职工”中的外码值。

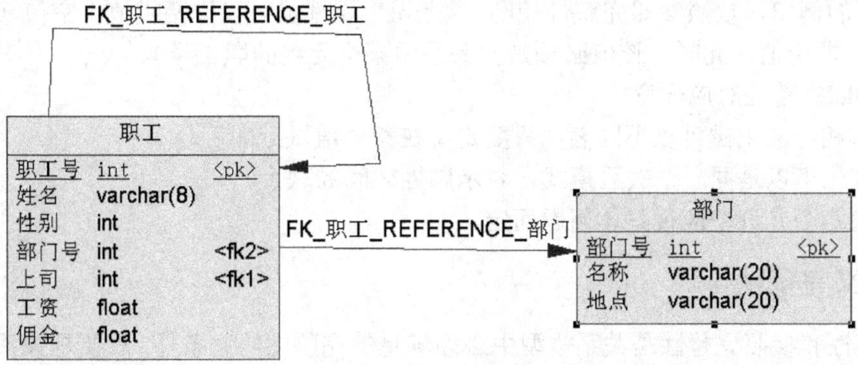

图 4.19 职工关系与部门关系之间的参照完整性

对于前面的例 2，定义了“学生表”、“课程表”与“选课表”关系之间的参照完整性，如图 4.20 所示。按照参照完整性规则，“学号”和“课程号”属性也可以取两类值：空值或目标关系中已经存在的值。但由于“学号”和“课程号”是选课关系中的主属性，按照实体完整性规则，它们均不能取空值。所以选课关系中的“学号”和“课程号”属性实际上只能取相应被参照关系中已经存在的主码值。

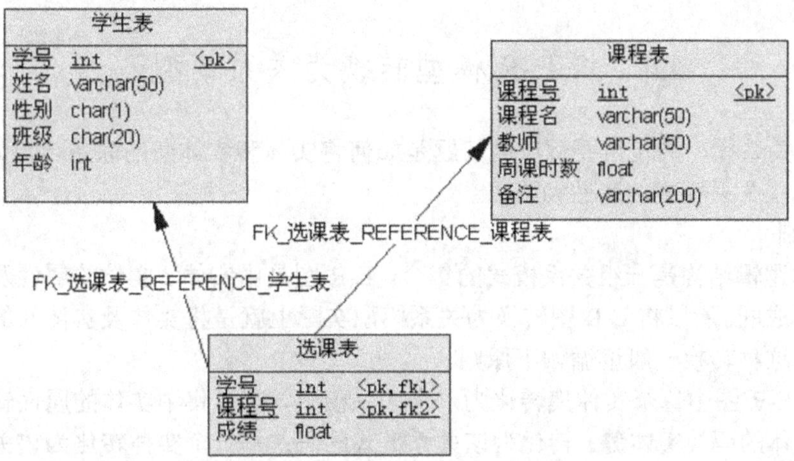

图 4.20 学生、课程与选课之间的参照完整性

在表与表之间启用了参照完整性之后，数据输入将受到更多的限制，以图 4.20 所示为例：

- 不可以在“选课表.学号”属性中输入新的外键值，除非首先在“学生表.学号”属性中将新值作为主键值输入；同样，不可以在“选课表.课程号”属性中输入新的外键值，除非首先在“课程表.课程号”属性中将新值作为主键值输入。
- 如果“选课表.学号”中存在一个匹配的值（外键），那么不能在“学生表.学号”中更改一个值（主键）；同样，如果“选课表.课程号”中存在一个匹配的值（外键），那么不能在“课程表.课程号”中更改一个值（主键）。
- 如果“选课表.学号”中存在一个匹配的值（外键），那么不能从“学生表.学号”中删除一个值（主键）。

参照完整性规则中，R 与 S 可以是同一个关系。

对于前面的例 3，按照参照完整性规则，“上司”属性值可以取两类值：空值（表示该职工没有上司）；非空值（此时，该值必须是本关系中某个元组的职工号）。

在定义参照完整性时应注意：

- 外键和相应的主键可以不同名，只要定义在相同值域上即可。
- R 和 S 也可以是同一个关系模式，表示属性之间的联系。
- 外键值是否允许空应视具体问题而定。

4.3.3 自定义完整性

实体完整性和参照完整性是关系模型中必须满足的完整性约束条件，只要是关系数据库系统，就应该支持实体完整性和参照完整性。除此之外，不同的关系数据库系统根据其应用环境的不同，往往还需要一些特殊的约束条件，用户定义的完整性就是针对某些具体关系数据库的约束条件的，它反映某一具体应用所设计的数据必须满足的语义要求。例如，某个属性必须取唯一值、某个属性不能取空值、某些属性值之间应满足一定的函数关系、某个属性的取值范围在 1~12 之间等。关系模型应提供定义和检验这类完整性的机制，以便用统一的系统的方法处理它们，而不要由应用程序承担这一功能。

例如，选课表（课程号，学号，成绩），在定义关系选课表时，我们可以对成绩这个属性定义必须大于等于 0 的约束。

4.4 将 E-R 模型转换为关系模型

E-R 模型向关系模型的转换要解决的问题是如何将实体和实体间的联系转换为关系模式，以及如何确定这些关系模式的属性和码。

1. 转换原则

关系模型的逻辑结构是一组关系模式的集合。E-R 图是由实体、实体的属性及实体之间的联系三个要素组成的。所以将 E-R 图转换为关系模型实际上就是将实体及实体间的各种联系转换为关系模式，这种转换一般遵循如下原则。

原则 1：将 E-R 图中每个实体集转化为一个关系模式，实体集中实体的属性转化为该关系模式的属性；实体的码（实体键）转化为该关系模式的码；每一个实体转化为该关系模式对应关系的一个元组。

原则 2：E-R 图中的联系，根据联系方式的不同，采取不同手段以使被它联系的实体所对应的关系彼此有某种联系。具体方法有：

- 一个 1:1 联系可以转换为一个独立的模式，也可以与任意一端对应的关系模式合并。如果转换为一个独立的关系模式，则与该联系相连的各实体的码以及联系本身的属性均转换为关系的属性，每个实体的码都是该关系的候选码。如果与某一端实体对应的关系模式合并，则需要在该关系模式的属性中加入另一个模式的码和联系本身的属性。
- 一个 1:N 联系可以转换为一个独立的关系模式，也可以与 N 端对应的关系模式合并。如果转换为一个独立的关系模式，则与该联系相连的各实体的码以及联系本身的属性均转换为关系的属性，而关系的码为 N 端实体的码。
- 一个 M:N 联系转换为一个关系模式。与该联系相连接的各实体的码以及联系本身的属性均转换为关系的属性，而关系的码为各实体码的组合。

原则 3：确定参照完整性。

原则 4：评价关系模式。

2．转换实例

下面是几种不同联系方式的 E-R 模型转换成关系模型的例子，在下面的转换过程中我们暂时不对转换成的关系模式进行评价。

例 4：图 4.21 是一个 1:1 联系的 E-R 模型，它表示“系”与“系主任”两个实体集之间的“任职”联系：一个系主任只能在一个系里任职，而一个系只能有一个系主任。要求将此 E-R 图转换为关系模型。

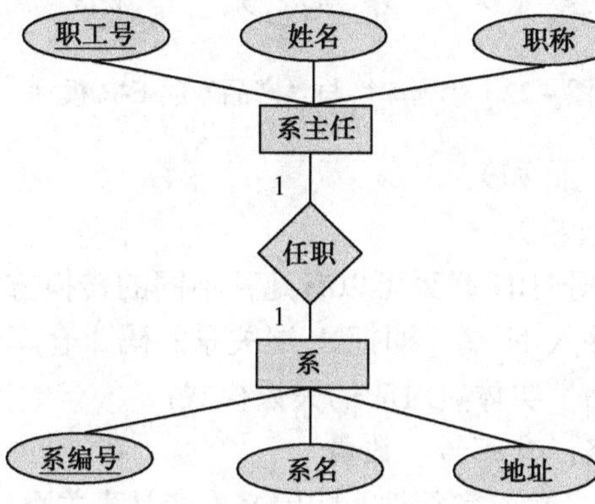

图 4.21 “系主任”与“系”的 E-R 模型

转换步骤如下。

第一步：根据原则 1，每个实体集转换为一个关系模式，实体的属性转换为关系模式的属性，实体的码转换为关系模式的码。因此，图 4.21 中的两个实体集转换成如下两个关系模式：

- 系主任（职工号，姓名，职称）
- 系（系编号，系名，地址）

第二步：根据原则 2，对于 1:1 联系可以有几种不同的转换方式，现选择其中的一种，把“任职”联系并入“系”实体集对应的关系，即在“系”关系中加入“系主任”实体集的码“职工号”。

系（系编号，系名，地址，职工号）

第三步：根据原则 3，定义参照完整性，即定义系关系中的职工号为外码，参照系主任关系中的职工号。

所以图 4.21 所示的 E-R 模型转换成关系模式为：

- 系主任（职工号，姓名，职称）
- 系（系编号，系名，地址，职工号），其中，职工号为外码。

例 5：图 4.22 所示是一个 1:N 联系的 E-R 模型，它表示两个不同实体集“仓库”与“产品”之间的联系：一个仓库可以存放多种产品，一种产品只能存放在一个仓库中，产品存放在仓库中还产生数量属性。要求将此 E-R 图转换为关系模型。

转换步骤如下。

第一步：根据原则 1，将每个实体集转换为一个关系模式，实体的属性转换为关系模式的属性，实体的码转换为关系的码。因此，图 4.22 的两个实体集转换成如下两个关系模式：

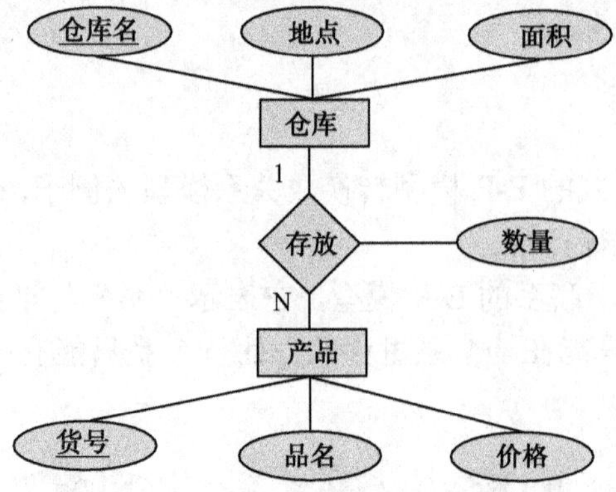

图 4.22　“仓库”与“产品”的 E-R 模型

- 仓库（仓库号，地点，面积）
- 产品（货号，品名，价格）

第二步：根据原则 2，对于 1:N 联系可以有几种不同的转换方式，现选择其中的一种，把两个实体集的联系及其属性并入 N 端，即把 1 端关系的码“仓库号”及“存放”联系产生的属性“数量”一起并入“产品”实体集对应的关系模式：

产品（货号，品名，价格，仓库号，数量）

第三步：根据原则 3，定义参照完整性，即定义“产品”关系模式中的“仓库号”为外码，参照“仓库”关系中的仓库号。

所以图 4.22 所示的 E-R 模型转换成关系模式为：

- 仓库（仓库号，地点，面积）
- 产品（货号，品名，价格，仓库号，数量）其中，仓库号为外码

例 6：图 4.23 也是一个 1:N 联系的 E-R 模型（有角色指示符），表示同一实体集“职工”之间的联系：一个领导可以直接领导多个职工，一个职工的直接领导上级只能有一个，领导也是职工中的一员。

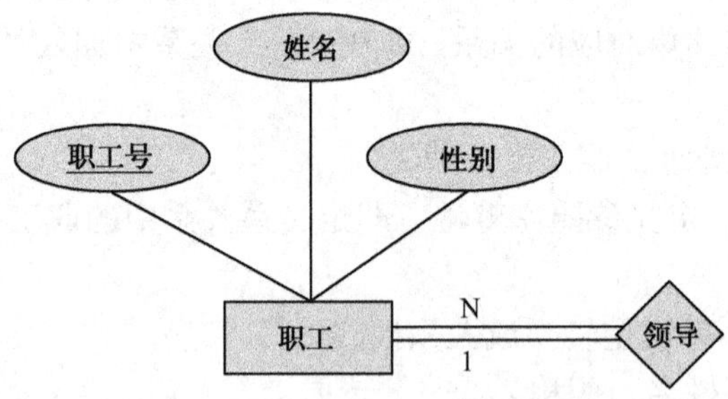

图 4.23　同一实体集职工的 E-R 模型

转换步骤如下。

第一步：根据原则 1，每个实体集转换为一个关系模式，实体的属性转换为关系模式的属性，实体的码转换为关系的码。因此，图 4.23 所示的一个实体集转换成如下的关系模式。

职工（职工号，姓名，性别）

第二步：根据原则 2，如果同一实体内存在 1:N 型联系，在此实体集所对应的关系模式中多设一个属性，用来表示与该个体相联系的上级个体的关键字，则将“职工”关系模式重新定

义为：

职工（<u>职工号</u>，姓名，性别，上级职工号）

第三步：根据原则3，定义参照完整性，即定义“职工”关系中的“上级职工号”为外码，参照“职工”关系中的职工号。

所以图4.23所示的E-R模型转换成关系模式为：

职工（<u>职工号</u>，姓名，性别，上级职工号）

其中“上级职工号”为外码。

例7：图4.24所示是一个N:M联系的E-R模型，它表示两个实体“学生”与“课程”之间的联系：一门课程可以被多个学生选修，一个学生可以选修多门课程，学生选修课程还产生了“成绩”属性。

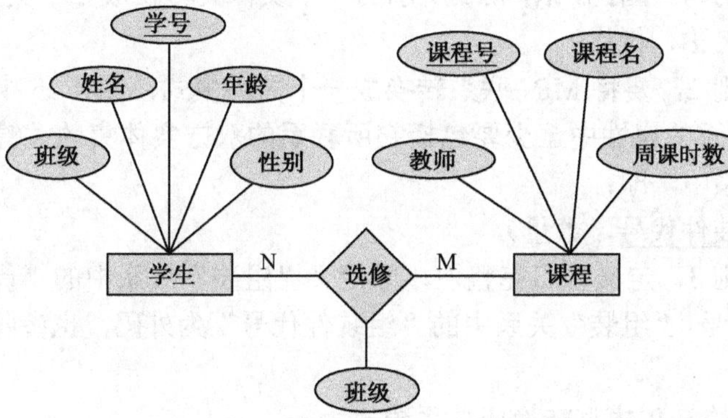

图4.24 课程与学生的E-R模型

转换步骤如下。

第一步：根据原则1，每个实体集转换为一个关系模式，实体的属性转换为关系的属性，实体的码转换为关系的码。因此，图4.24所示的一个实体型转换成如下关系模式：

- 课程（<u>课程号</u>，课程名，周课时数，教师）
- 学生（<u>学号</u>，姓名，年龄，性别，班级）

第二步：根据原则2，要将M:N联系转换成一个关系模式，图4.24中的联系转换成一个“选修”关系，在这个联系中分别加入N端实体集的码“学号”与M端实体集的码“课程号”，以及联系本身的属性“成绩”，并且以两个实体集的码组合作为该关系模式的码，即：

选修（<u>学号，课程号</u>，成绩）

第三步：根据原则3，定义参照完整性，即定义“选修”关系中的学号为外码，参照“学生”关系中的学号，“选修”关系中的课程为外码，参照“课程”关系中的课程号。

所以图4.24所示的E-R模型转换成关系模式为：

- 课程（<u>课程号</u>，课程名，周课时数，教师）
- 学生（<u>学号</u>，姓名，年龄，性别，班级）
- 选修（<u>学号，课程号</u>，成绩），其中学号也是外码，课程号也是外码。

例8：图4.25是一个N:M联系的E-R模型（具有角色指示符），它表示同一个实体集之间的联系：一个复杂的零部件可以由多个不同的零部件组装起来，而且一个零部件通过与其他零部件不同组合又可以组装成不同的复杂的零部件。

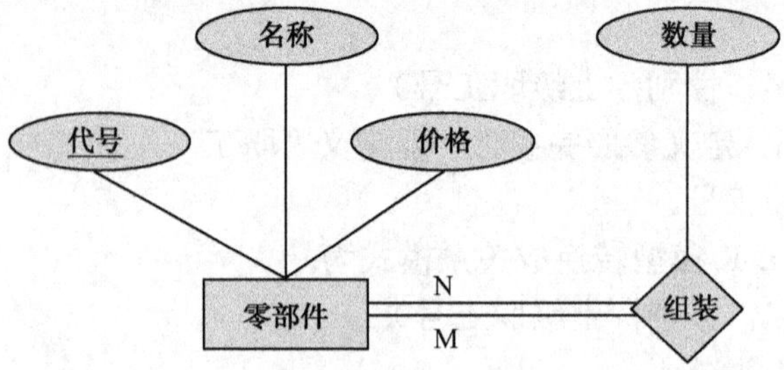

图 4.25　同个实体型零部件 M:N 联系的 E-R 模型

转换步骤如下。

第一步：根据原则 1，每个实体集转换为一个关系模式，实体的属性转换为关系的属性，实体的码转换为关系的码。因此，图 4.25 所示的一个实体集转换成如下关系模式。

零部件（代号，名称，价格）

第二步：根据原则 2，要将 M:N 联系转换成一个关系模式，图 4.25 中的联系转换成一个“组装”关系，在该关系的属性中至少要包括它所联系的双方实体集的关键字，联系自身若有属性，也需加入此关系中，即：

组装（代号，组装件代号，数量）

第三步：根据原则 3，定义参照完整性，即定义“组装”关系中的“代号”为外码，参照“零部件”关系中的代号，“组装”关系中的“组装件代号”为外码，也参照“零部件”关系中的代号。

所以图 4.25 所示的 E-R 模型转换成关系模式为：

- 零部件（代号，名称，价格）
- 组装（代号，组装件代号，数量），其中代号与组装件代号组合是主码，同时代号也是外码，组装件代号也是外码。

4.5　关系模型的特点

总之，关系模式具有如下特点：

- 模型概念单一。

在关系模型中，无论实体本身还是实体间的联系均用关系表示。

- 集合操作。

在关系模型中，操作（运算）的对象和结果都是元组的集合，即关系必须规范化。只有规范化的关系才能为我们所用。下一章将具体讲述关系的规范化。

4.6　本 章 小 结

关系数据库是支持关系模型的数据库系统，是目前最为流行的数据库系统。20 世纪 70 年代以后开发的数据库管理系统产品几乎都是基于关系的。

本章系统讲解了关系数据库的重要概念，包括关系模型的数据结构、关系操作、关系代数基本运算、关系的完整性及如何将 E-R 模型转换为关系数据模型。本章在讲解概念时都引入了具体的例子。

- 关系模型的基本概念。关系模型用二维表结构表示实体集。
- 关系代数基本运算。关系代数具有各种基本运算，如交、并、差、选择、投影、联接等，其中自然联接是关系代数中常用的一种运算。
- 关系的完整性。关系数据库的数据与更新操作必须遵循三类完整性规则：实体完整性规则、参照完整性规则及用户定义完整性规则。其中前两个规则由系统自动支持，第三个规则反映某一具体应用所涉及的数据必须满足语义的要求，具体数据的约束条件由应用环境决定。
- E-R 模型向关系模型的转换。其实质就是如何将实体集和实体集间的联系转换为关系模式，以及如何确定这些关系模式的属性和码。

习　题

1. 给出关系、属性、元组和域的定义。
2. 给出并集相容的定义，并分别举出两个并集相容和并集不相容的例子。
3. 试述关系模型的完整性规则。
4. 试述等值联接与自然联接的区别与联系。
5. 设有 emp 和 dept 两个关系模式，如下所示：

EMP（EMPNO，ENAME，JOB，MGR，HIREDATE，SAL，COMM，DEPTNO）

DEPT（DEPTNO，DNAME，LOC）

其中，EMP 表中各列所表示的含义依次是员工编号、姓名、职位、上司、雇佣日期、工资、奖金、所属部门号。

DEPT 表中各列所表示的含义依次是：部门编号、部门名称、所在地。

现两表中有如下数据：

EMP 表

EMPNO	ENAME	JOB	MGR	HIREDATE	SAL	COMM	DEPTNO
7369	SMITH	CLERK	7902	17-12 月-80	800		20
7499	ALLEN	SALESMAN	7698	20-2 月 -81	1600	300	30
7521	WARD	SALESMAN	7698	22-2 月-81	1250	500	30
7566	JONES	MANAGER	7839	02-4 月 -81	2975		20
7654	MARTIN	SALESMAN	7698	28-9 月 -81	1250	1400	30
7698	BLAKE	MANAGER	7839	01-5 月 -81	2850		30
7782	CLARK	MANAGER	7839	09-6 月 -81	2450		10
7788	SCOTT	ANALYST	7566	19-4 月 -87	3000		20
7839	KING	PRESIDENT		17-11 月-81	5000		10
7844	TURNER	SALESMAN	7698	08-9 月 -81	1500	0	30
7876	ADAMS	CLERK	7788	23-5 月 -87	1100		20
7900	JAMES	CLERK	7698	03-12 月-81	950		30

续表

EMPNO	ENAME	JOB	MGR	HIREDATE	SAL	COMM	DEPTNO
7902	FORD	ANALYST	7566	03-12 月-81	3000		20
7934	MILLER	CLERK	7782	23-1 月 -82	1300		10

DEPT 表

DEPTNO	DNAME	LOC
10	ACCOUNTING	NEW YORK
20	RESEARCH	DALLAS
30	SALES	CHICAGO
40	OPERATIONS	BOSTON

根据以上数据，试用关系代数完成如下运算并写出结果：

（1）查询部门号为 10 的全体员工的信息。

（2）查询每个员工的工资（SAL）及佣金（COMM）。

（3）查询职位（JOB）为‘ANALYST’员工的工资（SAL）及佣金（COMM）。

（4）查询职位（JOB）为‘CLERK’员工的姓名及所在的部门号。

（5）查询全体员工及其所在部门的信息（要求是自然连接）。

（6）参考图 4.26，要求转换成相应的关系模式，并指出每个关系模式的主码和外码。

（7）请设计一个图书馆数据库，此数据库对每个借阅者保持读者记录，包括读者号、姓名、地址、性别、年龄、单位。对每本书有书号、书名、作者、出版社。对每本被借出的书有读者号、借出的日期、应还日期。要求给出 E-R 图，再将其转换为关系模型。

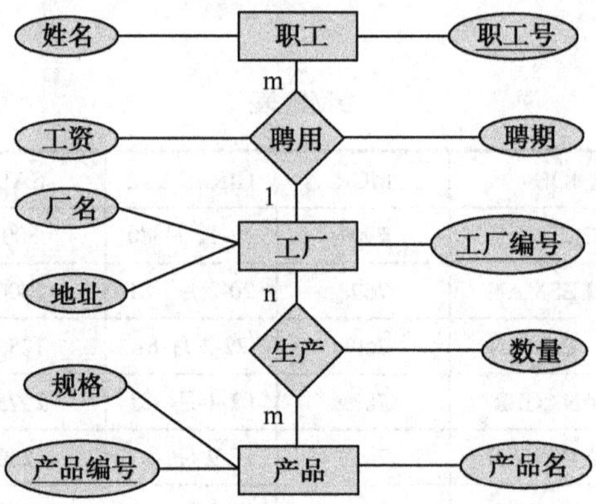

图 4.26　习题 5 的 E-R 图

第 5 章　关系数据库设计理论

本章学习目标：

◆ 理解函数依赖；
◆ 掌握关系范式及范式的分解；
◆ 掌握关系数据库概念结构及逻辑结构设计；
◆ 理解数据库设计的基本过程。

数据库是一组相关数据的集合。它不仅包括数据本身，而且包括数据之间的联系。给出一组数据，如何构造一个适合的数据模型，在关系数据库中应该组织成几个关系模式，每个关系模式包括哪些属性，是数据库设计要解决的问题。

在以关系模型为基础的数据库中，用关系来描述现实世界。关系具有概念单一性特点，一个关系既可以描述一个实体，也可以描述实体间的联系。一个关系模型包括一组关系模式，各个关系不是完全孤立的。只有它们相互之间存在关联，才能构成一个模型。这些关系模式的全体定义构成关系数据库模式。

在关系数据库设计中，如何把现实世界表达成数据库模式，即如何建库就是一个首要的问题。一个数据库模式是一个关系模式的集合，因此数据库设计实际上是从多种可能的组合中选取一个合适的性能好的关系模式集合作为数据库模式的问题。在具体数据库系统实现之前，尚未录入实际数据时，组建较好的数据库模式是关系到整个系统运行的效率，以至系统成败的关键。不合理的数据库模式可以通过规范化转化为合理的数据库模式。我们把满足一定特征的一类关系模式称为范式。有以下几类范式：第一范式、第二范式、第三范式、BC 范式、第四范式、第五范式。级别越高，要求越严格。而规范化就是指把低一级范式的关系模式，通过模式分解转换为若干个高一级范式的关系模式集合的过程。一般来说，关系数据库模式只要满足第三范式基本上就可以了。

5.1　冗余和存储异常问题

首先，我们来看一个例子。

例 1：如表 5.1 所示的关系（表），表示某校学生自行选择课外活动的情况。

从此表中，可以得出如下信息：

● 一个学生可以参加多项课外活动。
● 一项活动可以有多个学生参加。
● 不同的活动收费不同。

表 5.1 学生选择课外活动项目表

学号	活动项目	费用
97001	羽毛球	30
97002	排球	50
97003	健美	100
97004	游泳	100
97005	游泳	100
97001	太极剑	100
97004	太极剑	100
	网球	50

此关系的主码是：学号+活动项目。

但是，此关系在使用过程中存在以下几方面的问题：

- 若学号为 97001 学生不想参加羽毛球活动了，那么在删除了第一条记录的同时却丢失了羽毛球活动收费 30 元的信息。
- 体育系计划新开展“网球”活动，因还无人报名，所以无法插入网球活动需收费 50 元的信息。
- 如果为了减轻学生的经济负担，体育系决定降低收费标准，则需要修改多个数据。如要将游泳的费用降低为 50 元，则要修改两次才行。

很显然，出现这些问题的原因是有些关系模式设计得不合理。

我们用一个实例组成不同的关系模式集合，产生不同的影响，以便评价数据库模式设计得好与坏。

例 2：有一组关系：教师关系 T；部门关系 D；课程关系 C；教学关系 TC。对这组关系，给出如下两种设计模式。

第一种设计模式：只采用一个简单的关系模式。

设计包括 10 个属性的教师任课关系模式 TDC 如下：

TDC（教师编号，教师姓名，职称，教师地址，所在系编号，系名称，系地址，课程编号，课程名称，教学水平，学分）

表 5.2 是该模式的一个具体实例。

表 5.2 教师任课关系模式的数据示例

教师编号	教师姓名	职称	教师地址	所在系编号	系名称	系地址	课程编号	课程名称	教学水平	学分
T1	马大民	高级	A1	D1	计算机	1 幢	C1	MIS	GOOD	4
T1	马大民	高级	A1	D1	计算机	1 幢	C2	网页制作	EXCEL	2
T1	马大民	高级	A1	D1	计算机	1 幢	C3	数据结构	OK	3
T2	李力三	中级	A2	D1	计算机	1 幢	C3	C 语言	GOOD	4
T2	李力三	中级	A2	D1	计算机	1 幢	C4	操作系统	GOOD	4
T3	陈之同	高级	A3	D2	机械	3 幢	C4	机械制图	OK	4

续表

教师编号	教师姓名	职称	教师地址	所在系编号	系名称	系地址	课程编号	课程名称	教学水平	学分
T3	陈之同	高级	A3	D2	机械	3 幢	C1	数控编程	OK	3
T3	陈之同	高级	A3	D2	机械	3 幢	C5	机械原理	EXCEL	2
T4	周密会	中级	A4	D3	电气	2 幢	C6	电子技术	GOOD	4

在这个关系的具体数据中我们可以看到，一位教师可以讲授多门课程，同一门课程也可能有多位教师讲授。只能根据教师编号和课程号才能够确定哪位教师讲授哪门课程，所以在关系中，用于确定某个特定元组的主关键字应该是（教师编号，课程编号）。

该关系在使用过程中存在以下四个方面的问题。

1．数据冗余问题

每当教师开设一门课程时，该教师的职称、地址、所在系、系地址等信息就重复存储一次。一般情况下，每位教师均不止开设一门课，致使数据冗余不可避免。因为一个系有很多教师，将导致关系中的数据冗余度相当大。数据库中不必要的重复存储就是数据冗余。

2．数据更新问题

由于数据的重复存储，会给更新带来很多麻烦。如果一位任三门课的教师改变了地址，三个元组的地址都要更新，一旦一个元组的地址未修改就会导致数据不一致。数据的不一致直接影响系统的质量。如果某个系改变了办公地址，该系的所有教师记录都必须进行相应的修改，不仅所要修改的数据量更大，潜在的数据不一致危险性也更大。

3．数据插入问题

如果学校新调入几位教师，或者由于从事科研活动等原因，现有教师中有的暂时未主讲任何课程。由于缺少主关键字（关键字不允许出现空值），这些教师就不能插入到此关系中。只有当他们开设了课程之后才能插入，这显然是不合理的。为了在系统中保存这些教师，还必须另外再建立一个关系，专门存放未任课教师的情况。这将导致不能从一个关系中查询到全部教师的信息。

4．数据删除问题

与插入异常相反的情况是，如果某些教师致力于科研或者由于健康等原因，暂时不担任教学任务，那么要删除相应的授课信息记录。但因为主关键字不全，在删除授课信息的同时，关于这个教师的其他信息都将一并删除，这也是极不合理的现象。

上述这些在数据的插入、删除或修改元组时将产生的可能带来不良后果的情况均属于我们不希望发生的异常。产生这些异常的原因是关系模式设计得不好所造成的。如果在数据库设计阶段用下面四个关系模式来代替原来的一个关系模式，则上述四个方面的问题就基本得到解决了。

第二种设计模式：采用四个关系模式。

教师关系：T（教师编号，教师姓名，职称，教师地址，所在系编号）

系关系：　D（系编号，系名称，系地址）

课程关系：C（课程编号，课程名称，学分）

教学关系：TC（教师编号，课程编号，教学水平）

采用第二种设计，则上述四类问题基本都不存在了。那么对于上述四类问题，是否采用第二种设计就完全消除了呢？怎样判断并如何找到一个好的数据库模式，这就是本章的任务。

5.2 函 数 依 赖

上一节的例子涉及如何分解关系模式，对关系进行分解的指导依据是函数依赖。函数依赖反映了数据之间的内在联系，它是本章讨论的中心问题。

前面已经指出，现实世界中的事物是相互联系、相互制约的。这种联系分为两类，一类是实体与实体之间的联系；另一类是实体内部各属性之间的联系。在第 2 章中已经讨论了实体间的联系，下面讨论属性之间的联系。

5.2.1 属性间的联系

第 2 章讨论了实体集与实体集之间的联系。其实，现实世界实体集的属性之间也是互相联系的，属性之间的联系分为三类：一对一联系、一对多联系、多对多联系。

1. 一对一联系

例如，在学生表（学号，姓名，性别，班级，年龄）关系中，在一所学校，学号是唯一的，如果学生中没有重名，姓名与学号两个属性之间就是一对一联系（1∶n），在这种情况下，姓名可以确定学号，学号也可以确定姓名。

一般来说，设 X、Y 为一个关系中的属性或属性组，为简便起见，把它们的所有可能取值组成的两个集合，也叫 X、Y。如果对于 X 中的任一具体值，Y 中至多有一个值与之对应；并且对于 Y 中的任一具体值，X 中也至多有一个值与之对应，那么则称 X、Y 这两个属性之间是一对一联系。

2. 一对多联系

同样在学生表（学号，姓名，性别，班级，年龄）关系中，一个班级有若干学生，那么这若干学生都拥有同一个班级，而每个学生都有一个唯一的学号。这样，如果找到一个班级，总是有多个学生的学号或姓名与之对应；而任一个学生的学号总是可以找到一个班级与之对应。即同一个班级有多个学号与之对应。这种联系称为一对多联系（1∶m）。

一般来说，设 X、Y 为一个关系中的属性或属性组，为简便起见，把它们的所有可能取值组成的两个集合也叫 X、Y。如果 X 中的任一个具体值，至多与 Y 中的一个值相对应；而 Y 中的任一个具体值却可以与 X 中的多个值相对应，则称两个属性间从 X 到 Y 为多对一的关系，或从 Y 到 X 为一对多的联系。

3. 多对多联系

例如，在选课表（学号，课程号，成绩）关系中，一个学生可以选修几门课，同一门课有多个学生同时选修，则学号与课程号之间为多对多联系（m∶n）。

一般来说，设 X、Y 为一个关系中的属性或属性组，为简便起见，把它们的所有可能取值组成的两个集合也叫 X、Y。在 X、Y 两个属性集中，如果任一个值都可以至多和另一个属性集中的多个值相对应，反之，则称属性 X 和 Y 是多对多联系。

显然，这三类联系之间存在着包含关系，1∶1 是 1∶m 的特例，1∶m 又是 m∶n 的特例（当 m=1 时）。

关系中属性值之间这种既相互依赖又相互制约的联系称为数据依赖。数据依赖主要有两种形式：函数依赖和多值依赖。这里只介绍函数依赖。

5.2.2　函数依赖

函数是我们都非常熟悉的概念，例如，对如下公式：

$$Y = f(X)$$

对 X 与 Y 在数量上的对应关系，可以理解为：任意给定一个 X 值，都会有一个 Y 值与它对应。我们可以说，X 函数决定 Y，或 Y 函数依赖于 X。

但是关系数据库中，讨论函数或函数依赖注重的是语义上的关系，例如：

省= f（城市）

即是说，只要给出一个具体的城市，都会有一个唯一的省与它相对应。如“温州市”在“浙江省”。与上面的例子比较，这里的“城市”是自变量 X，“省”是函数值 Y。X 函数决定 Y，或 Y 函数依赖于 X 可表示为：

$$X \rightarrow Y$$

根据以上讨论，可以将函数依赖理解为：如果有一个关系 R，X 和 Y 均为 R 的子集，那么对于关系 R 中的任意一个 X 值，都只有一个 Y 值与之相对应，则称 X 函数决定 Y，或 Y 函数依赖于 X。

显然，函数依赖讨论的是属性之间的依赖关系，它是语义范畴的概念，也就是说关系模式的属性之间是否存在函数依赖只与语义有关。下面给出函数依赖的定义。

1．函数依赖的概念

定义：若在关系 R 中，不可能存在两个元组在属性 X 上的值相等而在属性 Y 上的值不等，则称 Y 函数依赖于 X，记为 X→Y。

如果 X→Y，并且 Y 不是 X 的子集，则称 X→Y 是非凡的函数信赖。如不做特别说明，我们总是讨论非平凡的函数信赖。全体总是能够决定部分的，若 Y 是 X 的子集，则称 X→Y 是平凡的函数信赖。

从定义可以看出，若 X 值相等则必定 Y 值相等，或者说若 Y 值不相等，则 X 值肯定不相等，就称 Y 函数依赖于 X，记为 X→Y。

也可以理解为：对于 X 的每一个具体值，Y 有唯一的具体值与之相对应。

例如：对于学生表（学号，姓名，性别，班级，年龄）关系，在这里，学号→姓名。由于学号相同，姓名必定相同，所以姓名函数依赖于学号。而反过来，姓名→学号是不成立的（记做姓名↛学号），为什么呢？因为不能排除重名现象，这将导致姓名相同但是学号不同的情况出现，所以学号不函数依赖于姓名。在该学生表关系中，存在如下依赖：

学号→姓名，学号→性别，学号→班级，学号→年龄

而在选课表（学号，课程号，成绩）关系中，则存在着如下依赖：

（学号，课程号）→ 成绩

根据函数依赖的定义，可以找出如下规律：

- 在一个关系模式中，如果属性 X、Y 间有 1∶1 的联系，则存在着函数依赖 X→Y、Y→X，这时可称 X、Y 相互函数依赖。
- 如果属性 X、Y 是 1∶m 的联系，则存在函数依赖 Y→X，但 X↛Y。
- 如果属性 X、Y 是 m∶n 的联系，则 X 与 Y 之间不存在任何函数依赖。

注意：函数依赖是指关系 R 中的所有元组均应满足的约束条件，而不是指 R 中的某个或某些元组满足的约束条件。当关系中的元组增加或者更新后，都不能破坏函数依赖。因此，必

须根据语义来确定数据之间的函数依赖，而不能单凭某一时刻关系中的实际值来进行判断。

2．完全函数依赖

定义：在关系模式 R 中，若 Y 函数依赖于 X（X→Y），但 Y 不函数依赖于 X 的任一真子集，则称 Y 对 X 完全函数依赖，记为 $X \xrightarrow{f} Y$。否则，称为部分函数依赖，记为 $X \xrightarrow{P} Y$。

由定义可知，当 X 是单个属性时，由于 X 不存在任何真子集，那么如果 X→Y，则 Y 完全依赖于 X。

例如，在学生表（学号，姓名，性别，班级，年龄）关系中，可以说，（学号，姓名）→性别，因为不可能存在两个学生学号、姓名都相同，但是性别不同的情况，所以说性别函数依赖于（学号、姓名）是成立的。但是，这个依赖不是完全函数依赖，是部分函数依赖。因为，存在着学号→性别，而学号是（学号，姓名）的一个真子集，不符合完全函数依赖的定义，所以（学号，姓名）$\xrightarrow{P}$ 性别。

再举一个例子，在成绩表（学号，课程号，成绩）关系中，可以说（学号，课程号）→成绩。因为这里每个学号的每个课程只有一个成绩，不存在学号和课程号相同，而成绩不同的情况。我们接着来看它是否是完全函数依赖：（学号，课程号）的真子集有两个——学号和课程号。首先，因为一个学生由于上多门课，所以会有多个成绩，故可能存在学号相同、成绩不同的情况，所以学号→成绩是不成立的；然而，一门课程可以被多个学生选修，每个学生在这门课上会得到不同的成绩，故可能存在课程号相同、成绩不同的情况，所以课程号→成绩也不成立。综上所述，（学号，课程号）→成绩成立，并且成绩不函数依赖于（学号，课程号）的任何一个真子集，所以（学号，课程号）$\xrightarrow{f}$ 成绩。

3．传递依赖

定义：在同一关系模式 R 中，若 Y 函数依赖 X（X→Y）并且 Z 函数依赖 Y（Y→Z），而 Y↛X，则有 Z 函数依赖 X（X→Z），并且称这种函数依赖为传递函数依赖。

从定义可知，条件 X→Y 并且 Y↛X 是十分必要的。如果 X、Y 互相依赖，实际上处于等价地位，此时，X→Z 则为直接函数依赖联系，并非传递依赖。

例如，存在一个关系模式 S1（学号，系名，系主任），由于一个学生只能属于某一个系，所以学号→系名是成立的。并且，一个系只能有一个系主任，所以系名→系主任成立。然而很明显，因为一个系有若干学生，所以系名↛学号。正是因为以上三个条件，所以学号→系主任成立，且为传递函数依赖。

实际上，部分依赖必然是传递依赖。

5.3　关 系 范 式

关系数据库中的关系要满足一定的要求。若关系满足不同程度的要求，就称它属于不同的范式（NORMAL FORM）。范式是关系模式满足不同程度的规范化要求的标准。满足最低要求的范式属于第一范式，简称 1NF；在第一范式中进一步满足一些要求的关系属于第二范式，简称 2NF，依此类推，还有 3NF、BCNF、4NF、5NF。在这里我们只讨论到 3NF。

对关系模式的属性间的函数依赖加以不同的限制就形成了不同的范式。这些范式是递进的，即如果一个关系是 1NF 的，它比不是 1NF 的要好；同样，2NF 的关系要比 1NF 的关系好；等等。范式越高，规范化程序越高，关系模式就越好。

5.3.1 第一范式

定义：设 R 是一个关系模式，如果 R 中的每一个属性 A 的值域中的每个值都是不可分解的，则称 R 是属于第一范式的，记为 R∈1NF。

例如，如表 5.3 所示就不是第一范式的关系。

表 5.3 非第一范式的表

姓名	工资		
	基本工资	奖金	补发
张三	1000	300	500
李四	1200	300	600
王五	1100	400	600

因为在表 5.3 中，"工资"还可再分为基本工资、奖金和补发三个数据项，这违背了第一范式中元组的每个属性不可再分的原则，所以它不满足第一范式。

将非第一范式的关系转换为第一范式的关系非常简单，只需要将所有数据项都分解成不可再分的最小数据项即可，见表 5.4。

表 5.4 第一范式的表

姓名	基本工资	奖金	补发
张三	1000	300	500
李四	1200	300	600
王五	1100	400	600

例：某校要建立一个数据库来描述学生和系的一些情况，面临的对象有学生的学号，学生姓名，系的名称，系主任，学生选修的课程名称和学生选修的课的成绩。

实际上有如下条件：

（1）一个系有若干学生，但一个学生只属于一个系；

（2）一个系只有一名系主任；

（3）一个学生可以选修多门课程，每门课程有若干学生选修；

（4）每个学生学习每一门课程有一个成绩。

在这里候选码只有（学号，课程号），也就是主码；非主属性有"姓名"、"系名"、"系主任"、"成绩"。

针对上面的问题，设计出一个如下的关系模式：

SA（学号，姓名，系名，系主任，课程号，成绩）

可以看出，SA 是符合第一范式（1NF）要求的。

不满足 1NF 条件的关系称为非规范化的关系，但关系模式仅仅满足 1NF 是不够的。像上面的关系模式 SA，虽然满足 1NF，但它仍然会出现插入异常、删除异常、更新异常等问题。

5.3.2 第二范式

定义：如果关系 R∈1NF，并且 R 中的每一个非主属性完全函数依赖于任一个候选码，则

R∈2NF 。

从定义中可以看出，若某个 1NF 的关系的主码只由一个列组成，那么这个关系就是 2NF 关系。但是，如果主码是由多个属性列共同构成的复合主码，并且存在非主属性对属性的部分函数依赖，则这个关系就不是 2NF 关系。

现在再来分析上面的关系模式 SA（学号，姓名，系名，系主任，课程号，成绩）

发现存在如下问题。

- 数据冗余：假设一个学生选多门课，那么姓名、系名、系主任就会重复多次。
- 修改异常：如果某学生从数学系转到计算机系，修改系名时还必须修改系主任。若该学生选修了多门课，则要多次修改系名和系主任。
- 插入异常：无法插入还未选课的学生。
- 删除异常：如果某个系的学生全部毕业了，我们在删除全体学生信息的同时把这个系及系主任的信息也一同删去了。

从关系模式 SA 可以看出：

- 非主属性姓名仅函数依赖于学号，也就是姓名部分函数依赖于主码（学号，课程号）而不是完全依赖。
- 非主属性系名仅函数依赖于学号，也就是系名部分函数依赖于主码（学号，课程号）而不是完全依赖。
- 非主属性系主任函数依赖于学号，也就是系主任部分函数依赖于主码（学号，课程号）而不是完全依赖。

所以 SA 不满足第二范式，不是 2NF 关系。造成 SA 不是 2NF 的原因是：SA 中存在非主属性部分依赖于主码的情况。

可以用模式分解的方法将非 2NF 的关系模式分解为多个 2NF 的关系模式。去掉部分函数依赖关系的分解过程为：

（1）首先，用组成主码的属性集合的每一个子集作为主码构成一个表。

（2）然后，对于每个表，将依赖于此主码的属性放置到此表中。

将 SA 分解为两个关系模式：

- SC（学号，课程号，成绩），主码为（学号，课程号）。
- SD（学号，姓名，系名，系主任），主码为 学号。

可以看出，SC 和 SD 均满足第二范式。

5.3.3　第三范式

定义：如果关系 R∈2NF ，并且 R 中每一个非主属性对任何候选码都不存在传递信赖，则 R∈3NF。

从定义中可以看出，如果存在非主属性对主码的传递依赖，则相应的关系模式就不是 3NF。

接着上面的例子，关系模式 SC 和 SD 均是 2NF 的，但依然会出现插入异常、删除异常、更新异常等问题。

分析关系模式 SD，发现存在如下问题。

- 插入异常：当新成立一个系还未招收学生时，该系的有关信息无法插入 SD 表中。
- 删除异常：某系的全部学生都毕业了，则删除学生信息时，也跟着删除了系和系主任的信息。

● 数据冗余和修改异常：如果某系有 300 名学生，则系和系主任的信息要重复 300 遍，造成数据冗余。该系更换系主任也必须修改 300 个元组，容易产生数据不一致的情况。

具体分析 SD 中的函数依赖：

在关系 SD（学号，姓名，系名，系主任）中，存在如下函数依赖：

学号→系名，系名→系主任，而系名↛学号。

那么则存在着一个传递函数依赖：学号→系主任。

从上分析可知，因为在 SD 中存在传递函数依赖，所以 SD 不满足 3NF。当关系模式中存在传递函数依赖时，这个关系模式仍然有存储异常，因此还需要对其进行进一步的分解。去掉传递函数依赖的分解过程为：

（1）对于不是候选码的每个决定因子，从关系模式中删除依赖于该决定因子的属性。

（2）新建一个关系模式，新的关系模式中应包含在原表中所有依赖于该决定因子的属性。

（3）将决定因子作为新关系模式的主码。

将 SD 分解为：

SB（学号，姓名，系名）

DT（系名，系主任）

这两个关系模式不再存在传递依赖，它们均为第三范式。

由于 3NF 关系模式中不存在非主码属性对主码的部分依赖和传递依赖，因而在很大程度上消除了数据冗余和更新异常。因此在通常的数据库设计中，一般要求要达到 3NF。3NF 是一个实际可用的关系模式应满足的最低范式。

5.4　关系范式的规范化

为了提高规范化程度，通常将范式程度低的关系模式分解为若干个范式程度高的关系模式。当发现一个关系存在存储异常时，就应该把此关系分解为两个或两个以上多个单独的关系，从而消除这些异常。

5.4.1　各范式之间的关系

由前面的定义可知，对于关系模式 R，如果 R 中的每一个属性 A 的值域中的每个值都是不可分解的，则称 R 是属于第一范式的；在第一范式的基础上，如果关系模式 R 中的所有非主属性都完全函数依赖于任一候选关键字，即只要消除非主属性对关键字的部分函数依赖，则关系 R 就满足第二范式的要求；在第二范式基础上，如果关系模式 R 中的所有非主属性对任何候选关键字都不存在传递依赖，即只要消除非主属性对关键字的传递依赖，则称关系 R 满足第三范式的要求。这三种范式的关系如图 5.1 所示。

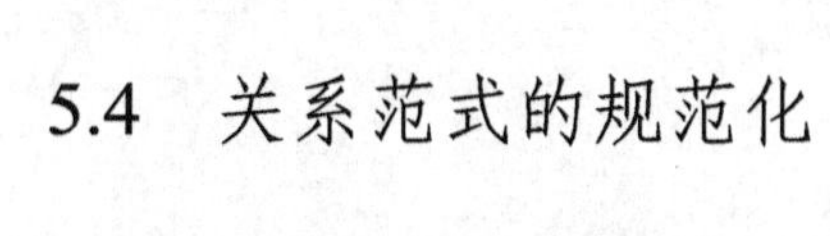

图 5.1　关系模式规范化过程

5.4.2　关系模式的分解准则

规范化的方法是进行模式分解，但分解后产生的模式应与原模式等价，即模式分解必须遵守一定的准则，不能表面上消除了操作异常现象，却留下了其他的问题。模式分解要满足以下标准：

（1）模式分解具有无损连接。

无损连接是指分解后的关系通过自然连接可以恢复成原来的关系，即通过自然连接得到的关系与原来的关系相比，既不多出信息，又不丢失信息。

（2）模式分解能够保持函数依赖。

保持函数依赖的分解是指在模式的分解过程中函数依赖不能丢失的特性，即模式分解不能破坏原来的语义。

关系模式的规范化是关系数据库设计的重要理论指南和依据。

- 规范化目的：使结构合理，消除存储异常，使数据冗余尽量小，便于插入、删除和更新。
- 规范化原则：遵从概念单一化原则，即一个关系模式描述一个实体或实体间的一种联系。规范的实质就是概念单一化。
- 规范化方法：将关系模式分解成两个或多个关系模式。
- 规范化要求：分解后的关系模式集合应当与原来的模式等价，即经过自然连接可以恢复原关系而不丢失信息，并保持属性间合理的关系。

注意：一个关系模式经过分解可以得到不同的关系模式集合，也就是说分解方法不是唯一的。

5.4.3　关系模式分解实例

现在，我们来重新分析一下 5.1 节中的例 2。

教师任课关系模式 TDC 如下：

TDC（教师编号，教师姓名，职称，教师地址，所在系编号，系名称，系地址，课程编号，课程名称，教学水平，学分）

根据语义分析函数依赖：

（教师编号，课程编号）是主码。

由于课程编号→（课程名称，学分），教师编号→（教师姓名，职称，教师地址）存在非主属性对关键字（教师编号，课程编号）的部分依赖，因此原关系不属于 2NF。为了消除部分依赖，将 TDC 分解成三个模式：

TC（教师编号，课程编号，教学水平），主码为（教师编号，课程编号）。

TD（教师编号，教师姓名，职称，教师地址，所在系编号，系名称，系地址），主码为“教师编号”。

C（课程编号，课程名称，学分），主码为“课程编号”。

在 TC 中，教学水平完全函数信赖于主码，即（教师编号，课程编号）$\xrightarrow{f}$ 教学水平，而其他两个关系 TD 与 C 的主码都是单属性的。因此，在这三个关系模式中均不存在非主属性对关键字的部分依赖。它们都是 2NF 的关系模式，即这个关系数据库模型属于第二范式。

但在 TD 中，存在着：教师编号→系编号，系编号$\nrightarrow$教师编号，系编号→系名称，系编号

→系地址，所以非主属性“系名称”和“系地址”传递依赖于主码“教师编号”，故关系模式 TD 不是 3NF 关系。为了消除传递依赖，再将 TD 进一步分解成两个关系模式：

T（教师编号，教师姓名，职称，教师地址，所在系编号），主码为“教师编号”。

D（系编号，系名称，系地址），主码为“系编号”。

最终，可以用下面四个关系模式代替最初的关系模式 TDC：

T（教师编号，教师姓名，职称，教师地址，所在系编号）

D（系编号，系名称，系地址）

C（课程编号，课程名称，学分）

TC（教师编号，课程编号，教学水平）

在这四个关系模式组成的关系模式中消除了传递依赖，达到了 3NF。

5.5　关系数据库设计

5.5.1　数据库设计概述

数据库设计的目标是：对于一个给定的应用领域，建立一个性能良好的、能满足不同用户在数据存储和应用系统开发时需求的、又能被选定的 DBMS 所接受的数据库模式。

按照上述数据库模式建立的数据库，应能够反映特定应用领域中信息及信息之间的联系；能够进行有效的信息存储；能够方便地执行用户的各种信息检索和处理操作；并且有利于数据库的维护和管理。

十几年来，人们经过不断的努力和探索，提出了各种数据库设计方法，其中比较著名的有新奥尔良（New Orleans）方法，这种方法将数据库设计分为四个阶段，即需求分析阶段、概念设计结构阶段、逻辑结构设计阶段和物理结构设计阶段。

5.5.2　数据库设计的基本步骤

数据库设计的全过程主要分 4 个阶段，如图 5.2 所示。

图 5.2　数据库设计的全过程

1．需求分析阶段

需求分析是整个数据库设计过程中的第一步，也是最重要的一步。需求分析主要收集信息并对信息进行分析和整理，从而为后续的各个阶段提供充足的信息。

2．概念设计阶段

概念设计的目标是以需求分析为依据，产生反映全组织信息需求的整体数据库的概念结构，即概念模式。概念模式用 E-R 图描述。

3．逻辑设计阶段

数据库逻辑设计的任务是将概念设计的 E-R 图转换成特定的 DBMS 所支持的数据模型的过程。

该过程可分为以下两步。

第一步：将 E-R 图转换为基本的关系模式；

第二步：关系规范化处理。

4．物理设计与实施阶段

对于逻辑数据模型选取一个最适合应用环境的物理结构的过程，称为数据库物理设计。物理设计的任务是为了有效实现逻辑模式，确定所采取的存储策略。

这里给出一个具体而简略的关系数据库设计步骤（不考虑物理设计与实施部分）：

数据库设计步骤如下。

步骤 1：建立 E-R 模型。

步骤 1.1　需求分析。

1.1.1　系统目的。

1.1.2　数据需求。

1.1.3　事务需求。

步骤 1.2　实体集设计。

1.2.1　标识出实体。

1.2.2　标识出实体属性。

1.2.3　标识出实体属性的域。

1.2.4　主码。

步骤 1.3　联系集设计。

1.3.1　标识出联系。

1.3.2　标识出联系属性及其域。

步骤 1.4　综合 E-R 图。

1.4.1　结合 1.2 和 1.3 两步，画出 E-R 图。

1.4.2　检查：是否存在不合理的或者冗余的实体、属性和联系（考虑去掉多值属性、递归联系）。

步骤 2：从 E-R 模型转换到关系模型。

步骤 2.1　将实体转换为关系模式。

步骤 2.2　考虑联系的转换：一对一、一对多、多对多。

步骤 3：对设计出的关系模型进行规范化检查，要求达到 3NF。

步骤 3.1　对每一个关系模式检查是否符合 2NF，如果不符合就分解转化。

步骤 3.2　对每一个关系模式检查是否符合 3NF，如果不符合就分解转化。

5.5.3　数据库设计简单示例

本示例对大家都很熟悉的学校食堂用餐卡系统进行一个简单的数据库设计。

要求：对简化的学校食堂用餐卡系统建模。

步骤 1：建立 E-R 模型。

步骤 1.1　需求分析。

1.1.1　系统目的：方便管理学生用餐卡的发放、挂失、补办，管理人员信息、学生信息、存储金额及相关数据信息等。

1.1.2　数据需求。

A．用餐卡信息：用餐卡编号，持卡人编号，办卡日期，余额；

B．持卡人信息：姓名，性别，照片，编号，身份证号，部门，人员类别；

C．操作员信息：职工编号，姓名，性别，照片，身份证号码，参加工作时间，密码等；

D．账户操作详细信息：流水号，用餐卡编号，存/取，操作员编号，操作时间，发生金额等。

1.1.3　事务需求：

A．办新卡，修改卡信息；

B．存取卡中金额；

C．维护人员信息；

D．列出数据库中的每餐使用金额的清单及余额信息；

E．列出所有持卡人的信息；

F．列出每个月的累计消费信息；

G．列出用餐卡是否为挂失卡信息。

步骤 1.2　实体集设计。

有三个实体集：用餐卡，持卡人，操作员。标识如下。

（1）实体集“用餐卡”，属性包括用餐卡号、持卡人编号、办卡日期及余额，其中，“用餐卡号”为主码，如图 5.3（b）所示。

（2）实体集“持卡人”，属性包括姓名、性别、照片、编号、身份证号、部门及人员类别，其中“编号”为主码，如图 5.3（a）所示。

（3）实体集“操作员”，属性包括操作员编号、姓名、性别、照片、身份证号、工作时间及密码，其中“操作员编号”为主码，如图 5.3（c）所示。

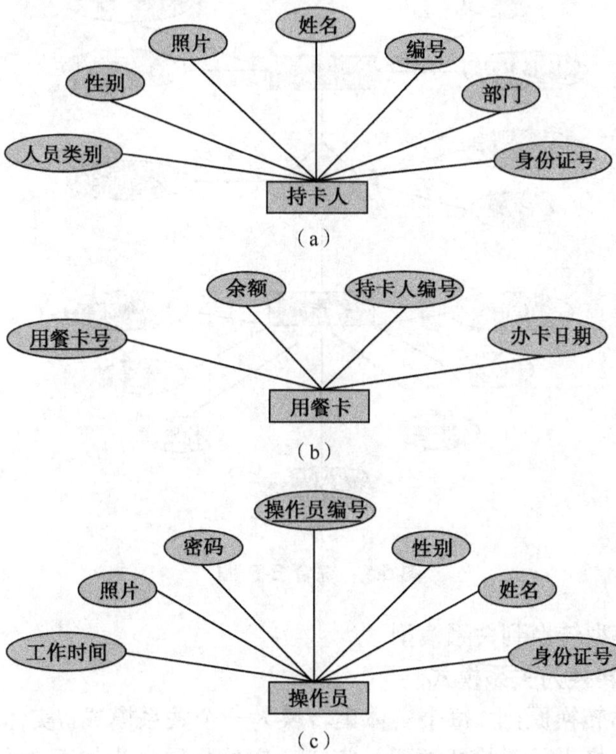

图 5.3　各实体集的 E-R 图

步骤 1.3　联系集设计。

有如下两个联系。

（1）“拥有”联系：标识持卡人拥有用餐卡（“用餐卡”与“持卡人”之间的一对多联系）。

（2）“操作”联系：标识操作员处理用餐卡的账户信息（“操作员”与“用餐卡”之间的多对多联系），其本身还具有存/取、操作发生的时间及发生金额属性。

联系集的 E-R 模型如图 5.4 所示。

步骤 1.4　综合 E-R 图。

1.4.1　结合 1.2 和 1.3 两步，画出综合 E-R 图，如图 5.5 所示。

1.4.2　检查：经过分析，不存在不合理的或者冗余的实体、属性和联系。

图 5.4　联系集 E-R 图

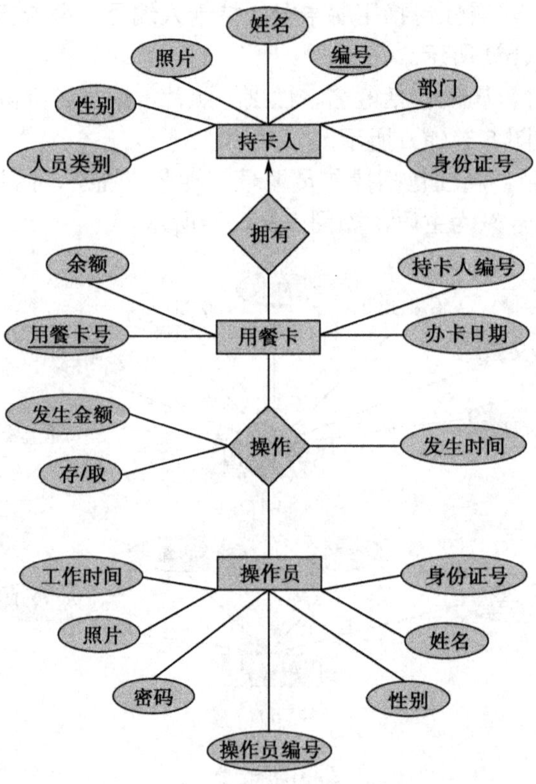

图 5.5　综合 E-R 图

步骤 2：从 E-R 模型转换到关系模型。

步骤 2.1　将实体转换为关系模式。

根据第 3 章的实体转换原则，每个实体集转换为一个关系模式，实体的属性转换为关系模式的属性，实体的码转换为关系模式的码，将 3 个实体集转换为如下 3 个关系模式：

用餐卡（用餐卡号，持卡人编号，办卡日期，余额）

持卡人（姓名，性别，照片，编号，身份证号，部门，人员类型）

操作员（操作员编号，姓名，性别，照片，身份证号，工作时间，密码）

步骤 2.2　对不同的联系类型，考虑联系的转换。

根据第 3 章的联系转换原则，对于“拥有”联系，因为是一对多联系，可以把“一”那端的主码放入“多”的那一端；对于“操作”联系，因为是多对多联系，应建立一个新的关系模式，新关系模式中应该加入两端的码及联系本身的属性，即：

用餐卡（用餐卡号，持卡人编号，办卡日期，余额），其中，“持卡人编号”为参照“持卡人”的外码。

操作（用餐卡号，操作员编号，存/取，操作时间，发生金额），其中，用餐卡号为参照用餐卡的外码。

操作员编号为参照“操作员”的外码。

步骤 3：对设计出的关系模型进行规范化检查，要求达到第三范式。

经分析，所有关系模式都不存在非主属性对关键字的部分函数依赖，所以满足第二范式。

经分析，所有关系模式都不存在非主属性对关键字的传递函数依赖，所以满足第三范式。

5.6　本章小结

本章首先从关系模式可能的存储异常问题，引入函数依赖的概念，然后介绍了以函数依赖为基础的关系范式，包括 1NF、2NF、3NF。范式的每一次升级都是通过模式分解实现的，在进行模式分解时应注意保持分解后的关系能够具有无损连接性并能保持原有的函数依赖关系。

关系规范化理论的根本目的是指导我们设计没有数据冗余的操作异常的关系模式。对于一般的数据库应用来说，设计到第三范式就足够了。因为规范化程度越高，关系的个数也就越多，因而有可能降低数据的查询效率。只有掌握关系数据库设计理论，在数据库设计过程中才能克服盲目性，做到目标明确。

最后，讨论了数据库设计的方法和基本步骤。数据库设计的方法很多，一般包括四个过程：需求分析阶段、概念设计结构阶段、逻辑结构设计阶段和物理结构设计阶段，其中最重要的两个环节是 E-R 图的设计和逻辑结构设计。

习　　题

1. 关系规范中的操作有哪些异常？它是由什么原因引起的，解决的办法是什么？

2. 解释下列术语：函数依赖、部分函数依赖、传递函数依赖。

3. 解释什么是范式？什么是 1NF、2NF、3NF？

4. 设有关系模式：S1（学号，姓名，出生日期，所在系，宿舍楼），其语义为：一个学生只在一个系学习，一个系的学生只住在一个宿舍楼里。指出此关系模式的候选码，判断此关系模式是第几范式的。若不是第三范式，请将其规范化为第三范式的关系模式，并指出分解后的每个关系模式的主码和外码。

5. 设有关系模式：S2（学号，姓名，所在系，班级号，班主任，系主任），其语义为：一个学生只在一个系的一个班学习，一个系只有一个系主任，一个班只有一名班主任。指出此关系模式的候选码，判断此关系模式是第几范式的。若不是第三范式，请将其规范化为第三范式的关系模式，并指出分解后的每个关系模式的主码和外码。

6．在一个定货数据库中，存有顾客、货物、定货单的信息。

（1）对每个顾客应包含：顾客号（唯一的）、收货地址（一个顾客可以有几个地址、不同的顾客地址不能相同）、赊购限额、余额以及折扣等信息。

（2）对每一种货物包含：货物号、制造商、每个厂商的实际存货量、规定的最低存货量和货物描述等信息。

（3）对每个订单包含：顾客号、收货地址、订货日期、订货细则（每个订单有若干条），每条订货细则内容为货物号以及订货数量。

由于处理上的要求，每个订单的每个细则中还应有一个未发量（此值初始时为订货数量，随着发货将减为零）。

请进行一个简略的数据库设计，要求给出 E-R 模型，再将其转换为关系模型，并检查该关系模型是否符合 3NF。

第 6 章　SQL 的高级功能

本章学习目标：

◆ 理解并使用视图；
◆ 理解实现数据完整性的两种方法；
◆ 掌握如何用 SQL 语句实现实体完整、引用完整和用户自定义的完整；
◆ 掌握触发器的建立与使用；
◆ 了解游标；
◆ 理解 SQL 的安全控制策略。

第 1 章与第 2 章介绍了 SQL 语言的基本特征，这是所有数据库语言都可以提供的基本操作，但是仅凭这些特征，SQL 语言还无法在数据查询语言领域居主导地位。本章将介绍 SQL 语言所拥有的视图、约束、触发器等高级功能，正是这些强大的功能和它的灵活性，使得 SQL 语言具有其他数据库语言无法比拟的强大功能，也是 SQL 语言垄断数据库查询语言、成为关系数据库语言的国际标准的重要因素。

6.1　视　　图

我们通常把用 CREATE TABLE 语句创建的表叫基本表。基本表中的数据实际上是存储在磁盘上的。关系模型有一个重要的特点，那就是由 SELECT 语句得到的结果仍然是表的形式，由此引出了视图的概念。

6.1.1　视图的概念

在 SQL 术语中，视图是一种类表对象，或称为衍生表（虚拟表），它并不在物理上包含数据，但是它的定义是永久性的。基本表是实际存在于数据库中的，但视图却并不真正存在。视图是存储在数据库中的预先定义好的查询，具有基本表的外观，可以像基本表一样对其进行存取，但不占据物理存储空间，视图也称为窗口。视图是从一个或多个已经存在的基本表逻辑地衍生出的，可以认为是以另一种方式观察现有数据。这样，基本表中的数据如果发生变化，视图中查询出的数据也随之变化。图 6.1 显示了视图的基本概念。

视图与基本表的主要区别在于基本表中的数据要消耗物理空间来存储，而视图并不需要物理存储空间，因为事实上视图中的数据是通过参照基本表而得到的。在数据库中，视图具有和基本表一样的使用方法，即可以像从基本表中查询数据那样从视图中查询数据，也可以对视图中的数据进行操作，尽管会有一些限制，但与直接使用基本表相比，使用视图有许多优点。

- 简化用户的操作，使用户将注意力集中在视图所关联的数据上。
- 使用户能以多种角度看待同一数据，这种灵活性可以使不同的用户以不同的方式看待同一数据。

选课表

学号	课程号	成绩
111	1	55
111	2	80
222	3	90
333	2	70

课程表

课程号	课程号	教师	周课时数
1	软件工程	李大民	4
2	ASP程序设计	周小同	4
3	COM技术	黄海河	2
4	DELPHI	张章	5

及格成绩视图

学号	课程名	成绩
111	ASP程序设计	80
222	COM技术	90
333	ASP程序设计	70

图 6.1　视图概念示意图

- 能够对机密数据提供安全保护。在设计数据库应用系统时，对不同的用户定义不同的视图，使机密数据不出现在不应看到这些数据的用户视图上，自动提供了对机密数据的安全保护功能。
- 为数据库重构提供一定的逻辑独立性。如果只是通过视图来存取数据库中的数据，DBA 可以有选择地改变构成视图的基本表，而不用考虑那些通过视图引用数据的应用程序的改动。

在关系数据库中，数据库的重新构造是不可避免的。数据库重构最常见的情况是把一个基本表分成多个基本表。在这种情况下，可以通过修改视图的定义，使视图适应这种变化。但由于应用程序从视图中提取数据的方式和数据类型不变，所以就避免了应用程序的频繁改动。

6.1.2　视图的定义

视图是根据对基本表的查询定义的。定义视图实际上就是数据库执行定义该视图的查询语句。视图可以建立在基本表上，也可以建立在其他视图上，即可以在一个视图之上再定义视图。

定义视图的 SQL 语句为 CREATE　VIEW，其基本格式为：

```
CREATE  VIEW <视图名>  [（视图列名表）]
        AS  子查询语句
```

其中，子查询语句可以是任意复杂的 SELECT 语句，但在定义视图时，要么指定全部视图列，要么全部省略不写，不能只写视图的部分属性列。如果省略了视图的属性列名，则视图的列名与子查询列名相同。但在如下三种情况下必须明确指定所有列名：

- 某列不是单纯的属性名而是计算函数或列表达式；
- 多表连接时选出几个同名列作为视图的字段；
- 需要在视图中为某个列选用新的更合适的列名。

另外，对于视图定义中的子查询语句通常不包含 ORDER BY 子句和 DISTINCT 关键字。

例如，如果需要建立 GZ02 计 5 班男同学的视图，则可使用如图 6.2 所示的语句来完成。

图 6.2 所示语句定义的视图的数据取自一个基本表的部分行、列。用这种方法定义的视图可以对数据进行查询和修改。

注意：DBMS 执行 CREATE　VIEW 语句只是保存视图的定义，并不执行其中的 SELECT

语句，只有在对视图的执行查询时，才按视图的定义从相应的基本表中查询数据。

```
CREATE  VIEW  XS_M
  AS
    SELECT  学号，姓名，年龄
    FROM  学生表
    WHERE 班级='GZ02 计 5' AND 性别='M'
```

图 6.2　定义单源表视图示例

如果需要建立 GZ02 计 5 班中选修了 1 号课程的学生的视图，则可使用如图 6.3 所示的语句来完成。

```
CREATE  VIEW  XS_1（学号，姓名，成绩）
  AS
   SELECT  学生表.学号，姓名，成绩
   FROM  学生表，选课表
   WHERE 学生表.学号=选课表.学号
     AND 班级='GZ02 计 5' AND 课程号=1
```

图 6.3　定义多源表视图示例

图 6.3 所建立的视图的子查询语句使用了多个表，用这种方法定义的视图一般只用于查询，而不用于修改数据。

再举一个例子，如果需要将每个学生的学号及平均成绩存放在一个名为 S_G 的视图中，则可使用如图 6.4 所示的语句来完成。

```
CREATE  VIEW  S_G（学号，平均成绩）
  AS
    SELECT  学号，AVG(成绩)
    FROM  成绩表
    GROUP  BY  学号
```

图 6.4　含分组统计信息的视图示例

图 6.4 所示的建立视图的语句含有 GROUP BY 子句，视图中包含了分组统计信息，这样的视图只能用于查询，不能用于修改数据。

6.1.3　视图的查询

视图定义之后，就可以对视图进行查询了。对视图的查询与对基本表的查询非常类似，只是查询的对象不同而已。

例如，如果需要查询 S_G 视图的信息，则可执行如图 2.92 所示的查询语句。

```
SELECT  *  FROM  S_G
```

图 6.5　查询视图 S_G

此时，完全把视图看成表。

但是，视图中不含有通常意义上的元组，视图查询实际上是对基本表的查询，其查询结果是从基本表得到的，所以同样一个视图查询，在不同的执行时间可能得到不同的结果，因为在这段时间里，基本表可能发生变化。

6.1.4　修改视图数据

既然视图是一个类表对象，我们也可以对视图中的数据进行添加、修改、删除（INSERT、UPDATE、DELETE）。但是因为视图本身不包含数据，所以对于这些操作有很多限制。

- 修改（INSERT、UPDATE）视图中数据时，不能同时修改多于一个的基表。也就是说，修改只能作用于一个基表。
- 不能修改通过计算而得到的列（在视图定义的选择列表中没有使用表达式、聚合函数或 GROUP BY、UNION、DISTINCT 或 TOP 子句 ）。
- 如果在创建视图时制定了 WITH　CHECK OPTION 选项，那么要保证修改后的数据符合视图定义。
- 执行 UPDATE、DELETE 时，所作用的行必须包含在视图的结果集中。
- 如果视图引用多个表，则不允许执行 DELETE。

注意：视图中的数据实际上是不存在的，对视图中的数据的任意修改都必须传递到视图的基本表中。

6.1.5　删除视图

与基本表一样，视图也可以根据需要随时删除，删除视图的 SQL 语句的格式为：

```
DROP　VIEW　<视图名>
```

例如，要求删除前面定义的视图 S_G：

```
DROP　VIEW　S_G
```

删除视图时应注意：如果被删除的视图是其他视图的数据源，那么删除了作为数据源的视图之后，导出视图也就无法再使用了。同样，如果视图的基本表被删除了，则视图也将无法使用。因此，在删除基本表和视图时，一定要注意是否有引用被删除对象的视图，如果有则应同时删除。

6.2　约　　束

在第 4 章已经介绍过关系模型的数据完整性概念，所谓数据完整性是指数据的正确性和相容性。例如，每个人的身份证号码必须是唯一的，人的性别只能是“男”或“女”，学生的成绩一般在 0~100 之间（百分制），学生所在班级必须是学校里有的班级，等等。数据的完整性是为了防止数据库中出现不符合语义的数据，为了维护数据的完整性，数据库管理系统必须提供一种机制来检查数据库中的数据是否满足语义规定的条件。这些加在数据库数据之上的语义约束条件就是数据完整性约束条件，这些约束条件作为表定义的一部分存储在数据库中。

在 DBMS 中，实现数据完整性一般是在服务器端完成的。在服务器端实现数据完整性的方法有两种：一种是在定义表时声明数据完整性，另一种是在服务器端编写触发器来实现数据完整性的（这部分内容将在 6.3 节中介绍）。本节将介绍如何使用 SQL 语句实现各类约束。

简单地说，约束指的是对在一个基表上进行的 INSERT、UPDATE 或 DELETE 操作的结果设置限制以帮助定义有效值的集合。主要有 6 类约束：NOT NULL 约束、Default 约束、PRIMARY KEY 约束、UNIQUE 约束、FOREIGN KEY 约束、CHECK 约束。定义这些约束形式，可以大大提高表中数据的质量。

6.2.1 NOT NULL 约束

NOT NULL 约束（非空约束）是最简单的一种约束，该约束的效果就是不接受该属性为空的元组，即指定不接受 NULL 值的列。该约束的定义是在 CREATE TABLE 语句中的属性数据类型后面说明。如果在某个基表中的某个列上定义了 NOT NULL 约束，那么这个列就不能接受 NULL 值。比如见如图 6.6 所示的语句。

```
CREATE  TABLE 学生表（
        学号  INT  NOT NULL ，
        姓名  CHAR (8)  NULL ，
        性别  CHAR (1)  NULL ，
        班级  CHAR(10)  NULL ，
        年龄  INT  NULL ）
```

图 6.6　定义非空约束的语句

图 6.6 所示语句在创建学生表的同时，在学号字段上定义了一个 NOT NULL 约束，对于学生表的任何一行都不允许学号这个字段值为 NULL，而其他字段则允许为空。

6.2.2 DEFAULT 约束

DEFAULT 约束指定了列的默认值。也就是说，如果在某个基表上的某个列定义了 DEFAULT 约束，那么在新增一行时，若不给此列分配值，系统会自动把该默认值提供给该列，其格式为：

```
DEFAULT  常量
```

例如，在前面所定义的学生表中，如果为性别列指定一个默认值“M”，则学生表的定义语句如图 6.7 所示。

```
CREATE  TABLE  学生表（
        学号  INT ，
        姓名  CHAR（8），
        性别  CHAR（1）  DEFAULT  ‘M’，
        班级  CHAR（10），
        年龄  INT ）
```

图 6.7　包含了默认值的表定义语句

此时，在向学生表添加数据时，如果性别为女，则输入“F”，否则，系统自动输入默认值“M”，也就是说，如果性别为男，则不用作任何输入。

如果要为已经建好的表中添加 DEFAULT 约束，其语法格式为：

```
ALTER  TABLE  < 表名 >
  ADD  [ CONSTRAINT ]  < 约束名 >
   DEFAULT  默认值   FOR  列名
```

例如，要定义学生表的年龄的默认值为 20，则使用图 6.8 所示的语句实现。

```
ALTER  TABLE  学生表
   ADD  CONSTRAINT  DF_AGE
   DEFAULT  20  FOR  年龄
```

图 6.8　添加 DEFAULT 约束

注意：只有在向表中插入数据时，系统才检查 DEFAULT 约束。

6.2.3　PRIMARY KEY 约束

表中经常有一个列或列的组合，其值能唯一地标识表中的每一行。这样的一列或多列称为表的主键（也称为主码）。PRIMARY KEY 约束就是标识其标识列或列集，这些列或列集的值唯一标识表中的行。也就是说 PRIMARY KEY 约束就是定义主键的。

使用主键约束应注意：

- 一个表只能有一个 PRIMARY KEY 约束；
- PRIMARY KEY 约束中的列不能有重复值，也不能接受空值。

一般来说，主键约束在 CREATE TABLE 语句中定义（当然也可在 ALTER TABLE 语句中添加）。主键约束可以有两种不同的定义方式：

- 第一种方式。如果只有一个列作为主键，那么可以在定义表并列出属性时，说明某个属性是主键；
- 第二种方法方式。如果是一列或多列构成主键，那么可以在表定义中加入额外的说明，说明某个列或列集构成主键。

例如，在学生表中，指定学号字段为主键，则可使用如图 6.9 所示的定义语句来完成。

```
CREATE  TABLE  学生表（
     学号  INT  PRIMARY KEY,
     姓名  CHAR（8），
     性别  CHAR（1），
     班级  CHAR（10），
     年龄  INT ）
```

```
CREATE  TABLE  学生表（
     学号  INT  ，
     姓名  CHAR（8），
     性别  CHAR（1），
     班级  CHAR（10），
     年龄  INT ，
    PRIMARY KEY （学号））
```

图 6.9　两种方式定义 PRIMARY KEY 约束

在 ALTER TABLE 语句中添加 PRIMARY KEY 约束的语法格式为：

```
ALTER  TABLE  <表名>
ADD  CONSTRAINT  < 约束名 >
        PRIMARY KEY (< 列名 >[,… n ])
```

例如，要求在课程表的“课程号”字段上增加一个 PRIMARY KEY 约束，此约束的名称为 PK_课程表，则可使用如图 6.10 所示的语句实现。

```
ALTER  TABLE  课程表
 ADD  CONSTRAINT  PK_课程表
  PRIMARY  KEY (课程号)
```

图 6.10　添加 PRIMARY KEY 约束

如果在选课表中“学号”字段和“课程号”字段共同构成 PRIMARY KEY，此约束的名称为 PK_选课表，则可使用如图 6.11 所示的语句来完成。

```
ALTER  TABLE  选课表
 ADD  CONSTRAINT  PK_选课表
  PRIMARY  KEY (学号，课程号)
```

图 6.11　由列集构成 PRIMARY KEY 的示例

注意：如果 PRIMARY KEY 约束定义在不止一列上，则一列中的值可以重复，但 PRIMARY KEY 约束定义中的所有列的组合的值必须唯一。

6.2.4　UNIQUE 约束

使用 UNIQUE 约束确保在非主键列中不输入重复值。UNIQUE 约束在列集内强制执行值的唯一性。对于 UNIQUE 约束中的列，表中不允许有两行包含相同的非空值。

PRIMARY KEY 约束已经能保证数据的唯一性了，为什么还需要 UNIQUE 约束呢？假如我们考虑向学生表增加一个“身份证号码”字段，且要求这个字段必须具有唯一性，但是 PRIMARY KEY 约束已经分配给“学号”字段了，那么如何保证“身份证号码”对每个学生是唯一的呢？此时，就需要使用 UNIQUE 约束了。

UNIQUE 约束与 PRIMARY KEY 约束的定义类似，但应注意区别两者的不同。一个表只能有一个 PRIMARY KEY 约束，而且 PRIMARY KEY 约束中的列不允许空值。在一个已有主键的表中使用 UNIQUE 约束是很有用的。

定义 UNIQUE 约束时，应注意：

- 在一个表中可以定义多个 UNIQUE 约束，一个表可以定义多个 UNIQUE 约束，并且在允许空值的列上允许定义 UNIQUE 约束。
- 可以在一个列或多个列上定义 UNIQUE 约束。

添加 UNIQUE 约束的语法格式为：

```
    ALTER  TABLE  < 表名 >
ADD  CONSTRAINT  < 约束名 >
```

UNIQUE（(< 列名 >[,… n])

例如，要求在课程表的备注字段上建立一个 UNIQUE 约束，此约束的名称为 UK_备注_课程表，则可使用如图 6.12 所示的语句来完成。

```
ALTER  TABLE  课程表
  ADD   CONSTRAINT  UK_备注_课程表
   UNIQUE (备注)
```

图 6.12　添加 UNIQUE 约束示例

6.2.5　FOREIGN KEY 约束

我们已经知道，数据库中存储的数据是客观现实的实体和实体之间的联系。也就是说，存储的信息包括实体本身的信息和实体之间联系的信息。外键（FOREIGN KEY）约束就是实现实体之间联系信息存储的方式，也是数据库中非常重要的一种约束。

外键是用于建立和加强两个表数据之间的链接的一列或多列。通过将保存在表中主键值的一列或多列添加到另一个表中，可创建两个表之间的链接，这个列就成为第二个表的外键。

图 6.13 给出了主键和外键的示例。

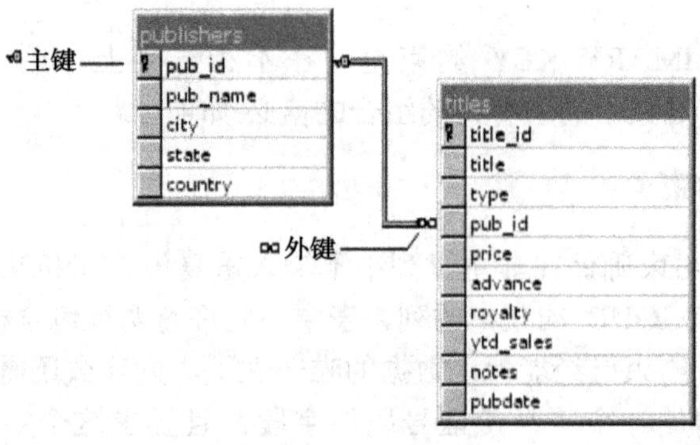

图 6.13　外键和主键示例

在如图 6.13 所示的示例中，pub_id 字段在 publishers 表里定义了主键约束，而在 titles 表中同样有 pub_id，我们在其上定义了外键约束，此约束引用的是 publishers 表中的 pub_id 字段。这样我们就添加了这样一个表之间的链接，titles 表中任何一行的 pub_id 的取值必须要在 publishers 表中的 pub_id 字段的值中存在。

1．定义外键约束

外键约束实现了引用完整性。

添加外键时应注意，外键所引用的列必须是有 PRIMARY KEY 约束或 UNIQUE 约束的列。FOREIGN KEY 可以引用同一表中的其他列（自引用）。

在 CREATE TABLE 语句中建立 FOREIGN KEY 约束的方法与建立 PRIMARY KEY 约束的方法类似。

例如，如果要求在选课表的“学号”字段上建立与学生表的“学号”字段的外键约束，并且在选课表的“课程号”字段上建立与课程表的“课程号”字段的外键约束，则可以使用如图 6.14 所示的语句完成。

```
CREATE  TABLE  选课表（
    学号  INT  NOT NULL，
    课程号  INT  NOT NULL，
    成绩  FLOAT，
    PRIMARY  KEY （学号，课程号），
    FOREIGN  KEY （学号） REFERENCES 学生表（学号），
    FOREIGN  KEY （课程号） REFERENCES 课程表（课程号））
```

图 6.14　在 CREATE TABLE 语句中建立 FOREIGN KEY 约束

注意：在定义外键时，外键列与引用列的列名可以不同。

添加 FOREIGN KEY 约束的语法格式为：

```
ALTER  TABLE  < 表名 >
ADD  CONSTRAINT  < 约束名 >
        FOREIGN  KEY  (< 列名 > ) REFERENCES  引用表名 (< 列名 >)
```

例如，在选课表的学号字段上建立一个 FOREIGN KEY 约束，此约束的名称为 FK_学号，引用的是学生表的学号字段，可使用如图 6.15 所示的语句来完成。

```
ALTER  TABLE  选课表
    ADD  CONSTRAINT  FK_学号  FOREIGN KEY (学号)
        REFERENCES  学生表 (学号)
```

图 6.15　添加 FOREIGN KEY 约束示例

2．引用行为

尽管 FOREIGN KEY 约束的主要目的是控制存储在外键表中的数据，但它还可以控制对主键表中数据的修改。如果试图删除主键表中的行或更改主键值，而该主键值与另一个表的 FOREIGN KEY 约束值相关，则该操作有两种不同的引用行为（在 SQL SERVER 中）：

- 第一种是 NO ACTION。

ON　UPDATE　NO ACTION

ON　DELETE　NO ACTION

此时，该操作不可实现，产生错误并回滚。NO　ACTION 是默认行为。

- 第二种是 CASCADE。

ON　UPDATE　CASCADE

ON　DELETE　CASCADE

创建好如图 6.16 所示外键约束后，如果要在学生表中删除或更改某个学生的学号，而该学号又恰好在选课表中有选课记录，那么此时在删除或更改主键表（学生表）的主键值时，与

该外键约束相关的外键表（选课表）中的记录也同时被删除或更改。这种引用行为称为“级联”。

但是，FOREIGN KEY 约束仅能引用位于同一服务器上的同一数据库中的表。数据库间的引用完整性必须通过触发器实现。

```
ALTER TABLE 选课表
    ADD CONSTRAINT FK_学号 FOREIGN KEY (学号)
            REFERENCES 学生表 (学号)
      ON UPDATE CASCADE
      ON DELETE CASCADE
```

图 6.16 “级联”引用行为

6.2.6 CHECK 约束

CHECK 约束对可以放入列中的值进行限制，以强制执行域的完整性。也就是说，CHECK 约束用于将列的取值范围限制在指定的范围内，从而使数据库中存放的数据都是有意义的值。例如，人的性别只能是“男”或“女”，工资必须大于 0 等。

当在表中的某个列定义了一个 CHECK 约束后，那么所有的元组插入就需要检查是否满足这种 CHECK 约束要求。只有满足这种约束的数据才能执行成功，否则会被系统拒绝。

使用 CHECK 约束时应注意：

- 系统在执行 INSERT 语句或 UPDATE 语句时自动检查 CHECK 约束；
- 可以为每列指定多个 CHECK 约束；
- CHECK 约束可约束同一个表中多个列之间的取值关系；
- 可以通过任何基于逻辑运算符返回结果 TRUE 或 FALSE 的逻辑（布尔）表达式来创建 CHECK 约束；
- 条件必须取值为布尔表达式，并且不能引用其他表。

例如，如果要求在学生表中定义一个约束，该约束保证所插入的学生性别要么是“M”，要么是“F”，而不能是其他数据，这种定义语句如图 6.17 所示。

```
CREATE TABLE 学生表（
      学号 INT PRIMARY KEY，
      姓名 CHAR（8），
      性别 CHAR（1） CHECK（性别= ‘M’ OR 性别= ‘F’ ），
      班级 CHAR（10），
      年龄 INT ）
```

图 6.17 在 CREATE TABLE 语句中定义 CHECK 约束

同样，CHECK 约束的定义不但可以在列名称后面指定，还可以在表的定义中单独指定，就像定义主键和外键一样。在单独定义 CHECK 约束时，不仅仅可以指定一个列的取值范围，而且还可以指定若干列共同的取值范围。也就是说，CHECK 约束可以限制整个元组的各个方面。

例如，如果需要在工资表中建立最低工资必须小于等于最高工资的 CHECK 约束，则可使用如图 6.18 所示的语句来完成。

```
CREATE TABLE 工资表（
    职工号 CHAR（4） PRIMARY KEY,
    最低工资 INT,
    最高工资 INT ,
   CHECK （最低工资 <= 最高工资））
```

图 6.18 CHECK 约束限制多个列的取值关系示例

添加 CHECK 约束的语法格式为：

```
ALTER TABLE < 表名 >
   ADD CONSTRAINT < 约束名 >
   CHECK （逻辑表达式）
```

例如，如果要求在选课表中添加成绩必须在 0~100 之间的 CHECK 约束，则可使用如图 6.19 所示的语句来完成。

```
ALTER TABLE 选课表
  ADD CONSTRAINT CHK_成绩
  CHECK （成绩>=0 AND 成绩<=100）
```

图 6.19 添加 CHECK 约束示例

6.2.7 约束的作用对象

从上面的各种约束可以看出，约束的作用对象可以是列、元组和表，相应地构成列约束、元组约束或关系约束。

1．列约束

列约束被指定为列定义的一部分，并且仅适用于那个列。列约束主要是对列的数据类型、取值范围、精度等的约束。包括：

- 对数据类型的约束；
- 对数据格式的约束；
- 对取值范围或取值集合的约束；
- 对空值的约束。

2．元组约束

元组约束是元组中各个字段之间的联系的约束。

如前面所举例子中（见图 6.13），最低工资必须小于等于最高工资等。

3．关系约束

关系约束是指若干元组之间、关系之间的联系的约束。比如，学号的取值不能重复也不能取空值，选课表中学号的取值受学生表的学号取值的约束等。

6.3 触 发 器

上一节介绍的 DEFAULT 约束、NOT NULL/NULL 约束、CHECK 约束和 UNIQUE 约束可以实现用户自定义的完整性，除此之外，还可以使用触发器来实现用户自定义完整性。

6.3.1 触发器的概念

触发器（TRIGGER）是一组可以由系统自动执行的对数据库修改的语句。触发器中规定用户在对表执行 INSERT、DELETE 和 UPDATE 等更新操作时，数据库系统应该执行什么相关的操作以保证数据的完整性。

有时候，触发器也称为主动规则（ACTIVE RULE），或称为事件-条件-动作规则（EVENT-CONDITIN-ACTION RULE，ECA 规则）。

执行特定的语句（UPDATE、INSERT 或 DELETE）就可以启动触发器。触发器执行时称为触动（FIRE）。触发器虽建立在现有的数据库数据表中，但它可以存取其他数据库的数据表和对象。触发器不能建立在临时的数据表或临时的系统数据表上，只能建立在使用者定义的数据表或视图中。

触发器有以下特点：

- 与表关联；
- 自动执行；
- 不能被直接调用；
- 是事务的一部分。

触发器和表是紧密联系在一起的，任何触发器都是在特定的表上进行定义的，该表也称为触发器的触发表。

6.3.2 触发器的结构

一个触发器有三个组成部分：事件、条件和动作。其结构示意图如图 6.20 所示。

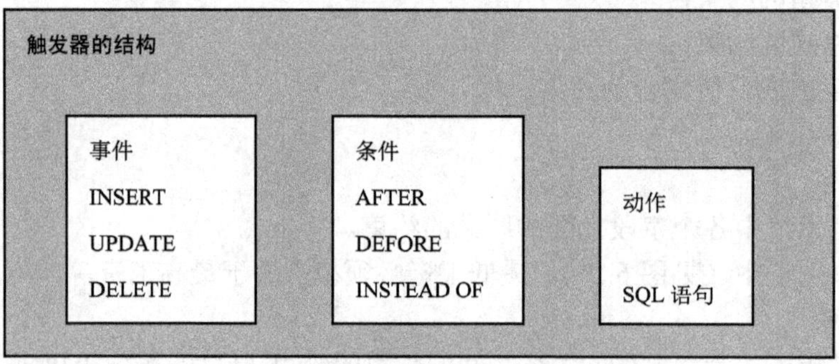

图 6.20　触发器的结构示意图

1. 事件

在触发器中，事件是指对数据库的插入、删除、修改等操作，触发器在这些事件发生时开始工作。在 SQL 语言中，触发器的事件有三种类型，即 INSERT 事件、UPDATE 事件和 DELETE 事件。

- INSERT 事件：当向某一个表中插入数据时，如果该表有 INSERT 类型的触发器，那么该 INSERT 触发器就触发执行。
- UPDATE 事件：当对某一个表进行数据修改时，如果该表有 UPDATE 类型的触发器，那么该 UPDATE 触发器就触发执行。
- DELETE 事件：当对某一个表中的数据执行删除操作时，如果该表有 DELETE 类型的触发器，那么该 DELETE 触发器就触发执行。

虽然触发器只有这三种类型，但是对于一个表来说，可以有多个触发器。多个同一类型的触发器可以完成不同的操作。

2．条件

条件是触发器是否触发执行的依据。如果条件成立，那么执行相应的动作；如果条件不成立，那么触发器什么也不做。在 SQL 语言中，表示条件的关键字有三个：AFTER、BEFORE 和 INSTEAD OF。

（1）AFTER 条件

AFTER 关键字表示该触发器在触发事件成功完成以后，执行动作部分的操作。在该触发器执行之前，所有的级联动作和约束检查也都必须成功地完成。AFTER 关键字是一个默认的关键字，其触发器的执行过程如图 6.21 所示。

图 6.21　AFTER 条件触发器执行过程示意图

（2）BEFORE 条件

BEFORE 关键字表示该触发器在触发事件执行之前，执行动作部分的操作。在该触发器执行之后，所有的级联动作和约束检查才执行。BEFORE 条件的执行过程如图 6.22 所示。

图 6.22　BEFORE 条件触发器执行过程示意图

（3）INSTEAD OF 条件

INSTEAD OF 关键字表示在触发事件发生时，只执行动作部分而不执行触发事件的操作。这时，触发事件只是一个导火线，它可以激发触发器本身的操作，而自己并不执行。使用 INSTEAD OF 关键字的触发器的执行过程如图 6.23 所示。

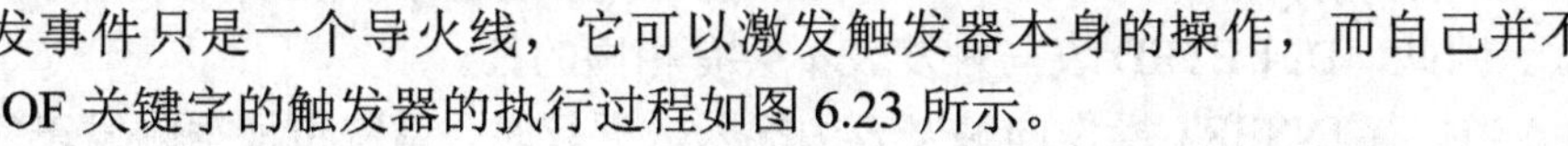

图 6.23　INSTEAD OF 条件触发器执行示意图

3．动作

动作是指触发器在被触发之后所执行的数据库操作。在 SQL Server 中，一个触发器能够包含任意数量的 SQL 语句。

6.3.3　触发器示例

1．创建触发器的基本语法格式

创建触发器的基本格式为：

```
CREATE  TRIGGEER  < 触发器名 >
            ON  { 表名 | 视图名 }
            { FOR|AFTER|INSTEAD OF } [ INSERT|DELETE|UPDATE ]
            AS
      [ IF UPDATE（列名） ]
                  <SQL 语句 >
```

其中：

- FOR 关键字与 AFTER 的效果相同，所以具有 FOR 关键字的触发器也归类为 AFTER 触发器。
- IF UPDATE（列名）：指定当对基表内的某字段或某几个字段进行插入或修改时，触发才起作用。

2．关于 INSERTED 表和 DELETED 表

INSERTED 表和 DELETED 表是触发器专用的临时虚拟表。在触发器的执行过程中，SQL Server 会根据触发器类型的不同创建它们其中的一个或两个，具体的创建情况如表 6.1 所示。

表 6.1　INSERTED 表和 DELETED 表的建立

触发器类型	系统创建的临时表
INSERT	INSERTED 表
UPDATE	INSERTED 表和 DELETED 表
DELETE	DELETED 表

INSERTED 表和 DELETED 表由系统负责维护，不允许用户对这两个表进行直接修改。这两个表的结构与触发表相同，当中存放了在触发器操作中插入或删除的所有数据行，可以用来对被操作的数据行进行附加的验证或操作。它们的具体作用如下。

- INSERTED 表：存放 INSERT 或 UPDATE 语句执行过程中插入到触发表中的数据数据行的副本。因此，在 INSERTED 表中的行与触发表中的新数据行相同。
- DELETED 表：存放 DELETE 或 UPDATE 语句执行过程中从触发表中删除的旧数据行的副本。因此，DELETED 表与触发表不会有相同的行。

综上所述，当执行 INSERT 操作向触发表中插入数据行时，系统将根据触发表的结构为触发器建立 INSERTED 表，并在 INSERTED 表中保存所插入的新数据行的副本。同理，执行 DELETE 操作删除数据行时，系统将在 DELETED 表中保存所删除的旧的数据行。而 UPDATE 操作可以被看做是 DELETE 和 INSERT 共同操作的结果，所以在 INSERED 表中存放了更新后的新行值，在 DELETED 表中存放了更新前的旧行值。

注意：INSERTED 表与 DELETED 表只能由创建它们的触发器引用，触发器工作完成后，与该触发器相关的两个表也会被删除。

3. 触发器示例

例如，要创建一个 DELETE 触发器，要求一次不能删除学生表中多于一个学生的信息，如果删除多于一条记录，则提示“你不能删除多于一个的学生”，并且回滚事务（见第 8 章）。该触发器名为 NOTDEL，可使用如图 6.24 所示的语句来完成。

```
CREATE   TRIGGER   NOTDEL   ON   学生表
    FOR    DELETE
    AS
      IF (SELECT   COUNT(*)   FROM   DELETED) > 1
        BEGIN
          RAISERROR ('  你不能删除多于一个的学生!!!.', 16, 1)
          ROLLBACK TRANSACTION
        END
```

图 6.24　DELETE 触发器示例

例如，创建一个名为 NEWINS 的触发器，要求在向“选课表”插入记录后引发该触发器，检查所插入的记录中学生的学号是否出现在“学生表”中，如果在“学生表”中找不到相应的学号，则提示“学号输入有误”，并且回滚事务。可以使用如图 6.25 所示的语句来完成。

```
CREATE   TRIGGER   NEWINS   ON   选课表
    AFTER   INSERT
    AS
      IF  （SELECT   COUNT(*)   FROM   学生表，INSERTED
            WHERE   学生表.学号=INSERTED.学号）= 0
        BEGIN
          PRINT   ‘学号输入有误码!’
          ROLLBACK TRANSACTION
        END
```

图 6.25　INSERT 触发器示例

例如，创建一个名为 NewUpdate 的触发器，要求在对“选课表”进行成绩修改后引发该触发器，不允许将“选课表”中的成绩提高。如果将成绩提高了，则提示“你不能把成绩提高”，并且回滚事务。可以使用如图 6.26 所示的语句来完成。

修改已经创建的触发器可使用 ALTER TRIGGER 命令。

例如，要将图 6.26 所示语句创建的触发器 NewUpdate 进行修改，要求在对“选课表”中成绩进行了修改以后，给出提示“你已经修改了成绩”。可以使用如下语句来完成：

```
CREATE  Trigger  NewUpdate  ON 选课表
    AFTER  UPDATE
    AS
 IF exists（select * FROM INSERTED inner join DELETED on INSERTED.学号=
 DELETED.学号 and Inserted.课程号=deleted.课程号  where inserted.成绩>DELETED.成绩）
 BEGIN
        RAISERROR (' 你不能把成绩提高', 16, 1)
        ROLLBACK TRANSACTION
 END
```

图 6.26　UPDATE 触发器示例

```
ALTER  Trigger  NewUpdate
ON 选课表
AFTER UPDATE
AS
  IF  UPDATE（成绩）
  BEGIN
    PRINT ‘你已经修改了成绩！’
END
```

删除触发器则使用 DROP TRIGGER 命令。

例如，要删除刚刚建立的 NOTDEL 触发器，则使用如下命令：

```
DROP  TRIGGER  NOTDEL
```

可以看出，由于在触发器中可以包含复杂的处理逻辑，因而在下列情况下应该考虑使用触发器。

- 强制比 CHECK 约束复杂的数据完整性：需要引用其他表数据的检查是无法通过 CHECK 约束完成的，必须使用触发器加以实现；
- 使用自定义的错误信息：约束、默认值等只能通过标准的系统错误信息传递错误信息，如果应用程序要求定制的错误信息和执行更加复杂的错误处理，则必须使用触发器；
- 实现数据库中多张表的级联修改：可以通过触发器对数据库中的相关表进行级联修改；
- 比较数据库修改前后数据的状态：大多数触发器都提供了跟踪 INSERT、UPDATE、DELETE 语句引起的数据变化的能力，可以方便地在触发器中找出或访问由于修改而发生的数据变化的记录行；
- 维护非规范化数据：非规范化数据是指非规范数据库环境中的冗余数据，维护非规范化数据，可以通过触发器来实现。

6.4　游　　标

对于查询语句的执行结果，我们只能查看，而无法对这些数据采取逐行处理的方式。如果希望对查询的结果集进行逐行处理，则可以使用 SQL 语言中的游标功能。

6.4.1　游标的概念

关系数据库中的操作会对整个行集产生影响。由 SELECT 语句返回的行集包括所有满足该语句 WHERE 子句中的条件的行。由该语句返回的这一完整的行集称为结果集。应用程序，特别是交互式联机应用程序，并不总能将整个结果集作为一个单元来有效地处理。这些应用程序需要一种机制以便每次处理一行或一部分行。游标就是提供这种机制的结果集扩展。

游标通过以下方式扩展结果处理：

- 允许定位在结果集的特定行；
- 从结果集的当前位置检索一行或多行；
- 支持对结果集中当前位置的行进行数据修改；
- 为由其他用户对显示在结果集中的数据库数据所做的更改提供不同级别的可见性支持；
- 提供脚本、存储过程和触发器中使用的访问结果集中的数据的 Transact-SQL 语句。

6.4.2　定义游标

游标的定义过程是非常规范的。只有声明了的游标才能使用。但是声明的游标，只有在打开的时候才能逐行使用。当游标不使用时，还必须将游标关闭。这是因为游标非常消耗系统的内存资源。

1．声明游标

声明游标使用 DECLARE 语句，其语法格式为：

```
DECLARE　游标名　CURSOR　FOR　< 查询语句 >
```

游标的内容由这里的查询语句确定，因此游标实际上是把一个查询语句的结果集存储到内存缓冲区中。

2．打开游标

游标声明之后还不能直接使用，需要打开之后才能使用。打开游标使用 OPEN 语句，其语法格式为：

```
OPEN　游标名
```

3．取游标数据

这是使用游标的最为关键的一步，也是声明和打开游标的目的。使用 FETCH FROM 语句打开游标，该语句的语法格式为：

```
FETCH　FROM　游标名　INTO　< 共享变量列表 >
```

该语句的功能是将游标下移一行，读出当前的元组，将当前元组的各数据项值放到 INTO 后的共享变量列表中。

其中，共享变量列表中的各变量是以逗号分开的，且共享变量前一般都有所标记，如前面加冒号“：”（不同系统有所区别）。

4．关闭游标

游标不使用时需要关闭。关闭游标使用 CLOSE 语句，其语法格式为：

```
CLOSE　游标名
```

如果需要重新使用游标，再次打开游标即可，不需要再次定义，除非游标的内容发生了变化。实际上，打开游标就是对游标的一次初始化，使得游标中的指针指向游标中的第一行元组。

6.4.3 游标示例

如图 6.27 所示语句是 SQL SERVER 中的一个游标使用示例，该游标的作用是打开一个游标并且提取表中所有的行。

各语句行说明如下：

（1）声明变量@LName 和@FName，类型都为 char(20)。

（2）声明一个名字为 Employee_Cursor 的游标，此游标是定义在（作用于）SELECT LastName, FirstName FROM Northwind.dbo.Employees WHERE LastName like ‘B%’这个查询上的。

（3）打开 Employee_Cursor 游标。

（4）将游标位置移动到结果关系的第一行，并把第一行中的 LastName 字段的值存入@LName 变量，FirstName 字段的值存入@FName 变量。

（5）判断游标状态，若游标提取成功就执行第 5～8 句的循环，否则就不再进行循环。@@FETCH_STATUS 为 SQL SERVER 的一个全局变量，此变量返回被 FETCH 语句执行的最后游标的状态，若返回 0 代表 FETCH 语句成功；若返回-1 代表 FETCH 语句失败或此行不在结果集中；若返回-2 代表被提取的行不存在。

（6）BEGIN/END 语句定义语句块，这里代表循环体开始。

（7）打印@FName、@LName 变量的内容。

（8）将游标移动到结果集的下一行，并把游标所在行的 LastName 字段的值存入@LName 变量，FirstName 字段的值存入@FName 变量。

（9）循环体结束。

（10）关闭游标。

（11）删除游标引用。这句是让 SQL SERVER 删除此游标的在内存中的数据结构。

```
>1   DECLARE @LName   char(20),   @FName   char(20)
>2   DECLARE Employee_Cursor CURSOR
>        FOR SELECT LastName, FirstName FROM Northwind.dbo.Employees WHERE
>              LastName like 'B%'
>3   OPEN Employee_Cursor
>4   FETCH NEXT FROM Employee_Cursor INTO @LName,@FName
>5   WHILE @@FETCH_STATUS = 0
>6   BEGIN
>7   PRINT 'Employees: ' + @FName + ' ' + @LName
>8   FETCH NEXT FROM Employee_Cursor INTO @LName,@FName
>9   END
>10  CLOSE Employee_Cursor
>11  DEALLOCATE Employee_Cursor
```

图 6.27　使用游标示例

注意：实际可运行代码不带行号（加上行号是为了便于说明）。

6.5　嵌入式 SQL

前面介绍的 SQL 都是单独的 SQL，与其他程序设计语言没有任何关系。SQL 语言是非过程性语言，本身缺少过程性结构，大多数语句都是独立执行的，与上下文无关，而绝大多数完整的应用都是过程性的，需要根据不同的条件来执行不同的任务。因此，单纯使用 SQL 语言很难实现这样的应用。

SQL 语言有两种使用方式：交互式 SQL（Interactive SQL，ISQL）和嵌入式 SQL（Embedded SQL）两种。交互式 SQL 语言可以作为独立的数据库语言，在终端上直接以交互方式使用；而嵌入式 SQL 则是将 SQL 语言嵌入到某种高级语言中，与高级语言混合使用。嵌入了 SQL 语言的高级语言称为主语言或宿主语言。

将 SQL 语言嵌入到某种高级语言中使用，SQL 语句负责操纵数据库，而高级语言则负责控制程序流程，这样利用高级语言的过程性结构来弥补 SQL 语言在实现复杂应用方面的不足，从而完成各种复杂的应用处理。

6.5.1　接口与声明

1．嵌入式 SQL 的一般形式

在嵌入式 SQL 中，为了能区分 SQL 语句与宿主语言语句，所有 SQL 语句都必须加前缀 EXEC SQL。SQL 语句的结束标志则随宿主语言的不同而不同。

嵌入式 SQL 的一般形式：

```
EXEC  SQL <SQL 语句 >
```

嵌入式 SQL 语句根据其作用的不同，分为可执行语句和说明性语句两类。可执行语句又分为数据定义、数据控制和数据操纵三种。

在宿主程序中，任何允许出现可执行的高级语言语句的地方，都可以写可执行的 SQL 语句；任何允许出现说明性高级语言语句的地方，都可以写说明性的 SQL 语句。

2．嵌入式 SQL 的处理过程

对嵌入式 SQL 而言，DBMS 一般采用两种方法处理，一种是预编译，另一种是修改和扩充宿主语言使之能处理 SQL 语句。目前采用较多的是预编译的方法，即由 DBMS 的预处理程序对源程序进行扫描，识别出 SQL 语句，把它们转换成宿主语言调用语句，以使宿主语言编译程序能够识别它，最后再由宿主语言的编译程序将整个源程序编译成目标码。

嵌入式 SQL 的处理过程中最关键的一步是将嵌有 SQL 的宿主语言源程序通过预编译程序转换成纯宿主语言源程序。DBMS 除了提供 SQL 语言接口外，一般还要提供一批用宿主语言编写的函数，以供应用程序调用。例如，建立与 DBMS 的连接及其连接的环境、传送 SQL 语句、执行 SQL 语句并建立游标、返回执行结果、返回执行状态及各种异常情况等。这些函数组成函数库，实际上是向应用程序提供一个接口，成为调用级接口。

3．SQL 与宿主语言间的主要通信内容

嵌入式 SQL 与宿主语言是两种不同计算模型的语言，一种是描述性的面向集合的 SQL 语言，一种是过程性的高级语言。只有保证了它们互相之间能够进行通信，才能协同工作。所谓通信是指数据库的工作单元与源程序工作单元之间进行数据的传送。

嵌入式 SQL 宿主语言之间主要的通信内容为：

- 向宿主语言传递 SQL 语句的执行状态信息，使宿主语言能够根据它来控制程序的流程；
- 宿主语言向 SQL 语句提供参数；
- 将 SQL 语句查询数据库的结果交宿主语言进一步处理。

4．共享变量

嵌入式 SQL 语句可以使用宿主语言的程序变量来输入或输出数据，这种在 SQL 语句中使用的宿主语言程序变量称为共享变量。如果需要说明共享变量，那么可以把将要使用的变量放在两个嵌入式的 SQL 语句之间，这两个语句称为变量声明语句。要说明的格式应该依据宿主语言的格式，并且宿主语言与 SQL 语言都可以处理这些数据。

共享变量声明语句格式如下：

```
EXEC SQL BEGIN DECLARE SECTION
< 共享变量说明 >
EXEC SQL END DECLARE SECTION
```

共享变量经过说明之后，可以在 SQL 语句中任何一个能够使用表达式的地方出现。共享变量用在宿主语言中时，与一般程序变量的使用方法是一样的。

6.5.2 嵌入式 SQL 的实现

对于不同的 DBMS 与宿主语言，其实现嵌入式 SQL 的方法基本相同，只是在一些特殊的地方略有差异。实现嵌入式 SQL 语言主要是实现说明部分的嵌入和执行部分的嵌入。

1．说明部分的嵌入

对于实现说明部分的嵌入，一般是通过共享变量来完成的。在 SQL 语句中引用共享变量时，为了与数据库中的变量（如属性列变量）相区别，一般要对共享变量有所标记，如前面加冒号“:”，这一点不同系统有所不同。除此之外，不同系统对共享变量的数据类型和格式也有不同的要求。

2．执行部分的嵌入

在说明部分，对共享变量的定义对数据库不产生任何作用，而在执行部分嵌入的可执行的 SQL 语句将对数据库进行操作，如查询、插入、更新与删除等。在执行部分嵌入的可执行的 SQL 语句与 ISQL 语句的格式基本一致。只不过由于嵌入的需要而增加了一些语法成分。下面给出一些嵌入式 SQL 语句的格式（具体使用某一种嵌入式 SQL 时，请参见相应指南）。

（1）插入语句

```
EXEC SQL INSERT INTO <表名>（<列名>[，…]）
         VALUES（<：变量>[，…]）
```

例如：

```
EXEC SQL INSERT INTO  选课表（学号，课程号，成绩）
         VALUES（:xh，:kch，:cj）
```

（2）修改语句

```
EXEC SQL UPDATE <表名>  SET <列名>=<表达式>[，…]  WHERE <条件>
```

例如：

```
EXEC SQL UPDATE 选课表 SET 成绩=1.1*成绩  WHERE 成绩<:cj
```

（3）删除语句

```
EXEC SQL DELETE FROM <表名>[WHERE <条件>]
```

例如：

```
EXEC SQL DELETE FROM 选课表 WHERE 成绩>=:cj
```

（4）查询语句

```
EXEC SQL SELECT [<列名>，…] INTO <：共享变量>[，…]
          FROM <表名> [WHERE <条件>]
```

例如：

EXEC SQL SELECT 班级 INTO :bj FROM 学生表 WHERE 学号=:xh

当查询结果只有一个元组时，可以使用上面的语句格式；但当查询结果有多个元组时，需要使用游标。

6.6 安全控制

关系数据库管理系统的安全控制主要是保护数据库中的数据，限定用户对于特定数据的访问，防止非法用户访问数据库。防止不合法的使用所造成的数据泄露、修改或破坏。在数据库系统中存放着大量的数据，它们是许多用户共享的宝贵资源，数据库的安全性问题十分重要。

6.6.1 数据库的安全性控制

从计算机系统整体的角度来看，数据库的安全性是同操作系统的安全性、网络系统的安全性紧密结合在一起的。所以，数据库系统的安全性技术涉及操作系统的安全技术、网络安全技术、数据库安全技术等几个方面的问题。

1．数据库系统的安全层次模型

关系数据库中对于安全控制一般分为几个层次，其层次模型如图 6.28 所示。

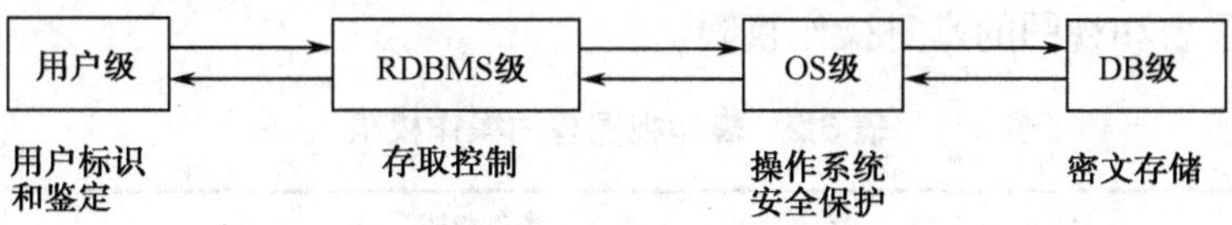

图 6.28　数据库系统的安全层次图

如图 6.28 所示，当用户要求使用数据库系统时，首先根据用户的标识进行身份验证，只有系统的合法用户才能被确认。用户通过身份验证后，由 RDBMS 控制用户的存储权限，也就是说，用户只能在自己的权限范围内进行数据库的操作。操作系统的安全控制除了在用户登录时进行身份验证外，还对数据库的底层存取进行安全控制。在最后一个层次，系统可以以密文的形式存储到数据库中。另外，数据库中的数据也可以通过密文的形式在网络上传送。

2. 用户的标识和鉴别

数据库系统是不允许一个未经授权的用户对数据库进行操作的。用户访问数据库之前，必须标识出自己的名字或身份，由系统核实，通过鉴定后才提供对数据库进行操作和使用的权限。

用户连接数据库时，首先提供用户名和口令来表明自己的身份，这个过程称为用户的标识；系统获得用户的身份标识后，通过数据库中登记的身份进行对比，鉴别用户的身份是否合法，这个过程称为用户的鉴别。

口令（PASSWORD）是鉴别用户身份的一种通用方法。但这种方法存在着较大的安全隐患，用户名和口令容易被人窃取。因此，系统一般提供了一些复杂口令管理的措施，以保护用户的口令。

3. RDBMS 的存取控制

在数据库里的每一个数据库对象都由一个该数据库的用户所拥有，拥有者以数据库赋予的 userID 作为标识。当数据库对象创建之后，只有拥有者可以访问数据库对象。任何其他用户想访问该数据库对象必须首先获得拥有者赋予他们的权限。拥有者可以授予权限给指定的数据库用户。所以，一个用户虽然能够连接到某个数据库上，但并不意味着他就能够访问该数据库中的数据。他必须得到相应的授权才能访问数据库。一般数据库操作权限有隐含特权、系统特权和对象特权。

（1）隐含特权

隐含特权是系统内置权限，是用户不需要进行授权就可拥有的数据操作权。用户拥有的隐含特权与自己的身份有关。例如，数据库管理员（DBA）可进行数据库内的任何操作，数据库拥有者和数据库对象的拥有者可对自己的数据库进行任何操作。

（2）系统特权

系统特权又称为语句特权，它相当于数据定义语句（DDL）的语句权限。系统特权是允许用户在数据库内部实施管理行为的特权，它主要包括创建或删除数据库、创建或删除用户、删除或修改数据库对象等。不同的 DBMS 规定的系统权限不同。

（3）对象特权

对象特权类似于数据库操作语言（DML）的语句权限，它指定用户对数据库中的基本表、视图等对象的操作权限。

对象特权就是指用户在哪些数据对象上具有哪些权限，不同的操作对象具有不同的操作权限。表 6.2 列出了表和视图的常见操作权限。

表 6.2　表和视图等的操作权限

对象名	操作权限
表	SELECT，INSERT，UPDATE，DELETE，ALL，ALTER，INDEX
视图	SELECT，INSERT，UPDATE，DELETE，ALL
列	SELECT，INSERT，UPDATE，DELETE

其中，SELECT 权限可以用来检索表中的数据，INSERT 权限可以用来在表中插入数据，DELETE 权限用来删除表的数据，UPDATE 权限用来管理是否可以修改表的数据，ALL 表示拥有所有权限，ALTER 权限用来修改表结构，INDEX 权限用来建立索引。当然，在关系数据库管理系统中，可操作的对象和对象上的权限要远远多于表 6.2 所列出的内容，感兴趣的读者

可参考相关的产品文档。

一般情况下，创建数据库对象（如基本表）的用户，自动拥有了对该表操作的各种权限。所以数据库管理员和基本表的定义者有权将对基本表的各种权限授予别人，授权者也可以收回权限。而非基本表的建立者必须经过授权才能使用不是自己定义的表。

6.6.2　SQL 语言中的安全性控制

在 SQL 语言中，有两个功能提供了安全性控制：视图机构和授权子系统。

● 视图

视图能把用户可以使用的数据定义在视图中，这样用户就不能使用视图定义之外的其他数据了，从而保证了数据库的安全性。（视图概念已经在第 5 章中进行了较详细的介绍，这里就不再叙述了。）

● 授权子系统

为了使用用户能对数据库进行操作，用户必须拥有该操作的适当的存取权限。授权子系统允许有特定存取权的用户有选择地和动态地把这些权力授予其他用户。

RDBMS 的存取控制通过 SQL 的授予权限语句、撤销权限语句及拒绝访问语句来实现控制用户的存取权限。

1．授予权限

授权就是给予用户一定的访问特权，这是对用户访问权限的规定和限制。在 SQL 中，有两种授权：一种是授予某类数据库用户的特权，只有得到这种授权，才能成为数据库用户，这类权限只能由 DBA 授予。另一种是授予对某些数据库对象进行某些操作的特权，这可以由 DBA 授予，也可以由数据库对象的创建者授予。

SQL 使用 GRANT 语句向用户授予对于数据库对象（如表、视图等）的操作权限，GRANT 语句的基本语法格式为：

```
GRANT  操作权限列表
ON  { 表名 | 视图名 }
TO  用户名列表
  [ WITH  GRANT  OPTION ]
```

其中，操作权限列表如表 6.2 所示。

GRANT 语句的功能是将指定对象上的指定权限授予指定的用户。关键字 WITH　GRANT OPTION 为可选项，其意义是指定获得相应权限的用户还可以将此权限授予其他用户，若省略此关键字，则获得指定权限的用户不能将此权限授予其他用户。

例如，要将查询和更新学生表的权限授予用户 user1 和用户 user2，并允许该用户将权限授予其他用户，可使用如图 6.29 所示的语句来完成。

```
GRANT  SELECT，UPDATE
   ON  学生表
   TO  user1，user2
   WITH  GRANT  OPTION
```

图 6.29　将查询和更新学生表的权限授予用户

如果要将对某两张基本表 T1、T2 的全部权限授予所有用户，则可使用如图 6.30 所示的语句来完成。

```
GRANT  ALL  PRIVILEGES
    ON  T1，T2
    TO  PUBLIC
```

图 6.30　将全部权限授予所有用户

其中，ALL PRIVILEGES 代表所有所有权限，可简写为 ALL；PUBLIC 代表所有用户。

例如，要求将修改学生表中学生“年龄”和查询学生表的权限授予用户张三，则使用如下语句来完成：

GRANT　UPDATE（年龄），SELECT　ON　学生表 TO　张三

如果要将 DBA 权限授予用户 WANG，则可使用如图 6.31 所示的语句来完成。

```
GRANT  DBA
    TO  WANG  IDENTIFIED  BY  WELCOME
```

图 6.31　将 DBA 权限授予用户 WANG

图 6.31 所示语句将 DBA 权限授给了用户 WANG，其口令为 WELCOME。当用户第一次被授权为数据库用户时，授权语句必须附有口令。如果用户已在数据库中注册，授权语句中就不必再附有口令了。

2．撤销权限

用户的某种权限可以由 DBA 或授予者使用 REVOKE 语句撤销。REVOKE 语句的基本语法格式为：

```
REVOKE  操作权限列表
  ON  { 表名 | 视图名 }
  FROM  用户名列表
```

该语句的功能是，将指定用户在指定对象上的指定权限收回。

例如，要求撤销用户 user3 对基本表 T1、T2 的 INSERT 权限，则可用如图 6.32 所示的语句来完成。

```
REVOKE  INSERT
  ON  T1，T2
  FROM  user3
```

图 6.32　收回用户 user3 对基本表 T1、T2 的 INSERT 权限

如果要求撤销所有用户对选课表的 SELECT 权限和 DELETE 权限，则可使用如图 6.33 所示的语句来完成。

注意：授予权限和撤销权限是有层次的。假设用户 A 把自己所建立的 T1 表的所有权限授予了用户 B，并用 WITH GRANT OPTION 允许他再向别人授权。用户 B 又将对 T1 表的 UPDATE

和 SELECT 权限授予了用户 C。后来，用户 A 收回了用户 B 的 UPDATE 权限，那么用户 C 的这种权限自然也被取消了。

```
REVOKE  SELECT，DELETE
  ON  选课表
  FROM  PUBLIC
```

图 6.33 收回所有用户对选课表的 SELECT 权限

3. 拒绝访问

在授予了用户对象权限以后，DBA 或授权用户可以根据实际情况在不撤销用户访问权限的情况下，拒绝用户访问数据库对象。拒绝用户访问的语句为 DENY，其基本语法格式如下：

```
DENY  操作权限列表
  ON  { 表名 | 视图名 }
  TO  用户名列表
```

例如，要求禁止用户 user3 对 T3 表的 INSERT 权限，则可使用如图 6.34 所示的语句来完成。

```
DENY  INSERT
  ON  T3
  TO  user3
```

图 6.34 禁止 user3 用户的 INSERT 权限

6.7 本 章 小 结

本章继续就 SQL 语言进行了学习。本章介绍的内容，如视图、约束的定义、触发器的管理、定义游标的技术及安全性管理等都是 SQL 语言的精华，是 SQL 语言广泛流行的一个重要原因。

SQL 有语言一体化、高度非过程化、语言简洁、易于应用的特点。它可以定义关系数据模式，输入数据从而建立数据库。提供查询、更新、维护、数据库安全控制等一系列操作。也就是说，SQL 能够实现数据库系统的全部活动。

习 题

1. 简述各种约束类型的特点和作用。
2. 比较主键约束和 UNIQUE 约束的区别。
3. 触发器触发执行的条件是什么？
4. 游标的作用是什么？
5. 在嵌入式 SQL 中，如何区分 SQL 语句与宿主语言语句？

6．如何进行权限的管理？

7．按照下面的关系模式，写出 SQL 语句：

Product（manufacturer，model，type）

PC（model，speed，RAM，hard，CDROM，price）

Laptop（model，speed，RAM，hard，screen，price）

Printer（model，color，type，price）

（1）定义这些关系模式的主键。

（2）定义 PC 和 Product 关系之间的外键。

（3）要求便携式计算机的速度至少是 450MHz。

（4）CDROM 的速度只能是 48、50 和 56。

（5）产品类型只能是个人计算机、便携式计算机和打印机。

（6）PC 厂商不能制造便携式计算机和打印机。

（7）PC 厂商必须同时制造便携式计算机。

（8）速度低于 500MHz 的 PC 的价格低于 6578 元。

8．建立触发器以实现以下功能：

（1）学生表中插入新行时，班级的取值必须以“GZ”打头。若不符合条件，请给出提示，并回滚事务。

（2）不允许把课程的周课时数减小，若出现此类情况，请给出提示，并回滚事务。

（3）删除学生表中学生的同时要求删除此学生在选课表中的所有选课记录。

（4）使用 instead of 触发器：用打印出“不能删除学生”的提示取代任何对学生表的删除动作。

9．假设某酒店数据库中有以下几个基本表：

客户个人信息（身份证号，姓名，性别，年龄，工作单位）

客户入住信息（身份证号，客房号，入住时间，退房时间）

客房（客房号，客房类型号）

定价（客房类型号，客房类型，单价）

雇员（雇员号，姓名，雇用日期，被投诉次数）

假设你作为 DBA，现要负责给不同的数据库用户授予不同的权限，各用户可以执行如下的操作：

（1）张天和王林有权查询酒店客户的入住信息。

（2）李新负责更新酒店客户的个人信息。

（3）王立有权查询各种类型的客房号及所属的类型和定价。

（4）陈铭负责更新各类型客房的定价。

（5）李新有权更新雇员的信息。

（6）由于工作调动，需要收回张天和李新的所有权限。

10．想执行下列语句的用户需要拥有哪些权限：

```
INSERT  INTO 学生表 1（学号，姓名，性别，班级，年龄）
        SELECT 学号，姓名，性别，班级，年龄
        FROM 学生表 WHERE 性别='M'
```

第 7 章　关系数据库的实现技术

本章学习目标：

- ◆ 理解索引的基本概念；
- ◆ 理解聚集索引与非聚集索引；
- ◆ 掌握有序索引的结构和作用；
- ◆ 了解散列技术的概念和作用；
- ◆ 掌握事务的概念、特性与基本状态；
- ◆ 了解并发操作存在的问题；
- ◆ 理解锁的类型和作用。

学习和掌握了前面几章的知识后，我们已经可以初步创建和使用数据库了。但是，如果希望能创建和使用高效率的数据库，还需要进一步学习和掌握数据库的一些关键实现技术。比如，索引与散列、事务与并发控制等，从而能理解为什么使用索引可以加快数据的检索速度、如何保证多个用户同时使用同一个数据等。

7.1　索引与散列

许多查询只涉及少量的行。例如，“检索出 GZ02 计 4 班的所有学生”。这样的查询只涉及学生表中很小的一部分。系统读取所有的学生表中的行，对于每一行检查“班级”列的值是否为“GZ02 计 4”，显然，这样的处理方式是很低效和令人失望的。在理想情况下，系统应该能够直接定位这些行。为了允许这种访问数据的方式，我们设计了附加的结构－索引。

7.1.1　索引的基本概念

1．什么是索引

数据库系统中索引的工作方式非常类似于词典。如果我们想在词典中找到某个字的解释，可以首先根据拼音或偏旁部首在检字表中找到这个字，查看这个字的条目在哪一页，然后找到词典中的这一页，查看我们所需要的解释。检字表的字是按照顺序排列（不管是以音的顺序还是偏旁部首的顺序）的，因此，要找到对应的词就很容易。而且，检字表和词典的正文相比要小的多，从而能够进一步减少查找所需信息的工作量。

数据库系统中的索引和词典中的检字表所起的作用一样。例如，“检索出 GZ02 计 4 班的所有学生”，数据库系统首先会在索引中查找，找到相关的行所在的物理位置，然后读取该物理位置，得到所需要的行。

由于数据库系统中的数据行可能非常多（百万行甚至数以亿计），若采用简单的类似于词典的顺序列表索引的方式，效果将是不好的。因为，当行数很大的时候，索引本身将会变得十分庞大，而且查找时间也将会变长。所以，数据库系统一般会采用一种更为复杂的索引技术。

本章将简单讨论最基本的索引类型。

- 有序索引（ordered index）：基于值的排序顺序。
- 散列索引（hash index）：基于将值平均分布到若干散列桶中。一个值所属的散列桶由一个函数来决定，该函数称为散列函数。

2．索引的评价因素

用于有序索引和散列索引的几种技术中，不能说哪一种技术是最好的。我们只能说，某种索引技术对某些特定的数据库应用是最合适的。对于这些技术的评价必须基于以下因素。

- 访问类型：能有效支持的访问类型，访问类型可能包括找到具体特定属性值的所有记录，以及找到起属性值落在某个特定范围内的所有记录。
- 访问时间：用该技术找到一个特定数据项或数据项集所需的时间。
- 插入时间：插入一个新行所需的时间。这个值包括找到插入这个新行的正确位置所需的时间和更新索引结构所需的时间。
- 删除时间：删除一个行所需的时间。这个值包括找到待删除行所需时间和更新索引结构所需的时间。
- 空间开销：一个索引结构所占用的额外存储空间。如果附加的存储空间大小适度，那么通常牺牲一定的空间代价来换取性能的做法是值得的。

3．搜索码

我们经常需要在一个表上建立多个索引，这与词典也很类似，一般词典有多个检字表：拼音检字表、偏旁部首检字表、笔画检字表等。

把用于在表中查找行的属性和属性集称为搜索码（search key）。一个表有几个索引就有几个搜索码。例如，在学生表上，我们可以依据学号、班级分别建立两个独立的索引。那么，这个表上就有两个搜索码，分别是学号和班级。

7.1.2 有序索引

为了得到对表中的记录的快速随机存取，我们可以使用索引结构。每个索引结构与一个特定的搜索码相关联。正如词典的检字表一样，有序索引按顺序存储搜索码的值，并将搜索码与包含该搜索码的记录关联起来。

被索引的表中的记录自身也可以按照某种排列顺序存储，就好像《新华字典》中所有正文条目是按照拼音顺序排列一样。一张表可以有多个索引，分别对应不同的搜索码。如果包含记录的表按照某个搜索码指定的顺序排列，那么该搜索码对应的索引称为聚集索引（clustering index）。那些搜索码指定的顺序与表中记录的物理顺序不同的索引称为非聚集索引（nonclustering index）。可以做这样的类比：《新华字典》中，拼音检字表就是聚集索引，而偏旁部首检字表就是非聚集索引。

需要注意的是，对于一张表，它最多只能有一个聚集索引。为什么呢？因为记录的排列在物理上只能有一种顺序。而一张表允许存在多个非聚集索引，因为非聚集索引和记录的物理顺序无关。

1．稠密索引和稀疏索引

由一个搜索码值和指向具有该搜索码值的一个或多个记录的指针构成索引项，其结构如图 7.1 所示。

搜索码值	指向记录的指针

图 7.1　索引项结构

有序索引有稠密索引与稀疏索引两种类型：

（1）稠密索引

表中的每个搜索码值都有一个索引项。在稠密聚集索引中，索引项包括搜索码值以及指向具有该搜索码值的第一个数据记录的指针。具有相同搜索码值的其余记录顺序地存储在第一个数据记录之后，由于是聚集索引，所以数据记录的存储顺序和根据搜索码的顺序是相同的。

（2）稀疏索引

只为某些搜索码值建立索引项。和稠密索引一样，每个索引项也包括一个搜索码值以及指向具有该搜索码值的第一个数据记录的指针。为了定位一条记录，我们找到其最大搜索码值小于或者等于所找记录的搜索码值的索引项。我们从该索引项指向的记录开始，沿着表中的指针查找，直到找到所需记录为止。

图 7.2 和图 7.3 分别是为学生表在“班级”列上建立的稠密索引和稀疏索引。

假如，要求找出 GZ02 计 4 班的所有学生，现分别利用这两种不同的索引来完成该操作。

第一种：利用如图 7.2 所示的稠密索引，我们可以顺着指针直接找到第一条 GZ02 计 4 班的记录。在处理完这一条记录后，我们可以根据这条记录中的指针继续找到 GZ02 计 4 班的下一条记录，直到不是 GZ02 计 4 班的记录为止。

第二种：使用如图 7.3 所示的稀疏索引，那么就没有一个索引项对应于“GZ02 计 4 班”。由于（按照班级顺序）在“GZ02 计 4 班”前的最后一个索引项为“GZ02 计 3 班”，我们沿着这一指针找到它所指的记录，然后顺着这条记录向下找，直到找到第一个“GZ02 计 4 班”的记录，此时再开始进行处理。

无论采取哪一种形式的索引，每当在表中插入或删除记录时，索引都需要更新。具体的更新算法在这里不再详细说明。

通常利用稠密索引可以比稀疏索引更快地定位一条记录。但是稀疏索引也有比稠密索引优越的地方，即所占空间较小，并且插入和删除时的维护开销较小。

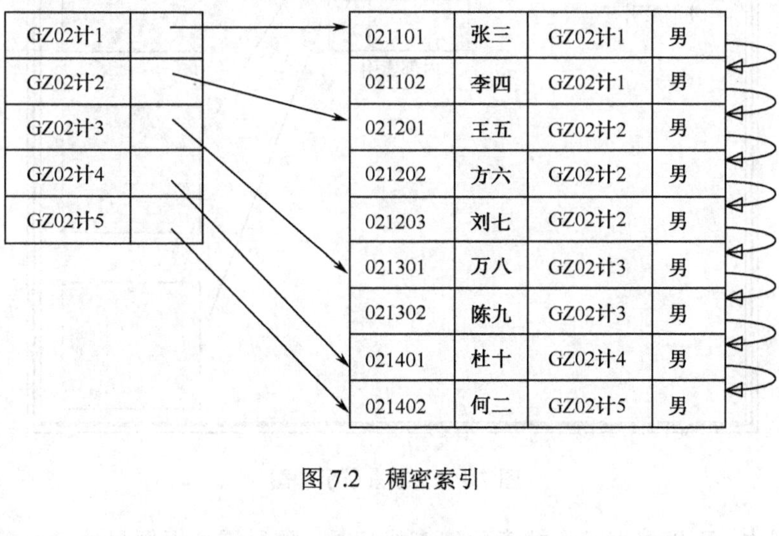

图 7.2　稠密索引

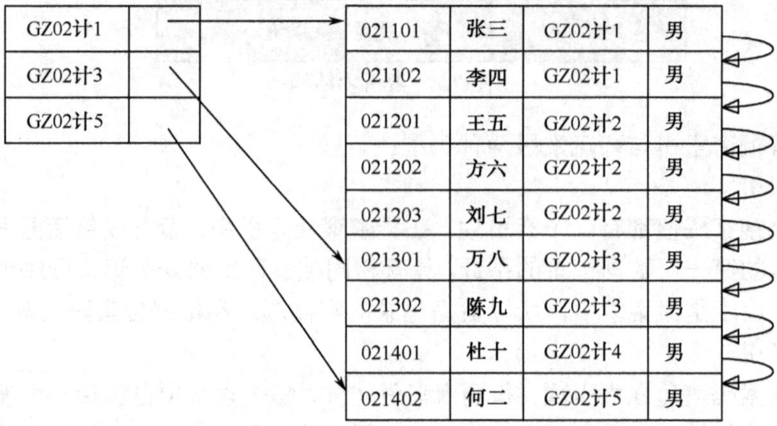

图 7.3　稀疏索引

2. 多级索引和非聚集索引

即使我们采用稀疏索引，索引本身也会变得非常大而且难以有效处理。为了解决这个问题，我们把稀疏索引和稠密索引两种技术进行结合。首先为表的每一个数据块建立一个索引项，得到一个以块为基本单位的稠密索引，然后再在这个稠密索引上建立一个稀疏索引。查找时，先在稀疏索引中找到记录所在的范围，然后再在稠密索引中查找记录所在的数据块，最后在表的数据中顺序查找，找到要查找的记录。这种方法是二级索引。二级索引是多级索引最简单的形式，二级索引的示意图如图 7.4 所示。

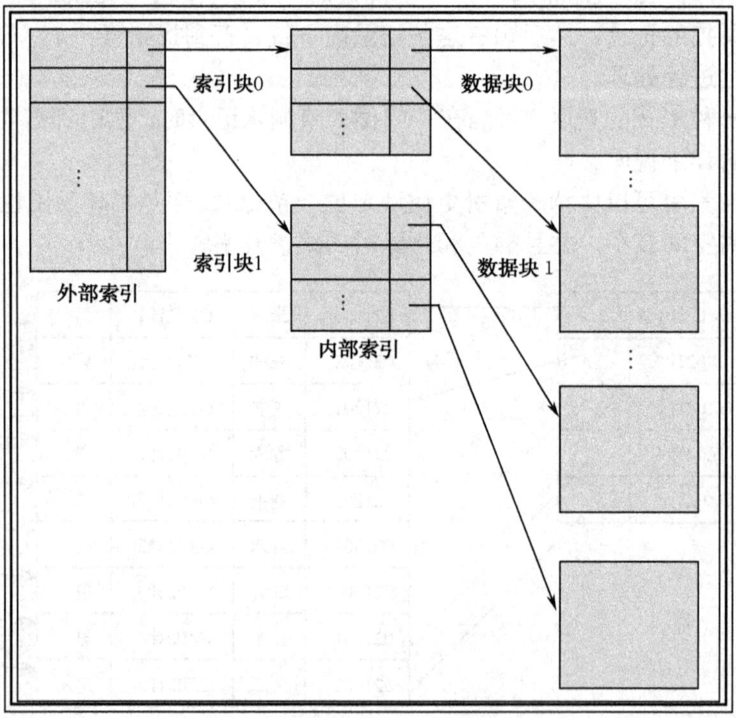

图 7.4　二级索引示意图

在聚集索引中，可以根据某个搜索码值查找记录。如果需要根据另外一个搜索码值来寻找记录，那么可以使用非聚集索引方法。在聚集索引中，具有相同搜索码值的记录在一个或相邻的物理块中，因此查找速度比较快。但是，在非聚集索引中，具体的相同搜索码值的记录分散在不同的物理块中，因此查找速度比较慢，并且查找时无法利用数据行中根据聚集索引建立起来的指针链。

为了链接记录和索引，非聚集索引必须包含指向每一个记录的指针，但是该指针并不是直接指向数据行，而是指向一个包含数据行指针的桶。例如，在图 7.5 所示的索引中，为学生表在姓名列上建立一个非聚集索引。

非聚集索引都是稠密索引，不可能是稀疏索引。在插入记录或删除记录时，也需要要修改非聚集索引。

索引的实现一般采用 B 树或者 B+树结构，目的是为了提高查找性能和数据顺序扫描性能。特点是树根到叶的每条路径的长度相同。关于 B 树或者 B+树的结构可以参考数据结构课程，其在索引中的具体实现细节也不再讨论。

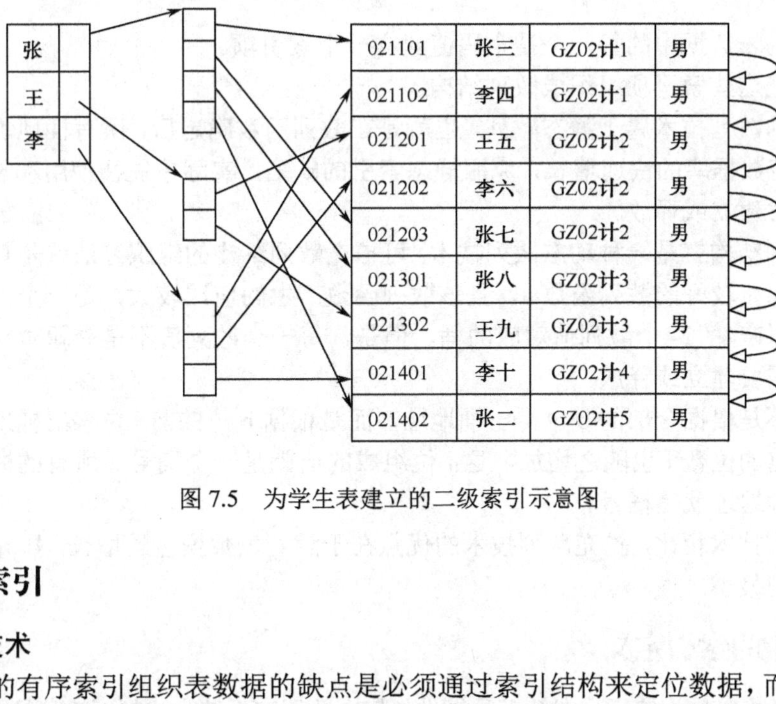

图 7.5　为学生表建立的二级索引示意图

7.1.3　散列索引

1. 散列技术

前面提到的有序索引组织表数据的缺点是必须通过索引结构来定位数据，而且如果使用多级索引的话，将导致过多的 I/O 操作。散列技术是一种不必通过访问有序索引结构就能访问数据的方法，同时散列也提供了一种构造索引的方法。

简单地说，散列就是通过计算所需记录搜索码值上的一个函数直接获得包含该记录的物理地址。在散列技术中，使用桶表示存储一条或多条记录的一个存储单位。一般来说，一个桶就是一个磁盘块，但是也有可能大于或小于一个磁盘块。

对其进行形式化描述，令 K 表示所有搜索码值的集合，B 表示所有桶地址的集合，散列函数 h 就是一个从 K 到 B 的函数。

为了插入一个搜索码值为 Ki 的记录，通过计算 h（Ki）来得到存放该记录的桶地址。如果桶中有容纳这条记录的空间，那么该记录就存储在该桶中。

为了进行一次基于搜索码值的查找，只需要计算 h（Ki），然后搜索位于计算出来的地址的桶。必须检查桶中每一条记录的搜索码值，以确定该记录是否是我们要查找的记录。

为了删除一条记录，也是只需要计算 h（Ki），计算出桶地址，然后在桶中找到记录并删除之。

使用散列技术，首先要有一个好的散列函数。由于在设计散列函数时不能准确知道要存储的记录的搜索码值，因此要求散列函数具有以下特征：

- 分布是均匀的。也就是说，散列函数为每个桶分配所有可能的搜索码值集合中同样数量的搜索码值。
- 分布是随机的。也就是说，在一般情况下，不管搜索码值实际怎样分布，每个桶应分配到的搜索码值数目几乎相同。更确切地说，散列值不应与搜索码的任何外部可见的排序相关。例如，按照字母的顺序或搜索码长度顺序。散列函数应该表现为随机的。

2. 散列索引

散列索引（hash index）是将搜索码值及其相应的指针组织在一起的散列结构，其构造方法如下：

第一步，为表数据中的每一个搜索码值建立一个索引项。

第二步，把这些索引项组织成散列结构。

以上提到的散列技术属于静态散列，也就是在散列函数确定后，所有桶地址和桶空间都确定了。为了适应数据库的快速增长，克服静态索引的缺陷，实际中往往使用动态散列技术，即桶空间可以随时建立或释放。

可扩充散列结构就是一种动态散列技术。可扩充散列结构的组织方法就是首先选择一个均匀性和随机性都比较好的散列函数 h，且该散列函数产生的值比较大，是一个由 b 个二进制组成的整数，可以产生 2^b 个散列值对应的桶。但是，每一个散列值不是立即对应一个桶空间，而是根据实际需要建立或释放。

初始时，不是根据全部的 b 位得出桶地址，而是根据 b 位的前 i 位得出桶地址。在数据增长过程中，取出的位数 i 也随之增加。这 i 位组成的值就是一个桶号。所有的桶地址放在一张桶地址表中，桶地址就是桶号。

与其他散列技术相比，扩充散列技术的优点在于随着表数据量的增长，操作和查询性能不变，且空间开销最小。

7.1.4　SQL 中的索引定义

SQL 标准并未给数据库用户或管理员提供任何在数据库系统中控制创建和维护何种索引的方法。由于索引冗余的数据结构，索引对保证正确性来说并不是必须的。但是，索引对于事务的高效处理十分重要，既包括更新事务又包括查询。索引对于完整性约束的有效实施也很重要。例如，为了实施一个主码的声明，典型的实现是创建一个以这个被声明的主码位搜索码的索引。

原则上数据库系统可以自动决定创建何种索引。但是，由于索引的空间代价和索引对更新处理的影响，在维护何种索引上自动地做出正确选择并不容易。因此大多数 SQL 实现允许程序员通过数据定义语言（DDL）的命令对索引的创建和删除进行控制。

下面我们举例说明这些命令和语法。尽管我们给出的语法被许多数据库系统使用和支持，但它并不是 SQL-99（SQL3）标准的一部分。SQL 标准不支持（至少目前为止）物理数据模式的控制，而且将自身约束在了逻辑数据库模式中。

在 SQL 中，使用 CREATE INDEX 命令创建索引，其语法格式为：

```
CREATE INDEX < 索引名 > ON < （表名）> （<属性列表>）
```

其中，<属性列表>是指构成索引搜索码的关系（表）的属性的列表。

例如，为了在关系学生表上定义以“班级”为搜索码的索引，索引名为 class_index，可采用如图 7.6 所示的语句来完成。

```
CREATE  INDEX  class_index
ON 学生表（班级）
```

图 7.6　创建索引示例

为索引指定索引名，在删除索引时是需要的。删除索引的命令是 DROP INDEX，其语法格式如下：

```
DROP INDEX <索引名>
```

不同的数据库实现可能会提供更多的选项以允许更多、更详细的控制。比如，允许控制所使用的索引类型，允许指定是聚集索引还是非聚集索引，指定是否是唯一索引，等等。请参考该系统的帮助以获得更详细的说明。

7.2　事务与并发控制

从数据库用户的角度看，数据库中的一些操作的集合通常被认为是一个独立单元。比如，从顾客的角度来看，从银行的资金转账是一次独立的操作，而在银行数据库系统中这是由几个操作组成的。显然，这些操作要么全部发生，要么由于出错而全不发生，这一点是基本的。我们无法接受资金从转出账户中支出而未转入目的账户的情况。

事务（transaction）是构成单一逻辑工作单元的操作的集合。无论有无故障，数据库系统必须保证事务的正确执行——执行整个事务或者属于这个事务的操作一个也不执行。数据库系统还必须以一种能避免引入不一致性的方式来管理事务的并发执行。我们将在本章分别讨论事务以及和事务紧密相关的并发控制。

7.2.1　事务

1．事务的基本概念

事务是访问并可能更新各种数据项的一个程序执行单元。数据库系统需要维护以下事务性质。

- 原子性（atomicity）：事务的所有操作在数据库中要么全部正确反映出来要么全部不反映。
- 一致性（consistency）：事务隔离执行时（即在没有其他事务并发执行的情况下）保持数据库的一致性。
- 隔离性（isolation）：尽管多个事务可以并发（多个事务同时运行）执行，但系统保证，对于任何一对事务 Ti 和 Tj，在 Ti 看来，Tj 或者在 Ti 开始前已经结束执行，或者在 Ti 完成之后开始执行。这样，每个事务都感觉不到系统中有其他事务在并发地执行。

- 持久性（durability）：一个事务成功完成后，它对数据库的改变必须是永久的，即使是系统出现故障时也应该如此。

以上这四个特征通常称为 ACID 特征（这一缩写来自四条性质的第一个英文字母）。

为了加深对 ACID 特征的理解，让我们考虑一个简化的银行系统，这个系统由几个账户和访问、更新这些账户的一组事务构成。我们暂且假设数据库永久保存在磁盘上，而它的某些部分临时驻留在内存中。

将事务访问数据操作抽象成以下两个操作。

Read（X）：从数据库传送数据项 X 到执行该 Read 操作的事务的局部缓冲区。

Write（X）：从执行 Write 的事务的局部缓冲区把数据项 X 传回数据库。此举更新了数据库中的数据。

设 Ti 是从账户 A 过户 50 元到账户 B 的事务。这个事务可以这样操作：

```
Ti：Read（A）；
A=A-50;
Write(A);
Read(B);
B=B+50;
Write(B).
```

现在我们考虑 ACID 要求中的每一个特征。

（1）一致性

在这里，一致性要求事务的执行不改变 A、B 之和。如果没有一致性要求，事务就会凭空创造出钱或者销毁钱！容易验证，如果数据库在事务执行前是一致的，那么事务执行后仍然保持一致性。也就是说，一致性要求数据库中的数据总是应该保持正确的状态。这个特征可以由系统的完整性逻辑，例如各种约束来实现，也可以由编程人员保证。

（2）原子性

假设事务 Ti 执行前，账户 A 和账户 B 分别有 1000 元和 2000 元。现在假设在事务 Ti 执行时系统出现故障，导致 Ti 的执行没有成功完成。这种故障可能是电源故障、硬件故障或软件错误等。我们再假设故障发生在 Write（A）操作执行之后，Write（B）操作执行之前。在这种情况下，数据库反映出来是账户 A 有 950 元而账户 B 有 2000 元。这次故障的结果是系统销毁了 50 元。而且，我们看到 A+B 的和不再保持一致。

这样，由于系统故障，系统的状态不再反映数据库当前应当描述的现实世界的真实状态。我们把这种状态称为不一致状态（inconsistent state）。我们必须保证这种不一致性在数据库系中是不可见的。但是请注意，系统必然会在某一时刻处于不一致状态。即使事务 Ti 能执行完，仍然存在某一时刻账户 A 有 950 元而账户 B 有 2000 元的状态，这显然是一个不一致状态。但这一状态最终会被账户 A 的金额是 950 元而账户 B 的金额是 2050 元这个一致状态所代替。这样，如果一个事务或者不开始、或者保证完成，那么不一致性状态除了在事务执行中以外，在其他时刻是不可见的。这就是需要原子性的原因：如果具有原子性，某个事务的所有活动要么在数据库中全部反映出来要么全部不反映。

保证原子性的基本思路如下：对于事务要在其上执行写操作的数据项，数据库系统在磁盘上记录旧值，而如果事务没能完成执行，旧值就将被恢复，好像事务从未执行过。保证原子性是数据库系统本身的责任。

（3）持久性

一旦事务成功地完成执行，并且发起事务的用户已经被告知资金转账已经发生，系统就必须保证任何系统故障都不会引起与这次转账相关的数据的丢失。

持久性保证一旦事务成功完成，该事务对数据库施加的所有更新就都是永久的，即使事务执行完成后出现系统故障。

现在假设计算机系统的故障将导致内存数据丢失，但已写入磁盘的数据却不会丢失。我们可以通过确保以下两个条件中任何一个来达到持久性：

- 事务所做的更新在事务结束前已经写入磁盘。
- 有关事务已执行的更新和已写到磁盘上的更新的信息必须足以让数据库在系统出现故障后重新启动时重新构造更新。

（4）隔离性

即使每个事务都能确保一致性和原子性，但如果几个事务并发执行，它们的操作会以某种人们不希望的方式交叉执行，这也会导致不一致的状态。

例如，前面的例子中，在 A 至 B 转账事务的执行过程中，当 A 的总金额已被减去转帐额并已经写回 A，而 B 中总金额被加上转账额后还未被写回时，数据库暂时是不一致的。如果另一个并发运行的事务在这个中间时刻读取 A 和 B 的值并计算 A+B，它将会得到不一致的值。此外，如果第二个事务基于它读取的不一致的值对 A 和 B 进行更新，即使两个事务都完成后，数据库仍可能处于不一致的状态。

一种避免事务并发执行产生问题的途径是串行地执行事务，也就是说，一个接一个执行。但是这样会造成性能低下，一般数据库系统可以通过其他办法来在保证隔离性的前提下允许事务的并发执行。我们随后将简单讨论关于并发控制的话题。

2．事务状态

在出现故障的情况下，所有的事务能成功完成其执行。但是，正如我们前面所注意到的，事务并非总能顺利执行完成。这种情况被称为中止事务。我们如果要确保原子性，中止事务必须对数据库的状态不造成影响。这样，中止事务对数据库所做的任何改变必须撤销。一旦中止事务造成的变更被撤销，我们就说事务已回滚。恢复机制负责管理事务中止。

成功完成执行的事务称为已提交事务。已完成更新的已提交事务使数据库进入一个新的一致状态，即使系统出现故障，这个状态必须保持。

一旦事务已提交，我们不能通过中止来撤销其造成的影响。撤销已提交事务所造成影响的唯一方法是执行一个补偿事务。比如，如果一个事务给一个账户加上 50 元，其补偿事务应当从该账户减去 50 元。数据库系统不能自动构造补偿事务，书写和执行补偿事务应当由用户完成。

为了深入讨论事务的执行，我们建立了一个抽象事务模型。事务必须处于以下几种状态之一。

- 活动状态（active）：初始状态，事务执行时处于这个状态。
- 部分提交状态（partially committed）：最后一条语句被执行后。
- 失败状态（failed）：发现正常的执行不能继续后。
- 中止状态（aborted）：事务回滚并且数据库已被恢复到事务开始执行前的状态后。
- 提交状态（committed）：成功完成后。

事务相应的状态图如图 7.7 所示。只有在事务已进入提交状态后，我们才说事务已提交。与此类似，仅当事务已进入中止状态，我们才说事务已中止。提交的或中止的事务称为已经结束的事务。

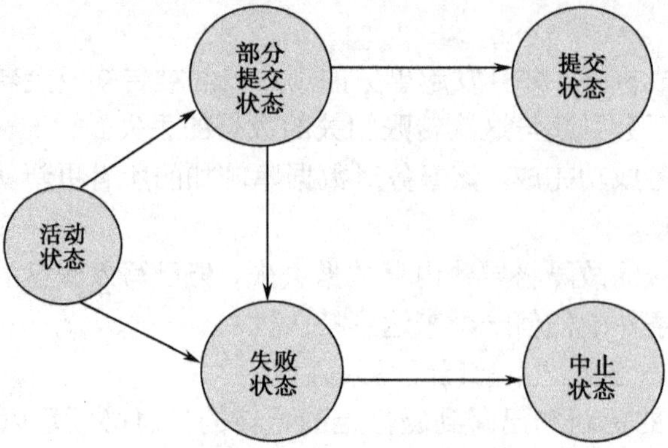

图 7.7　事务状态图

事务从活动状态开始。当事务完成它的最后一条语句后就进入部分提交状态。此刻，事务已经完成执行，但由于实际输出可能仍然临时驻留在内存中，而在其成功完成前可能出现硬件故障，因此事务仍有可能不得不中止。

接着数据库系统往磁盘上写入足够的信息，确保即使出现故障时事务所做的更新也能在系统重启后重新创建。当最后一条这样的信息被写完后，事务就进入提交状态。

系统判定事务不能继续正常执行后（如由于硬件或逻辑错误），事务就进入了失败状态。这种事务必须回滚。这样，事务就进入了中止状态。此刻，系统有以下两种选择。

- 重启事务（restart）：仅当引起事务中止的软、硬件错误不是由事务内部逻辑所产生时，重启事务被看成是一个新事务。
- 杀死事务（kill）：这样做通常是由于事务的内部逻辑造成的错误，只有重写应用程序才能改正，或者因为输入错误，或者因为所需数据在数据库中没有找到。

7.2.2　SQL 中的事务控制语句

在 SQL-99 标准中，有关事务控制的语句在这里列出最基本的三条语句：

- START TRANSACTION。此语句的作用是显式地开始一个事务（在 MS SQL SERVER Transaction-SQL 语言中为 BEGIN TRANSACTION）。
- COMMIT TRANSACTION。此语句的作用是提交当前事务所有的更改，并结束当前事务。
- ROLLBACK TRANSACTION。此语句的作用是放弃当前事务所做的更改，并结束当前事务。

注意：事务有开始就必须有结束。作为用户，若开始了一个事务，无论是提交还是回滚，必须负责把事务结束。

事务控制语句示例如图 7.8 所示。

```
BEGIN TRANSACTION
UPDATE 课程表 SET 周课时数=周课时数+1
COMMIT TRANSACTION --或者是 ROLLBACK TRANSACTION
```

图 7.8　事务控制语句示例

注意：并不是说不使用以上三条语句就不开启事务了。使用以上事务控制语句是显式地开始和结束事务。在默认情况下，如果没有使用事务控制语句，每一条 SQL 语句自动被认为是一个事务。

例如，执行如下数据更新语句：

```
UPDATE 学生表 SET 年龄=年龄+1
```

此时，虽然没有开始事务和结束事务的语句，但实际上，在执行过程中确实存在事务，这个事务是隐含的。这个隐含事务在 UPDATE 语句执行之前自动开始，在 UPDATE 语句执行结束后自动提交。在一批 SQL 语句中，如果没有事务语句，有 n 条 SQL 语句就有 n 个隐含事务；每一个隐含事务由一条 SQL 语句构成，比如下列语句：

```
UPDATE 学生表 SET 年龄=年龄+1
UPDATE 课程表 SET 周课时数=周课时数+1
```

在这里存在两个隐含事务，第一个隐含事务包括第一个 UPDATE 语句，第二个隐含事务包括第二个 UPDATE 语句。

7.2.3 并发控制

数据库系统通常允许多个事务并发执行。正如前面所述，允许多个事务并发更新数据可能会引起数据一致性的问题。在存在事务并发执行的情况下保证数据一致性需要进行特殊处理；如果要求事务串行执行，事情就变得很简单了。事务串行执行是指一次执行一个事务，每个事务仅当前一事务执行完后才开始；而并发执行则是指多个事务同时执行。

然而，允许事务并发执行将会带来以下好处：

- 提高吞吐量和资源利用率；
- 减少等待时间。

当然，数据库系统必须能控制事务之间的相互影响，以防止它们破坏数据库的一致性。系统通过并发控制的一系列机制来保证这一点。

1．串行调度与并行调度

事务的执行次序称为调度。

如果多个事务依次执行，则称该事务为串行调度；如果利用分时的方法同时处理多个事务，则称该事务为并发调度。

（1）串行调度

我们再来看看 7.2.1 节中简化的银行系统，其中有多个账户以及存取、更新这些账户的一组事务。设 T1、T2 是将资金从一个账户转移到另一个账户的两个事务，事务 T1 是从账户 A 转账 50 元到账户 B 的事务，这个事务定义为：

```
T1：Read（A）;
 A=A-50;
   Write(A);
  Read(B);
 B=B+50;
   Write(B).
```

事务 T2 是从账户 A 转账 10%的存款余额到账户 B 的事务，这个事务定义为：

```
T2：Read（A）；
    temp=A*0.1
   A=A-temp;
   Write(A);
  Read(B);
   B=B+temp;
   Write(B).
```

设账户 A 和账户 B 当前分别有 1000 元和 2000 元。假设事务一个一个地执行，先是 T1，然后是 T2。该执行顺序如图 7.9 所示，图中，指令序列自顶向下按时间顺序排列，T1 的指令出现在左边栏，T2 的指令出现在右边栏。按图 7.9 所示的顺序执行后，账户 A 和账户 B 中最终的值分别为 855 元与 2145 元。因此，账户 A 和账户 B 的资金总数（即 A+B）在两个事务执行后保持不变。

与此类似，如果事务同样一个一个地执行，但先执行 T2，再执行 T1，那么相应的执行顺序如图 7.10 所示。正如所期望的那样，A+B 仍然维持不变。账户 A 和账户 B 中最终的余额分别是 850 元和 2150 元。

T1	T2
Read(A);	
A=A-50;	
Write(A);	
Read(B);	
B=B+50;	
Write(B);	
	Read(A);
	temp=A*0.1
	A=A-temp;
	Write(A);
	Read(B);
	B=B+temp;
	Write(B);

图 7.9　调度 1：串行调度，T1 后是 T2

T1	T2
	Read(A);
	temp=A*0.1
	A=A-temp;
	Write(A);
	Read(B);
	B=B+temp;
	Write(B);
Read(A);	
A=A-50;	
Write(A);	
Read(B);	
B=B+50;	
Write(B);	

图 7.10　调度 2：串行调度，T2 后是 T1

可以看出，调度实质上表示了指令在系统中执行的时间顺序。

显然，一组事务的一个调度必须包含这一组事务的全部指令，并且必须保持指令在各个事务中的出现顺序。例如，在任何一个有效调度中，事务 T1 中指令 Write(A)必须在指令 Read(B)之前出现。在下面讨论中，我们称第一种执行顺序为调度 1（T1 之后是 T2），称第二种执行顺序为调度 2（T2 之后是 T1）。

串行调度由来自各个事务指令序列组成，其中属于同一事务的指令在调度中紧挨在一起。因此，对于有 n 个事务的事务组，共有 n!个有效的串行调度。

（2）并行调度。

当数据库系统并发地执行多个事务时，相应的调度不必是串行的。若有两个并发执行的事务，操作系统可能先选择其中的一个事务执行一小段时间，然后切换到第二个事务执行一段时间，接着又切换到第一个事务执行一段时间，如此下去。在多个事务的情形下，所有的事务将共享 CPU 时间。

执行的顺序可能会有多种，因为来自两个事务的各条指令可以交叉执行。一般而言，在

CPU 切换到另一事务之前准确预测 CPU 将执行多少条某个事务的指令是不可能的。因此，对于有 n 个事务的事务组，可以执行的调度总数要比 n!大得多。

回到前面的例子，假设两个事务并发执行。一种可能的调度如图 7.11 所示，当它执行完成后，到达的状态与先执行 T1 后执行 T2 的串行调度一样，A+B 之和保持不变。

不是所有的并发执行都能得到正确的结果。举个例子，如图 7.12 所示，当它执行后，到达状态时账户 A 与 B 中最终的值是 950 元与 2100 元。这个最终状态是一个不一致状态，因为在并发执行过程中多出了 50 元。

如果并发执行的控制完全由操作系统负责，许多调度都是可能的，包括像上述调度那样使数据库处于不一致状态的调度。保证任何调度执行后数据库总处于一致状态是数据库系统的任务。

在并发执行中，通过保证任何调度执行的效果与没有并发执行的调度执行效果一样，我们可以确保数据库的一致性。也就是说，调度应该在某种意义上等价于一个串行调度。所以，数据库系统应该确保所产生调度是可串行化的。确保事务的可串行化调度的机制有好几种，这里只讨论一种最常用的机制——锁机制。

T1	T2
Read(A);	
A=A-50;	
Write(A);	
	Read(A);
	temp=A*0.1
	A=A-temp;
	Write(A);
Read(B);	
B=B+50;	
Write(B);	
	Read(B);
	B=B+temp;
	Write(B).

图 7.11　调度 3：等价于调度 1 的并发调度

T1	T2
Read(A);	
A=A-50;	
	Read(A);
	temp=A*0.1
	A=A-temp;
	Write(A);
	Read(B);
Write(A);	
Read(B);	
B=B+50;	
Write(B);	
	B=B+temp;
	Write(B).

图 7.12　调度 4：一个并发调度

3．锁

确保可串行化的方法之一是要求对数据项的访问以互斥的方式进行，也就是说，当一个事务访问某个数据项时，其他任何事务都不能修改该数据项。实现该需求最常用的方法是只允许事务访问当前该事务持有锁的数据项。

对数据项加锁有多种方式，我们这里讨论最简单的两种锁：

- 共享锁。如果事务 Ti 获得的数据项 Q 上的共享锁（shared-mode lock）（记为 S），则 Ti 可读但是不能写 Q。
- 排他锁。如果事务 Ti 获得的数据项 Q 上的排他锁（exclusive-mode lock）（记为 X），则 Ti 既可读又可写 Q。

我们要求每个事务都要根据自己将要对数据项 Q 进行的操作类型申请适当的锁。该请求发送给并发控制管理器，只有在并发管理器授予所需锁后，事务才能继续操作。

对于给定的一个锁类型集合，我们可以定义一个相容函数：令 A 与 B 代表任意锁类型，假设事务 Ti 请求对数据项 Q 加上 A 类型的锁，而事务 Tj（Ti<>Tj）当前在数据项 Q 上拥有 B

类型的锁。尽管数据项 Q 上存在 B 类型的锁，如果事务 Ti 可以立即获得数据项 Q 上的 A 类型锁，则我们说 A 类型锁和 B 类型锁相容。这样，一个函数可以通过矩阵方便地表示出来，图 7.13 就是共享锁和排他锁相容函数的矩阵表示。

请注意，共享锁与共享锁相容，而与排他锁不相容。任何时候，一个具体的数据项上可同时拥有多个（被不同事务所拥有的）共享锁。而在其上的排他锁请求必须一直等到该数据项上所有的共享锁被释放。

	S	X
S	True	False
X	False	False

图 7.13　锁相容矩阵

使用锁也会发生一些不希望发生的问题，比如死锁。假设有两个事务 T1 和 T2 都对数据项 Q 和 P 执行操作。如果事务 T1 在数据项 Q 上拥有排他锁，而事务 T2 正在申请数据项 Q 上的共享锁，那么事务 T2 必须等待事务 T1 释放数据项 Q 上的排他锁。与此同时，事务 T2 在数据项 P 上拥有排他锁，而事务 T1 正在申请数据项 P 上的共享锁，那么事务 T1 必须等待事务 T2 释放数据项 P 上的排他锁。由于这两个事务在相互等待，任一个事务都不能继续执行下去。这种状态叫死锁。

当进入死锁状态后，系统必须回滚其中的一个事务。只有当其中一个事务回滚了，该事务拥有的锁才能被释放，其他事务才能获得所申请的锁以继续执行。

以下给出一个产生死锁的操作，以帮助理解死锁概念。

此实验需要在查询分析器中开启两个窗口，这里称之为 A、B 窗口。以下脚本分别在 A、B 窗口按照步骤执行，如图 7.14 和图 7.15 所示。

```
--第一步
Use pubs
begin transaction
update authors set contract=0
go
--第一步结束
--第三步：开始执行，查询将被中断，但还没有发生
死锁。
update publishers set city='new orleans',
                    state='LA'
Go
--第三步结束
```

图 7.14　A 窗口脚本

```
--第二步
Use pubs
begin transaction
update publishers set city='redmond',
                    state='WA'
go
--第二步结束
--第四步：这时发生死锁： 还可以观察死锁是如
何解决的。
update authors set contract=1
go
--第四步结束
```

图 7.15　B 窗口脚本

该死锁实验操作如图 7.16 所示。

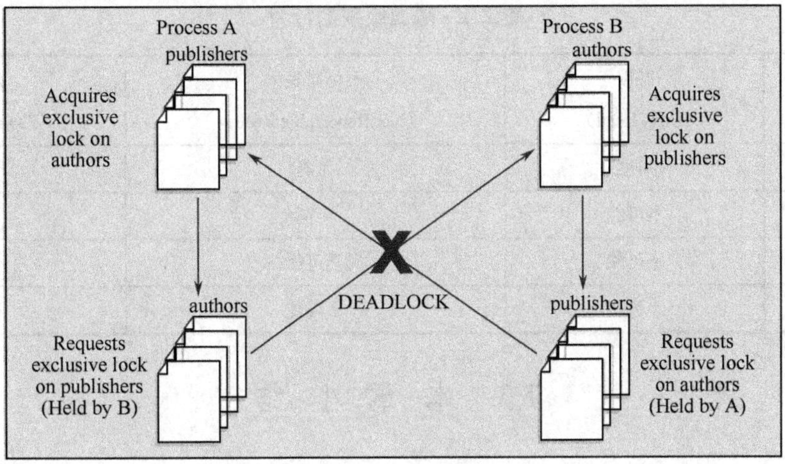

图 7.16　死锁实验

处理死锁问题的方法主要有两种，第一种方法是使用死锁预防（deadlock prevention）协议来保证系统永远不进入死锁状态；第二种方法是允许系统进入死锁状态，然后试着使用死锁检测（deadlock detection）与死锁恢复（deadlock recovery）机制进行恢复。显然第一种方法比较适合死锁概率比较大的系统，第二种方法适合死锁概率比较小的系统。

4．SQL 标准中的隔离级别

SQL 标准中规定隔离级特征决定了事务之间的“隔离”程度。它的实际意思是用来说明哪一个并行操作现象对于后来事务是允许或是不允许的。SQL-99 标准用三个必须在并行的事务之间避免的现象定义了四个级别的事务隔离。 这些不希望发生的现象如下。

- 脏读：一个事务读取了另一个未提交的并行事务写的数据。
- 非重复读：一个事务重新读取前面读取过的数据，发现该数据已经被另一个已提交的事务修改过。
- 幻像读：一个事务中重新执行一个查询，返回一套符合查询条件的行，发现这些行因为其他最近提交的事务而发生了改变。

SQL-99 标准中定义了 4 种隔离级别，级别越高，隔离性越强。

- 未提交读（Read uncommitted）：允许读取未提交的记录。这是 SQL 标准允许的最低的隔离级别。
- 已提交读（Read committed）：只允许读取已提交记录，但不要求可重复读。也就是说，在此级别下，在事务两次读取一个记录期间，该记录可能已被另一个已提交事务更新了。
- 可重复读（Repeatable read）：只允许读取已提交记录，而且在一个事务两次读取一个记录期间，其他事务不得更新该记录。但该事务不要求与其他事务可串行化。
- 可串行化（Serializable）：允许事务与其他事务并发执行，但是系统必须保证调度是可串行化的，不会发生错误。这是最高级别的隔离级别，也是 SQL-99 标准默认的隔离级别。

表 7.1 说明了每种隔离级别允许的对应行为。

表 7.1　隔离级别的行为

隔离级别	脏读（Dirty Read）	不可重复读（NonRepeatable Read）	幻像读（Phantom Read）
未提交读	可能	可能	可能
已提交读	不可能	可能	可能
可重复读	不可能	不可能	可能
可串行化	不可能	不可能	不可能

7.3　本章小结

许多查询只涉及表中很少一部分记录。为了减少查找这些记录的开销，我们可以为数据库中的表创建索引。最基本的索引类型有两种：有序索引和散列索引。有序索引有两种类型：稠密索引和稀疏索引。稠密索引包含每个搜索码的索引项，而稀疏索引只包含部分搜索码值的索引项。如果搜索码的排列顺序和实际表的排序序列相同，则该搜索码上的索引称为聚集索引，其他索引称为非聚集索引。静态散列所用散列函数的桶地址集合是固定的。这样的散列函数不容易适应数据库随时间的显著增大。动态散列技术允许桶空间可以随时建立或释放。SQL-99 标准没有提供任何有关索引的命令。但由于索引的重要性，大多数 SQL 提供了关于索引的命令。

事务是一个程序执行单位，它访问且可能更新不同的数据项。事务的所有动作要么全部执行，要么一个动作也不执行。事务具有 ACID 特性：原子性、一致性、隔离性、持久性。事务存在五种状态：活动状态、提交状态、部分提交状态、失败状态、中止状态。事务的并发执行提高了事务吞吐量和系统利用率，也减少了事务等待时间。

多个事务在数据库中并发执行时，数据的一致性可能遭受破坏。因此系统必须控制各个并发事务之间的相互作用，这是通过并发控制机制的一系列机制中的一种来实现的。为了保证可串行性，我们可以使用多种并发控制机制，最常用的机制是锁机制。

锁的基本类型有两种：共享锁和排他锁。任何事务在访问数据项时必须向系统申请适当的锁，授予所需锁后，事务才能继续操作。使用锁时可能会出现死锁，数据库系统必须能够处理死锁。

习　题

1．什么情况下使用稠密索引比使用稀疏索引更可取？为什么？

2．聚集索引和非聚集索引有何区别？

3．为什么说非聚集索引都是稠密索引，不可能是稀疏索引？

4．列出 ACID 特性，并加以说明。

5．事务从开始执行直到提交和中止，其间要经过几个状态。列出所有可能出现的事务状态序列，解释每一种状态变迁的原因。

6．解释串行调度和可串行化调度的区别。

7．解释死锁产生的原因。

8．解释脏读、不可重复读、幻像读现象。

第 8 章　数据库新技术

本章学习目标：

- ◆ 了解关系模型的局限；
- ◆ 了解面向对象数据模型的概念；
- ◆ 了解对象-关系数据库的特点及其实现技术；
- ◆ 了解 XML 的概念及 XML 技术的数据库应用；
- ◆ 了解数据仓库、OLAP 与数据挖掘的概念；
- ◆ 了解其他的数据库新技术。

随着数据库系统、数据库应用领域从传统的商务数据处理扩展到了许多新的领域，如图像处理、计算机辅助设计、模糊数据处理、决策支持、计划、统计及 Internet 应用领域。新领域的应用需求直接推动了数据库技术的进一步发展，为数据库应用开辟了新的天地，出现了许多新型的数据库系统。

8.1　基于对象的数据库

8.1.1　关系模型的局限

传统的数据库应用包含一些数据处理任务，如银行业务和图书馆管理等。但这些应用概念上只包含简单数据类型，其基本数据项是相当小的记录，且记录的项是原子的，即它们没有进一步的结构，无法继续分割，必须满足第一范式（见第 4 章）。

最近几年，对寻找处理复杂数据类型的方法的需求在逐渐扩大。随着数据库新的应用领域特别是 Internet 的出现，传统的关系数据库受到了很大的冲出。其自身所具有的局限性也愈加明显，难以适应建立以网络为中心的企业级快速事务交易处理应用的需求。因为关系数据库是用二维表格来存放数据的，因此不能有效地处理大多数事务处理应用中包含的多维数据，结果往往是建立了大量的表，采用了复杂的方式来处理，却仍难以模拟出数据的真实关系。

例如，考虑像地址这类的信息。在关系模型中，处理地址信息可以有两种方式：第一，将一个完整的地址看成一个字符串类型的原子的数据项；第二，将地址分解为几个部分（街道地址、城市、省、邮编）来表示。但这两种方式都有不足：第一种方式隐藏了像街道地址、城市、省和邮编等细节信息，而这些信息在查询时是有意义的；第二种方式导致了书写查询将更为复杂，因为要提及关于地址的每一个字段。如果允许构造一个结构数据类型，它允许地址类型包含四个子部分：街道地址、城市、省、邮编，处理处理起来就相当方便了。但是显然，关系模型不允许这样。

又如，考虑 E-R 模型中的多值属性。因为一个人可能有多个电话，所以对描述电话号码这样的例子来说，采用多值属性是很正常的，但这在关系模型中需要创建一个新的关系来代替以达到规范化表达方式，显然，这种开销是昂贵且不自然的。

8.1.2　面向对象数据模型

1. 对象结构

宽松地讲，一个对象对应着 E-R 模型中的一个实体。面向对象模型的基础是将一个对象的相关数据和代码封装（encapsulation）为一个单元，其内容对外界是不可见的。从概念上讲，一个对象和系统其余部分的所有交互都要通过消息，因此对象和系统其余部分的接口被定义为一个所允许的消息的集合。

一般来说，一个对象有如下内容：

- 一个包含对象的数据的变量（variable）集合，变量对应于 E-R 模型中的属性。
- 一个对象所响应的消息（message）集合，每个消息可能有零个、一个或多个参数。
- 一个方法（method）集合，每个方法是实现一个消息的代码段，一个方法返回一个值作为对消息的响应。

在面向对象环境下，“消息”一词并不意味着在计算机网络中的一个物理消息的使用，它指的是不考虑特定实现细节情况下对象间请求的传递。术语调用一个方法有时用来表示发送一个消息给一个对象的动作和相应方法的执行。

我们可以通过考虑在一个银行数据库中的 employee 实体来阐明使用这种方法的动机。假定员工的奖金对于不同的员工有不同的计算方法。例如，经理可能依据银行的业绩获得奖金，而出纳员则根据他们工作了多少小时得到奖金。我们可以将计算每个员工奖金的代码封装为一个方法，当响应一个 annual-salary 消息时执行这个方法。

每一个 employee 对象都响应 annual-salary 消息，但是它们响应的方法不同。通过将如何计算奖金的信息封装到对象内部，所有的 employee 对象提供了相同的接口。由于一个对象所提供的唯一外部接口是对象所响应的消息的集合，因此可以做到修改方法和变量的定义而不影响系统的其余部分。这种修改一个对象的定义而不影响系统其余部分的能力被认为是面向对象程序设计模型的主要优点之一。

一个对象的方法可以分为只读和更新，一个只读方法不影响对象中变量的值；反之，一个更新方法则可能改变变量的值。与此类似，对象所响应的消息也可以根据实现这些消息的方法分成只读和更新。

在面向对象模型中，我们可以将 E-R 模型中一个实体的派生属性表示为只读消息，例如，employee 实体的派生属性 employee-length 可以表示为一个 employee 对象的 employment-length 消息。实现这个消息的方法可能是用当前日期减去员工的 start-date 属性来得到雇用时间。

严格来讲，在面向对象模型中实体的任何属性必须表示为相应对象的一个变量和一对消息，变量用来保存属性的值，一个消息用来读取属性值，而另外一个消息用来更新这个值。例如，employee 实体的 address 属性可以表示为：

- 一个 address 变量。
- 一个 get-address 消息，回答地址是什么。
- 一个 set-address 消息，接受一个参数 new-address，更新地址内容。

不过为了简单起见，面向对象数据模型允许对变量进行直接读取和更新，而不要定义消息去读写它们。

2. 类（class）

在数据库中通常有很多相似的对象，这里所说的相似，是指它们响应相同的消息、使用相同的方法，并且有相同的名称和类型的变量。对每个这样的对象单独进行定义是很浪费的，因此我们将相似的对象组成一个“类”，每个这样的对象称为类的一个实例（instance），一个类中的所有对象共享一个公共的定义，尽管它们对变量所赋的值不同。

面向对象数据模型中类的概念对应于 E-R 模型中的实体集概念。

比如，我们在银行数据库中定义 employee 类，这个类代表职员，employee 类中包括几个变量：name、address；还定义了几个响应的消息：get-name、get-address、set-name、set-address。这样，这个银行有多少个职员，相应就有多少个 employee 对象，这些对象都是 employee 类的实例。它们都属于 employee 类，但每个 employee 对象都是不同的。姓名为 Jack 的对象响应 get-name 消息时返回的是 Jack，姓名为 John 的对象响应 get-name 消息时返回的是 John。

3. 继承（inheritance）

一个面向对象数据库的模式通常需要很多类，经常有些类是相似的。举例来说，假定对于我们的银行数据库，我们可以预计银行客户类与银行员工类类似，因为它们都定义了 name、address 等变量。不过，也有些变量是员工类所特有的（如 salary（工资））或客户类所特有的（如 credit-rating）。我们希望将那些共同的变量定义在同一个地方，只有将员工和客户合并到一个类中我们才能做到这一点。

为了允许直接表示类之间的相似性，我们需要将类放入一个特殊化层次中。例如，我们说 employee 是 person 的一个特殊化，因为所有员工的集合是人的集合的子集，即每一个员工都是一个人。与此类似，customer 也是 person 的一个特殊化。而这种特殊化就称为类的继承。继承是有层次的，如图 8.1 所示。employee 类是 person 类的一个特殊化，我们说，employee 类继承了 person。employee 是 person 的一个子类（subclass），而 person 是 employee 类的超类（superclass）。

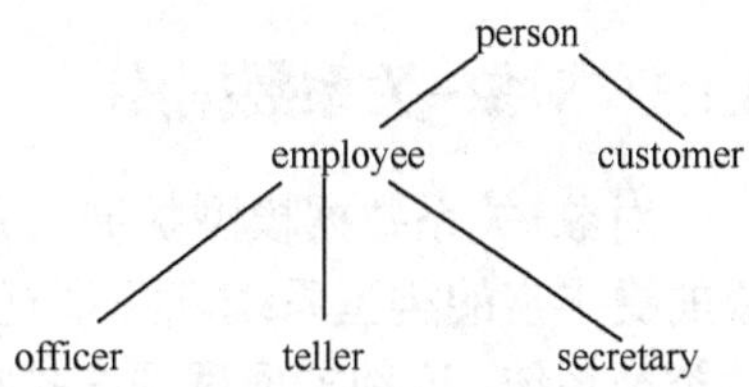

图 8.1 类层次示例

继承的含义是：子类拥有了它的超类的变量、消息与方法，同时又具有自己特有的一些变量、消息和方法。

4. 对象包含

对象之间的引用可以用来对不同的现实世界的概念进行建模，对象包含即是其中之一。为了阐明包含的概念，先参照如图 8.2 所示的简化自行车设计数据库。每一个自行车（bicycle）的设计包括车轮（wheel）、车架（frame）、车闸（brake）和齿轮（gear）。车轮又包括一个轮框（rim）、一套辐条（spokes）和一个轮胎（tire）。该设计的每个构件可以建模为一个对象，同时构件间的包含可以建模为对象间的包含。

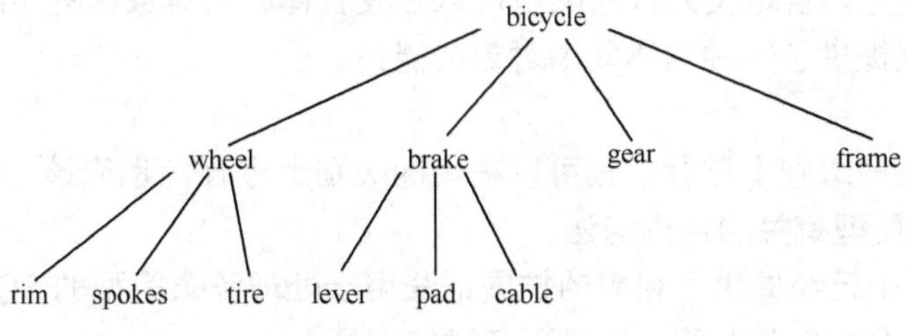

图 8.2 自行车设计数据库的包含层次

包含其他对象的对象称为复杂对象或复合对象，可以存在如图 8.2 所示的多层次的包含，这种情形就产生了对象间的包含层次。

在面向对象系统中，包含是一个重要的概念，因为它允许不同的用户用不同的粒度来观察数据。一个车轮设计者可以专注于 wheel 类的实例，而不用太关心 gear 类或 brake 类的对象。而对于一个市场人员来说，为了给整个自行车定价，可以通过引用 bicycle 类的相应实例来引用属于这个自行车的所有数据。

5. 使用面向对象概念

至此，我们已在一个抽象层次上阐述了面向对象的一些基本概念。然而，要在一个数据库系统中实际使用这些概念，我们必须用某种语言表达它们，可以用以下两条途径之一来完成。

- 将面向对象的这些概念纯粹作为一种设计工具来使用，并编码到比如说是一个关系数据库中，当我们使用 E-R 图对数据进行建模时可以采取这种方法，然后将 E-R 徒手转化为一系列的关系。
- 将面向对象的概念结合到一种用来操纵数据库的语言中。可以通过增加复杂类型和面向对象特征来扩展某种数据操纵语言，例如 SQL。在关系系统上提供面向对象扩展的系统称为对象-关系系统，下面就会介绍。也可以把一种现存的面向对象程序设计语言扩展为可以对数据库进行处理。

8.1.3 对象-关系数据库

对象-关系数据模型扩展关系数据模型的方式是通过提供一个包括复杂数据类型和面向对象的更丰富的类型系统。关系查询语言（特别在 SQL 中）需要做相应扩展以处理这些更丰富的类型系统。这种扩展试图在扩展建模能力的同时保留关系的基础——特别是对数据的说明性存取。对象-关系数据库系统（即以对象-关系模型为基础的数据库系统）为想要使用面向对象特征的关系数据库用户提供了一个方便的迁移途径。

对象-关系数据库除了具有原来关系数据库的各种特点以外，还具有以下特点。

1. 嵌套关系

在关系模型中，我们定义第一范式，它要求所有的属性都具有原子的域。如果一个域的元素被认为是不可再分的单元，则该域被称为是原子的。而嵌套关系模型是关系模型的一个扩展，在此模型中，域可以是原子的也可以赋值为关系。这样元组在一个属性上的取值可以是一个关系，于是关系可以存储在关系中。从而一个复杂对象就可以用嵌套关系的单个元组来表示。

2. 复杂类型

在关系数据库中，只支持某一固定类型集，而不能进行扩展。但在对象-关系模型中，用户可以自定义数据类型，自定义的数据类型可以是集合体、大对象（例如照片、视频等）或结构类型等。这样，就提供了一种描述复杂对象的能力。

3. 支持继承

继承可以在类型的级别上进行，也可以在表的级别上进行，也应该支持方法的重载。

4. 提供与复杂类型有关的查询语法

在 SQL-99 标准中已经提供了相应的扩展语法用于处理复杂类型的 SQL 查询。具体说明请参见介绍 SQL-99 标准的相关书籍，这里不予详细介绍。

8.2　XML

扩展标记语言（XML）最初设想并不是作为一种数据库技术，它应用的范围要大得多。事实上，XML 是一种类似于 HTML 的标记语言，但 XML 是以文档管理为基础并从标准通用标记语言（SGML）派生出来的。但是不同于 HTML，HTML 用来格式化和显示数据，XML 用来描述、存储数据。由于 XML 天生具有自描述、可扩展的特点，很适合于在多个不同的应用系统间作为交流的数据格式，所以 XML 成为目前计算机科学领域的热门技术。这里我们将简单介绍 XML 技术以及 XML 技术如何应用于数据库。

8.2.1　XML 数据结构

XML 是文档标记语言。与 HTML 不同的是，HTML 的标签集合是固定的，比如<B>标签是代表粗体显示。XML 没有指定标签集，允许的标签集可以根据需求进行特殊化。也就是说，用户可以自己定义自己所要的标签集。图 8.3 就是一个 XML 文档的例子。

```
<notes>
<note>
<to>林海</to>
<from>张远</from>
<heading>注意</heading>
<body>勿忘我！</body>
```

图 8.3　一个 XML 文档

这个 XML 文档保存的是一个便条的内容。

使用 XML 来表达数据有以下好处：

- 标签的存在使得信息是自描述的。就是说，不需要某个模式来理解文本的含义，比如我们可以很清楚地知道：这个便条是由“张远”这个人发给“林海”，其主题是“注意”，便条内容是“勿忘我！”
- 文档的格式要求可以是不严格的。XML 数据的发送者若在便条中增加一些附加信息，比如增加<date>标签来表达日期，XML 的接受者如果不知道<date>标签的含义，它可以简单地忽略它，只处理它所认识的标签数据。这种识别和忽略意外的标签的能力使数据格式可以随着时间的推移而不断演化，但不需要舍弃现存的应用程序。
- XML 格式已被广泛接受，有各种各样的可用工具来辅助对它的处理。实际上，就像 SQL 是查询关系数据的主导语言一样，XML 正在成为数据交换的主导格式。

XML 文档中基本的结构是元素（element）。一个元素是简单的一对互相匹配的开始和结束标签，以及出现在它们之间的所有文本。在图 8-3 中“<to>林海</to>”是一个元素“<note>…</note>”也是一个元素。这样，我们可以看到元素可以嵌套。XML 文档必须有一个独立的根（root）元素来包含文档中所有的其他元素。比如图 8.3 中“<notes>…</notes>”就是一个根元素。

XML 元素可以拥有属性，参见图 8.4 所示的例子。注意，<note date=“2004-7-7”>中，

date 就是 note 元素的属性。

```
<notes>
<note date= "2004-7-7" >
<to>林海</to>
<from>张远</from>
<heading>注意</heading>
<body>勿忘我！</body>
```

图 8.4　带属性的 XML 文档

为了避免多个 XML 文档之间产生元素命名冲突，我们引入名字空间机制。此机制允许一些组织机构制定全局唯一的名字作为文档中元素标签的使用。名字空间的想法就是在预先考虑每个标签或属性的时候就使用通用资源标识符（比如网址）。

有时我们需要存储包含标签的值而又不想将标签解释成为 XML 标签。为了能够做到这一点，XML 允许下面的结构：

```
<![CDATA[<note>…</note>]]>
```

因为文本<note>包含在 CDATA 中，它就作为正常的文本数据进行处理，而不是作为标签。

8.2.2　XML 文档模式和 XML 查询

数据库有模式，模式是用来限制什么信息可以存储在数据库中和限制存储信息的类型。比较起来，XML 文档默认地可以被创建为没有任何相关的模式，这样，一个元素可以有任意的子元素和属性。虽然在 XML 文档给出了数据格式的自描述特征的情况下，这样的自由有时是可以被接受的，但是当 XML 文档必须被作为应用程序的一部分进行自动处理的时候，甚至当大量的相关数据需要在 XML 中进行格式化的时候，这种自由通常是没有用处的。

XML 标准中提供了文档类型定义（Document Type Definition，DTD）来作为 XML 的模式机制。DTD 的主要目的是：限制并归类文档中的信息。但是事实上 DTD 并不限制基础类型（如整数和字符串）意义上的类型，它只限制元素中的子元素和属性的出现。DTD 主要是有关一个元素中出现何种模式的子元素的规则列表。一个 XML 文档一旦声明遵从某个 DTD，那么它里面的内部结构必须遵守 DTD 的描述，这样的 XML 文档被称为是有效的。

XML Schema 也是一种 XML 模式机制。但是它比 DTD 要先进，实际上它是 DTD 的一个超集，是 DT D 的一个改进。但同时 XML Schema 比 DTD 要复杂得多。

XML 可以保存数据，可以用来作为数据交换的媒介，因此我们必须需要一些工具用来从大的 XML 数据实体中提取信息以及在不同的表示（模式）之间进行转换。就像一个关系查询的输出是一个关系一样，一个 XML 查询的输出可以是一个 XML 文档（即从一种表示转换到另一种表示），因此查询和转换可以结合在一个工具中。在这里列出了几种提供查询和转换能力的语言：

- XPath 是一种用于路径表达式的语言，事实上也是其余两种查询语言的基石。
- XSLT 被设计为一种转换语言，作为 XSL 样式表系统的一部分，它用来控制将 XML 数据格式化为 HTML 和其他出版和显示语言。虽然 XSLT 上被设计用于格式化的，但它可以生成 XML 作为输出，并可以表达许多有趣的查询。此外，它目前是最广为采纳的用于操纵 XML 数据的可用语言。

- XQuery 是作为查询 XML 数据的标准被提出的。XQuery 结合了许多早期的有关 XML 查询的建议的特性。

所有这些语言都使用了 XML 数据的数模型。一个 XML 文档被建模为一棵树，其结点对应元素和属性。元素结点可以有子结点，子结点可以是该元素的子元素或属性。相应地，每个结点（不管是属性还是元素）除了根元素，都有一个父结点。XML 文档中元素和属性的顺序被建模为树的结点的子结点的顺序。术语父亲、儿子、祖先、后代以及兄弟都在 XML 数据的树模型中解释。

至于每种语言具体的结构和语法就不再一一介绍了，有兴趣的读者可以自行参阅 XML 相关书籍。

8.2.3　XML 与数据库

很多应用都要求将 XML 数据存储到数据库中。存储 XML 数据的一个方法是将其转化为关系表示，并将其存储到关系数据库中；另一种方法是直接使用原生 XML 数据库。

如果使用第一种方法，首要的问题是需要把 XML 数据转化为关系形式。这种转换可能是直接的，也可能是复杂和不直接的。目前有如下三种存储方法。

- 按字符串存储：把顶层元素的每一个子元素作为数据库中的一个独立元组中的一个字符串存储，此方法最简单，但是却丢失了元素的模式。
- 树表示法：将 XML 文档建模为树，并用一个关系来保存这棵树。其优点是 XML 的信息可以直接用关系的形式表示出来，缺点是每个元素被分成很多部分，元素的重组需要大量的连接操作。
- 映射为关系：将已知模式的 XML 元素映射为关系和属性。未知模式的元素按字符串存储或按树表示。

原生 XML 数据库指的是使用 XML 作为其基础数据模型的数据库。将 XML 文件中的数据存储在原生 XML 数据库（native XML database）中有以下几个理由。

首先，当你的数据是半结构化的数据时。也就是说，它的结构是普通的，但是如果将其映射到关系数据库，结果是要么出现大量空值（null）的字段，要么表格的数量过多，浪费空间或效率低下。虽然半结构化的数据可存储到面向对象的或层次型数据库中，你还可以选择将它以 XML 文件的形式存储于原生 XML 数据库。

将数据存储在原生 XML 数据库中的第二个理由是读出速度。根据 XML 数据库存储数据的物理方式的不同，数据的读出速度可以做到比关系型数据库的读取速度快得多。其原因是，原生 XML 数据库对整个文件一起进行物理存储，和表示文件各个部分的物理（而不是逻辑）指针可采用同一存储策略。这就可以不使用连接（joins）或只使用物理连接读取文件，无论哪种情况都比关系型数据库所用的逻辑连接要快。

将数据存储在原生 XML 数据库中的第三个理由是想利用 XML 的独有特性，如执行 XML 查询。由于今天以数据为中心的应用几乎没有这样做的，而且关系数据库正在逐步支持 XML 查询语言，因此这个理由越来越不充分。

将数据存储在原生 XML 数据库中的一个问题是，大多数原生数据库只能以 XML 的形式返回数据（支持元素和属性到应用程序变量绑定的只是少数）。如果应用程序需要另一种数据格式，使用数据之前必须先解析 XML。

8.3 数据仓库与数据挖掘

我们考虑这样一个问题，某公司正面临一个不可预知的商业问题，做出准确的决定将增加利润，反之将减少利润。企业现在正需要准确的信息，这恰是商业智能（Business Intelligence，BI）软件能提供的。它挖掘公司的数据库和操作系统中的数据，提供及时可控的信息，所有这些都取决于您的商业目标和规则。

商业智能软件起源于 20 多年前的联机分析处理软件（OLAP），是基于财务、ERP、CRM、SCM 等信息系统基础之上的应用软件系统，是目前最新的计算机应用研究方向。

企业界认为商务智能是指一种能力：通过智能地使用企业的数据财产来制定更好的商务决策。它的意思是说各种企业的决策人员以企业中的数据仓库（Data Warehouse）为本，经由各式各样的查询分析工具（Query/Report Tools）、联机分析处理（OLAP）工具或数据挖掘（Data Mining）工具加上决策规划人员的行业知识（Industry Knowledge），从数据仓库中获得有利的信息，进而帮助企业获利，提高生产力与竞争力。

学术界的观点是：商业智能实际上是帮助企业提高决策能力和运营能力的概念、方法、过程以及软件的集合，其主要目标是将企业所掌握的信息转换成竞争优势，提高企业决策能力、决策效率及决策准确性。

虽然商业智能是应用软件，但是商业智能的技术基础是数据库技术中比较新的几个技术方向——数据仓库、OLAP 和数据挖掘。

8.3.1 数据仓库

“数据仓库（data warehousing）”这个词意味着什么呢？在一般的仓库中，货物通过一定的规则来摆放，以便于管理者快速检索和确认货品种类，并最终以最快速度提交给提货人员。那么数据仓库是否可以理解成：它是一个满是货架的房间，而货架上按一定次序放满了各种信息等待用户提取呢？

答案是肯定的，数据仓库的模式与传统的仓库相似。例如，在一个典型的企业中，由于部门的分别，不同的数据总是存储在不同的数据库中。比如市场部、销售部、财务部或者技术部，每个部门都有自己单独的一套数据库，它们之间在物理上是完全分离的，可是在逻辑上也许有着或多或少的关联。如果有一个业务问题需要利用其中多个数据库中的数据才能得出结论，那么这个工作就变得很麻烦了。它需要有人熟悉每个部门的数据库结构，并在数据库管理员的协助下进行相关数据的采集和分析。

数据仓库可以将上面所提的各种数据整合在一个中央存储库中，为了便于分析，它还会重新整理和排列数据，这意味着新的数据库比传统的分散应用数据库更复杂。一般来说，控制程序会在非忙碌时间将数据批量转换到中央存储库，不过这个工作也可以实时进行。

目前，数据仓库一词尚没有一个统一的定义，著名的数据仓库专家 W. H. Inmon 在其所著的 *Building the Data Warehouse* 一书中给出了如下描述：数据仓库（Data Warehouse）是一个面向主题的（Subject Oriented）、集成的（Integrate）、相对稳定的（Non-Volatile）、反映历史变化（Time Variant）的数据集合，用于支持管理决策。对于数据仓库的概念我们可以从两个层次来理解：首先，数据仓库用于支持决策，面向分析型数据处理，它不同于企业现有的操作型数据库；其次，数据仓库是对多个异构的数据源的有效集成，集成后按照主题进行了重组，并包含历史数据，而且存放在数据仓库中的数据一般不再修改。

根据数据仓库概念的含义，数据仓库具有以下四个特点。

（1）面向主题

操作型数据库的数据组织面向事务处理任务，各个业务系统之间各自分离，而数据仓库中的数据是按照一定的主题域进行组织的。主题是一个抽象的概念，是指用户使用数据仓库进行决策时所关心的重点方面，一个主题通常与多个操作型信息系统相关。

（2）集成的

面向事务处理的操作型数据库通常与某些特定的应用相关，数据库之间相互独立，并且往往是异构的。而数据仓库中的数据是在对原有分散的数据库数据抽取、清理的基础上经过系统加工、汇总和整理得到的，必须消除源数据中的不一致性，以保证数据仓库内的信息是关于整个企业的一致的全局信息。

（3）相对稳定的

操作型数据库中的数据通常实时更新，数据根据需要及时变化。数据仓库的数据主要供企业决策分析之用，所涉及的数据操作主要是数据查询，一旦某个数据进入数据仓库以后，一般情况下将被长期保留，也就是数据仓库中一般有大量的查询操作，但修改和删除操作很少，通常只需要定期进行加载、刷新。

（4）反映历史变化

操作型数据库主要关心当前某一个时间段内的数据，而数据仓库中的数据通常包含历史信息，系统记录了企业从过去某一时点（如开始应用数据仓库的时点）到目前的各个阶段的信息，通过这些信息，可以对企业的发展历程和未来趋势做出定量分析和预测。企业数据仓库的建设是以现有企业业务系统和大量业务数据的积累为基础的。数据仓库不是静态的概念，只有把信息及时交给需要这些信息的使用者，供他们做出改善其业务经营的决策，信息才能发挥作用，信息才有意义。而把信息加以整理归纳和重组，并及时提供给相应的管理决策人员，是数据仓库的根本任务。因此，从产业界的角度看，数据仓库建设是一个工程，是一个过程。

整个数据仓库系统是一个包含四个层次的体系结构：数据源、数据的存储与管理、OLAP 服务器和前端工具，如图 8.5 所示。这四层结构的说明如下。

（1）数据源

数据源是数据仓库系统的基础，是整个系统的数据源泉。通常包括企业内部信息和外部信息。内部信息包括存放于 RDBMS 中的各种业务处理数据和各类文档数据。外部信息包括各类法律法规、市场信息和竞争对手的信息等。

（2）数据的存储与管理

数据仓库的真正关键是数据的存储和管理。数据仓库的组织管理方式决定了它有别于传统数据库，同时也决定了其对外部数据的表现形式。要决定采用什么产品和技术来建立数据仓库的核心，则需要从数据仓库的技术特点着手分析。针对现有各业务系统的数据，进行抽取、清理，并有效集成，按照主题进行组织。数据仓库按照数据的覆盖范围可以分为企业级数据仓库和部门级数据仓库（通常称为数据集市）。

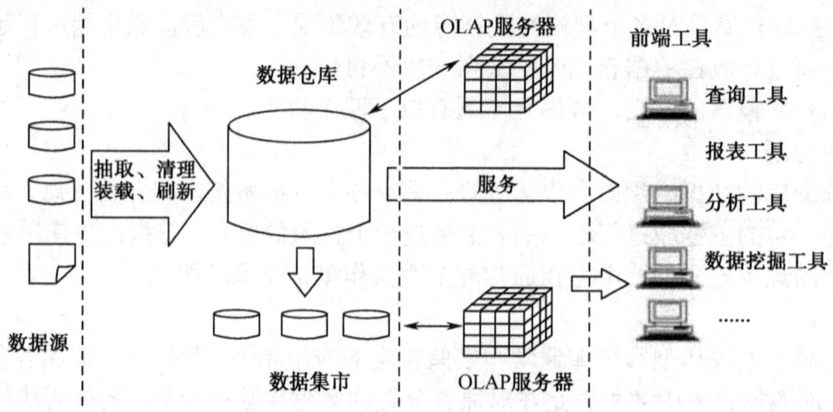

图 8.5　数据仓库系统体系结构

（3）OLAP 服务器

OLAP 服务器对分析需要的数据进行有效集成，按多维模型予以组织，以便进行多角度、多层次的分析，并发现趋势。其具体实现可以分为：ROLAP、MOLAP 和 HOLAP。ROLAP 基本数据和聚合数据均存放在 RDBMS 中；MOLAP 基本数据和聚合数据均存放于多维数据库中；HOLAP 基本数据存放于 RDBMS 中，聚合数据存放于多维数据库中。

（4）前端工具

前端工具主要包括各种报表工具、查询工具、数据分析工具、数据挖掘工具以及各种基于数据仓库或数据集市的应用开发工具。其中数据分析工具主要针对 OLAP 服务器，报表工具、数据挖掘工具主要针对数据仓库。

8.3.2　OLAP

当数据被导入数据仓库后，借助一些数据库连接和操作工具，如联机分析处理（OLAP）工具，管理者或者其他用户就可以轻松地操作数据库并得到所需的商务数据。

OLAP 可以让用户通过简单的操作在数据库中对所需数据进行快速检索。

在 OLAP 服务器中，数据被重新整理以适应商务报表和分析请求的格式，包括：

- 异常报告（exception reporting）
- 随即分析（ad-hoc analysis）
- 资金使用与预算报告（actual vs. budget reporting）
- 数据挖掘（data mining，在数据中寻找趋势或者反常）

为了快速处理商务查询，有的 OLAP 服务器会对查询结果进行预处理，而一个异常查询的预处理结果也许比整个数据仓库的体积还要大好几倍。

OLAP 主要分为两大类：使用多维数据库的 MOLAPS 和使用关系数据库的 ROLAPS。MOLAP 是一种两层的客户服务器架构，OLAP 数据库既服务于数据库层，也服务于应用逻辑层，因此应用逻辑和数据库访问都位于同一系统中。

ROLAP 通常使用三层架构，其数据库层和应用逻辑层是分离的，并且其数据存储在关系型数据库中，而不像 MOLAP 那样将数据存储在多维数据库中。

至于何种架构更适合你，则应根据需要而定。MOLAPS 和 ROLAPS 相比，具有更短的处理时间和更快的响应速度，并且对于用户需求更为灵活。而 ROLAPS 在处理的数据总量和支持的客户数方面强于 MOLAPS。

此外，还有一种 OLAP 也越来越流行，这就是混合联机分析处理（hybrid online analytical processing，HOLAP）。从字面上我们可以大致看出，HOLAP 是上面两种分类的融合，它同时利用了多维数据库和关系数据库。HOLAP 的优势在于它可以在性能需求和存储量需求之间找到一个平衡点，从而充分利用系统潜能。

8.3.3 数据挖掘

数据挖掘（Data Mining）是从大量的、不完全的、有噪声的、模糊的、随机的数据中提取隐含在其中的、人们事先不知道的、但又是潜在有用的信息和知识的过程。随着信息技术的高速发展，人们积累的数据量急剧增长，动辄以 TB 计，如何从海量的数据中提取有用的知识成为当务之急。数据挖掘就是为顺应这种需要应运而生发展起来的数据处理技术，是知识发现（Knowledge Discovery in Database）的关键步骤。

1. 数据挖掘的任务

数据挖掘的任务主要是关联分析、聚类分析、分类、预测、时序模式和偏差分析等。

（1）关联分析（association analysis）

关联规则挖掘是由 Rakesh Apwal 等人首先提出的。若两个或两个以上变量的取值之间存在某种规律性，就称为关联。数据关联是数据库中存在的一类重要的、可被发现的知识。关联分为简单关联、时序关联和因果关联。关联分析的目的是找出数据库中隐藏的关联网。一般用支持度和可信度两个值来度量关联规则的相关性，还不断引入兴趣度、相关性等参数，使得所挖掘的规则更符合需求。

（2）聚类分析（clustering）

聚类是把数据按照相似性归纳成若干类别，同一类中的数据彼此相似，不同类中的数据相异。聚类分析可以建立宏观的概念，发现数据的分布模式，以及可能的数据属性之间的相互关系。

（3）分类（classification）

分类就是找出一个类别的概念描述，它代表了这类数据的整体信息，即该类的内涵描述，并用这种描述来构造模型，一般用规则或决策树模式表示。分类是利用训练数据集通过一定的算法而求得分类规则，分类可被用于规则描述和预测。

（4）预测（predication）

预测是利用历史数据找出变化规律，建立模型，并由此模型对未来数据的种类及特征进行预测。预测关心的是精度和不确定性，通常用预测方差来度量。

（5）时序模式（time-series pattern）

时序模式是指通过时间序列搜索出的重复发生概率较高的模式。与回归一样，它也是用已知的数据预测未来的值，但这些数据的区别是变量所处时间的不同。

（6）偏差分析（deviation）

在偏差中包括很多有用的知识，数据库中的数据存在很多异常情况，发现数据库中数据存在的异常情况是非常重要的。偏差检验的基本方法就是寻找观察结果与参照之间的差别。

2. 数据挖掘的对象

根据信息存储格式，用于挖掘的对象有关系数据库、面向对象数据库、数据仓库、文本数据源、多媒体数据库、空间数据库、时态数据库、异质数据库以及 Internet 等。

3. 数据挖掘流程

- 定义问题：清晰地定义出业务问题，确定数据挖掘的目的。
- 数据准备：数据准备包括选择数据——在大型数据库和数据仓库目标中提取数据挖掘的目标数据集；数据预处理——进行数据再加工，包括检查数据的完整性及数据的一致性、去噪声、填补丢失的域、删除无效数据等。
- 数据挖掘：根据数据功能的类型和数据的特点选择相应的算法，在净化和转换过的数据集上进行数据挖掘。
- 结果分析：对数据挖掘的结果进行解释和评价，转换成为能够最终被用户理解的知识。
- 知识的运用：将分析所得到的知识集成到业务信息系统的组织结构中。

4. 数据挖掘的方法

（1）神经网络方法

神经网络由于本身良好的自组织自适应性、并行处理、分布存储和高度容错等特性非常适合解决数据挖掘的问题，因此近年来越来越受到人们的关注。典型的神经网络模型主要分三大类：以感知机、BP 反向传播模型、函数型网络为代表的，用于分类、预测和模式识别的前馈式神经网络模型；以 Hopfield 的离散模型和连续模型为代表的，分别用于联想记忆和优化计算的反馈式神经网络模型；以 ART 模型、Koholon 模型为代表的，用于聚类的自组织映射方法。神经网络方法的缺点是“黑箱”性，人们难以理解网络的学习和决策过程。

（2）遗传算法

遗传算法是一种基于生物自然选择与遗传机理的随机搜索算法，是一种仿生全局优化方法。遗传算法具有的隐含并行性、易于和其他模型结合等性质使得它在数据挖掘中被加以应用。

（3）决策树方法

决策树是一种常用于预测模型的算法，它通过将大量数据有目的的分类，从中找到一些有价值的、潜在的信息。它的主要优点是描述简单，分类速度快，特别适合大规模的数据处理。最有影响和最早的决策树方法是由 Quinlan 提出的著名的基于信息熵的 ID3 算法。它的主要问题是：ID3 是非递增学习算法；ID3 决策树是单变量决策树，复杂概念的表达困难；同性间的相互关系强调不够；抗噪性差。针对上述问题，出现了许多较好的改进算法，如 Schlimmer 和 Fisher 设计了 ID4 递增式学习算法，钟鸣和陈文伟等提出了 IBLE 算法。

（4）粗集方法

粗集理论是一种研究不精确、不确定知识的数学工具。粗集方法有几个优点：不需要给出额外信息；简化输入信息的表达空间；算法简单，易于操作。粗集处理的对象是类似二维关系表的信息表。目前成熟的关系数据库管理系统和新发展起来的数据仓库管理系统，为粗集的数据挖掘奠定了坚实的基础。但粗集的数学基础是集合论，难以直接处理连续的属性。而现实信息表中连续属性是普遍存在的，因此连续属性的离散化是制约粗集理论实用化的难点。现在国际上已经研制出来了一些基于粗集的工具应用软件，如加拿大 Regina 大学开发的 KDD-R，美国 Kansas 大学开发的 LERS 等。

（5）覆盖正例排斥反例方法

该方法是利用覆盖所有正例、排斥所有反例的思想来寻找规则。首先在正例集合中任选一个种子，到反例集合中逐个比较。与字段取值构成的选择子相容则舍去，相反则保留。按此思想循环所有正例种子，将得到正例的规则（选择子的合取式）。比较典型的算法有 Michalski 的 AQ11 方法、洪家荣改进的 AQ15 方法及其 AE5 方法。

(6) 统计分析方法

在数据库字段项之间存在两种关系：函数关系和相关关系，对它们的分析可采用统计学方法，即利用统计学原理对数据库中的信息进行分析。可进行常用统计（求大量数据中的最大值、最小值、总和、平均值等）、回归分析（用回归方程来表示变量间的数量关系）、相关分析（用相关系数来度量变量间的相关程度）、差异分析（从样本统计量的值得出差异来确定总体参数之间是否存在差异）等。

(7) 模糊集方法

利用模糊集合理论对实际问题进行模糊评判、模糊决策、模糊模式识别和模糊聚类分析。系统的复杂性越高，模糊性越强，一般模糊集合理论是用隶属度来刻画模糊事物的亦此亦彼性的。李德毅等人在传统模糊理论和概率统计的基础上，提出了定性定量不确定性转换模型——云模型，并形成了云理论。

5. 评价数据挖掘软件需要考虑的问题

越来越多的软件供应商加入了数据挖掘这一领域的竞争。用户如何正确评价一个商业软件，选择合适的软件成为数据挖掘成功应用的关键。

评价一个数据挖掘软件主要应考虑以下四个主要方面。

(1) 计算性能：如该软件能否在不同的商业平台运行；软件的架构；能否连接不同的数据源；操作大数据集时，性能变化是线性的还是指数的；计算效率；是否基于组件结构易于扩展；运行的稳定性等。

(2) 功能性：如软件是否提供足够多样的算法；能否避免挖掘过程黑箱化；软件提供的算法能否应用于多种类型的数据；用户能否调整算法和算法的参数；软件能否从数据集随机抽取数据建立预挖掘模型；能否以不同的形式表现挖掘结果等。

(3) 可用性：如用户界面是否友好；软件是否易学易用；软件面对的用户是初学者、高级用户还是专家？错误报告对用户调试是否有很大帮助；软件应用的领域是专攻某一专业领域还是适用多个领域等。

(4) 辅助功能：如是否允许用户更改数据集中的错误值或进行数据清洗；是否允许值的全局替代；能否将连续数据离散化；能否根据用户制定的规则从数据集中提取子集；能否将数据中的空值用某一适当均值或用户指定的值代替；能否将一次分析的结果反馈到另一次分析中；等等。

8.3.4　实现

目前有数百家厂商都在销售数据仓库、OLAP、数据挖掘以及决策支持系统软件，其中主要厂商有 IBM、Oracle、COGNOS 和 Microsoft 等。另外，Internet 上关于数据仓库及其相关工具的介绍也多如牛毛，你可以搜索“OLAP”或“数据仓库”来得到很多有用的知识。

数据仓库是一个复合项目，要想实现它需要专业知识。如果在设计和实施数据仓库项目时没有得到专门的技术支持，就会造成巨大的资源浪费。

8.4　其他新技术

在数据库的大部分历史中，存储在数据库中的数据类型相对简单，这可以从较早的 SQL 版本只支持非常有限的数据类型中反映出来。但是，在过去的几年中，在数据库中处理新的数据类型的需求不断增加，像时态数据、空间数据和多媒体数据等。

在近十年中另一个主要趋势是：移动。手机和各种便携设备的流行，使得移动应用模型越来越为人们所重视。所以，可移动数据库也成为人们所重视的数据库技术之一。我们在这里简单地介绍这几种新技术。

1．时态数据库

一般而言，数据库系统对世界的当前状态建模，不会保存过去状态的信息，比如当前的客户、当前的学生和当前提供的课程。在许多应用中，保存和检索有关过去状态的信息非常重要。例如，一个患者数据库必须保存每个患者的病历信息；一个工厂监视系统可能要保存工厂中传感器当前和过去的读入数据以进行分析。虽然历史信息可以被手工加入到模式设计中，然而这项工作可以通过数据库对时态数据的支持大大简化。存储现实世界的时间经历状态信息的数据库叫做时态数据库（temporal database）

2．空间数据库

空间数据包括地理数据，如地图和相关信息，以及计算机辅助设计数据，如集成电路设计或者建筑设计。空间数据的应用最初将数据作为文件保存到一个文件系统中，这和早先的商务应用相同。但是随着数据量和复杂度、用户数量的增加，文件系统保存和检索数据的特殊方法已经被证明不能满足许多空间应用的要求。空间数据的应用尤其需要数据库系统提供有效存储和查询大量数据的能力。目前，一些数据库产品已经提供了一些对空间数据的支持，如 IBM DB2 SPATIAL EXTENDER 和 Oracle Spatial。

3．多媒体数据库

多媒体数据，如图像、音频和视频等，成为日益流行的数据格式。现在，多媒体数据通常存在于数据库以外的文件系统中。当多媒体对象的数目相对较少时，这种存储方式不会有任何问题。但是当存储的多媒体对象数目很多时，数据库的特性就变得重要起来了。随之，事务更新查选机制和索引等问题也变得重要。多媒体对象常常有描述属性，如指明它们是何时创建的、谁创建的以及它们属于哪一类等这样的属性。把多媒体数据存储在数据库中，必须解决以下几个问题：

- 数据库必须支持大对象，因为诸如视频之类的多媒体数据可能会占据几个吉字节（GB）的存储空间。
- 某些类型的数据检索，如音频和视频，要求数据的传输必须在一个可以保证的平稳速率上。例如，如果音频数据没有及时提供，声音就会有间断。
- 许多多媒体数据库应用都需要基于相似性的检索。例如，在存储指纹图像的数据库中，如果提供了要查询的指纹图像，要求数据库中与该指纹相似的指纹必须被检索出来。

4．可移动数据库

移动计算在许多应用中都被证明是有用的。无线带来一个新形式：计算机不再具有固定位置和网络地址。位置相关查询是由移动计算促成的一类有趣的查询。比如，汽车的电子导航就是这种查询的应用。能源（电池电源）对许多移动计算设备来说一个稀有资源。这一限制影响了系统设计的许多方面。能源效率需求带来的有趣结果之一是使用计划的数据广播来减少移动系统传输查询的需求。越来越多的数据会放在由用户管理的而不是数据库管理员管理的计算机上，并且这些计算机有时可能与网络断开连接。在许多情况下，可移动数据库要使用户在断开连接时仍能继续工作并且要保证数据一致性不遭到破坏。

8.5　本 章 小 结

一些数据库系统的应用领域由于关系数据模型的局限而受到了限制。因此，研究人员开发了一些数据模型来处理这些应用领域。对象数据模型是基于面向对象编程语言范型的，这种范型目前被广泛应用。对象-关系数据模型结合了关系模型和面向对象模型的特点，这种模型提供面向对象数据库的丰富的类型体系，结合了关系作为数据存储的基础。XML 语言开始时设计为一种用来给文本文档增加额外信息的途径，但由于在数据交换中的应用它已经变得重要起来。XML 提供了一条途径来表示有嵌套结构的数据，并且在数据的结构化方面允许有非常大的灵活性，这对某些非传统类型的数据非常重要。

数据仓库把组织结构的不同部分产生的数据集中在一起。数据挖掘的目标是在大量数据中找到各种复杂形式的模式。

最后，介绍了几种越来越来为人们重视的数据库新技术：时态数据库、空间数据库、多媒体数据库以及可移动数据库。

习　　题

1．传统数据库系统主要的局限性有哪些？
2．面向对象数据库应具有什么功能？
3．对象-关系数据库的主要特点是什么？
4．XML 如何应用到数据库？
5．什么是数据仓库？它有哪些特点？
6．什么是数据挖掘？

附录 A　实训练习操作

本书针对一些章提供了相应的实训内容，实训与各章对应的情况如下：

实训一	第 1 章
实训二~实训八	第 2 章
实训九	第 3 章
实训十	第 4 章
实训十一	第 5 章
实训十二、实训十三	第 6 章
实训十四	SQL 综合练习

实训一　熟悉 SQL Server 2008 环境和 SQL 定义语句

【实训目的】

1．掌握启动 SQL Server 2008 环境。

2．掌握使用脚本文件生成示例数据库的操作。

3．掌握使用 create table 语句定义数据表。

【实训重点与难点】

1．用脚本文件生成示例数据库的操作。

2．定义数据表。

【实训内容】

1．熟悉 Microsoft SQL Server 2008 的环境及使用。

步骤：（1）在“开始”菜单中找到 SQL Server Management Studio，如图 A-1 所示。

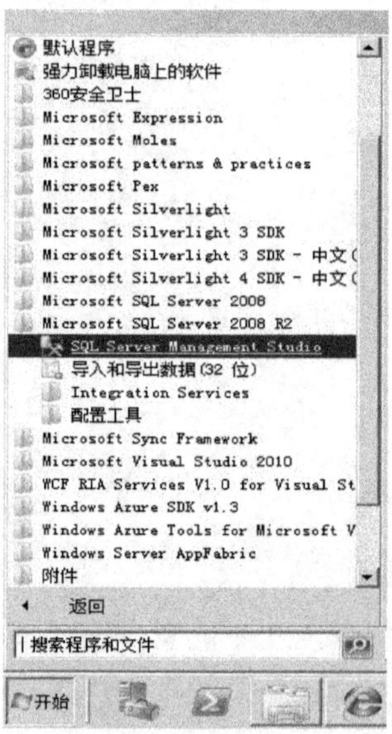

图 A-1　启动 SQL Server Management Studio

（2）进入主界面之前要进行数据库连接，如图 A-2 所示。

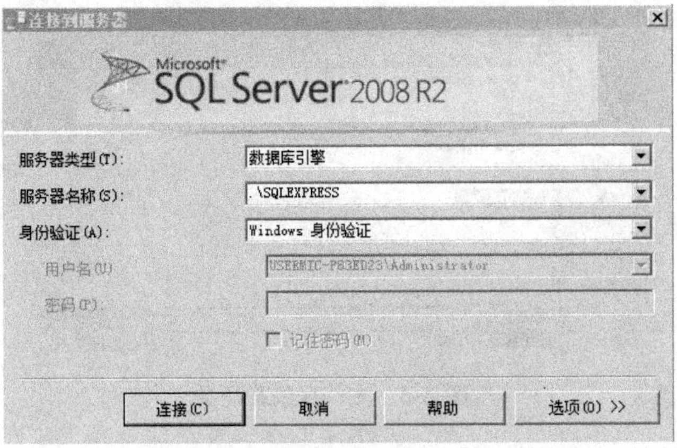

图 A-2　连接数据库界面

（3）单击“连接”按钮，进入主界面，如图 A-3 所示。

图 A-3　SQL Server Management Studio 主界面

2．掌握使用脚本文件生成示例数据库的操作。

步骤：（1）在主界面中选择“文件”菜单中的“打开”命令，选择“文件（F）…”，如图 A-4 所示。

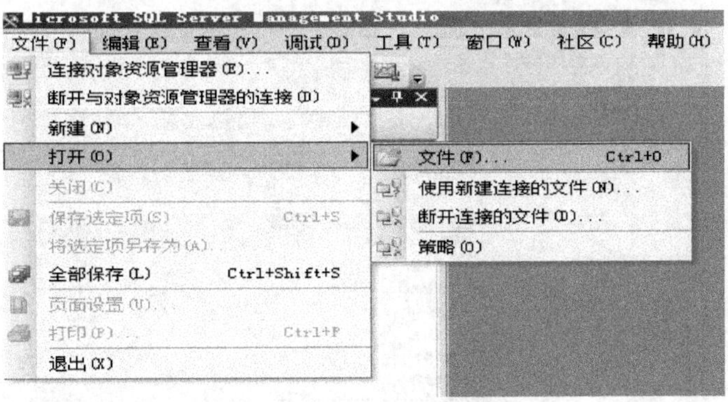

图 A-4　打开文件菜单命令

（2）找到“示例数据库脚本”文件，单击“打开”按钮，如图 A-5 所示。

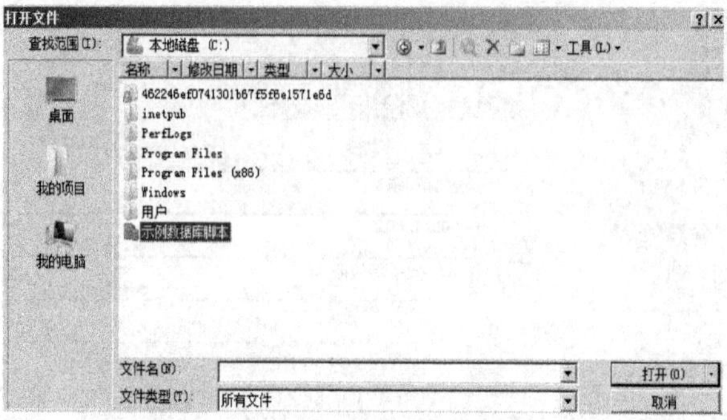

图 A-5　文件存放路径

（3）再次单击“连接”按钮，进入主界面，如图 A-6 所示。

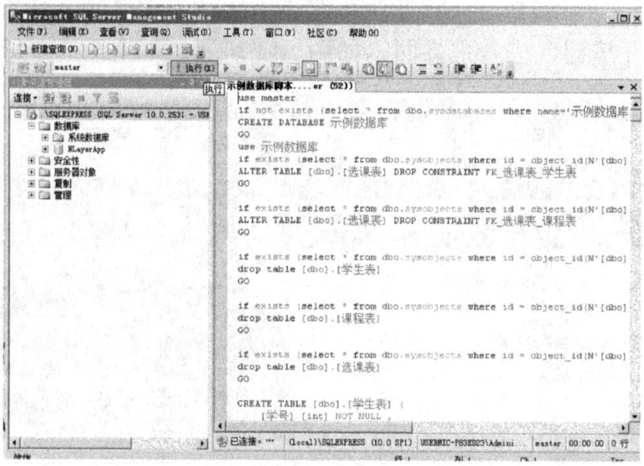

图 A-6　“示例数据库脚本”界面

（4）单击“执行”按钮，建立“示例数据库”，如图 A-7 所示。

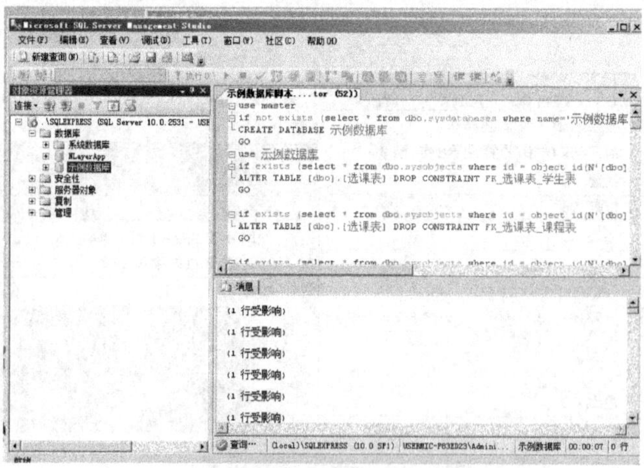

图 A-7　查看“示例数据库”界面

3．定义语句的基本结构。

定义表即是定义表所包含的列的结构，包括列的名称、数据类型、约束等。

基本结构是：

```
CREATE  TABLE  <表名> (
            <列名 1>  <数据类型 1>,
            <列名 2>  <数据类型 2>,
            <列名 3>  <数据类型 3>,
              ⋮
            <列名 n>  <数据类型 n> )
```

4．用户可以改变表中原先定义的许多选项。

可以增加列（新列要么允许为空，要么有一个 Default 子句）、删除列、修改列的定义。若表不可用，还可以直接删除表。

基本结构如下。

● 修改表的语法格式为：

```
ALTER TABLE <表名> ALTER COLUMN  <列名> <新数据类型>
```

● 添加列的语法格式为：

```
ALTER  TABLE  <表名>  ADD  <新列名>  <数据类型>
```

● 删除列的语法格式为：

```
ALTER  TABLE  <表名>  DROP  COLUMN  <列名>
```

● 删除表的语法格式为：

```
DROP  TABLE  <表名>
```

5．按下列要求完成操作。

● 给自己的寝室新建一个“通讯录”表，包括“学号 int”、“姓名 char(8)”和“联系电话 char(11)”三列。

● 用 ALTER TABLE 语句，把“学号 int”的数据类型修改成 char(8)。

● 以下语句可以为“通讯录”表添加一条记录：

insert into 通讯录 values('10312301','张小燕','138123456789')

仿照上述命令，为“通讯录”表添加三位好友信息。

.

● 用 ALTER TABLE 添加一个“身份证 char(18)”列。

● 以下语句是为张小燕同学更改身份证信息：

update 通讯录 set 身份证='33032319XX01011111' where 姓名='张小燕'

仿照上述命令，用 update 命令更改其他几位好友的身份证信息（内容自定）。

【实训小结】

【教师评阅意见】

实训二 SQL 基本查询语句

【实训目的】

1．掌握 SELECT 语句的基本结构。

2．掌握 SELECT 中选择、投影及对查询结构排序。

【实训重点与难点】

1．SELECT 语句的基本结构。

2．简单查询条件。

3．多重排序。

【实训内容】

SQL（Structure Query Language）是结构化查询语言的简称，是关系型数据库管理系统中最流行的数据查询和更新语言。学好 SQL 语言是学好关系数据库的关键。

1．查询语句的基本结构。

SELECT 语句完整的语法形式非常复杂，以下是 SELECT 的简洁语法形式：

```
SELECT <目标列名序列>                --需要输出哪些列
FROM <数据源>                        --来自于哪些表
[ WHERE <检索条件表达式>]            --根据什么条件
[ GROUP BY <分组依据列>]
[ HAVING <组提取条件>]
[ORDER BY <排序依据列>]
```

2．投影操作与选择操作。

在 SELECT 子句后指定列名以实现投影操作，在 WHERE 子句后给出条件以实现选择操作。

3．对查询结果排序。

用 ORDER 子句对查询结果集进行排序，分升序（ASC）与降序（DESC），系统默认为升序。

4．请完成以下查询语句：

● 从示例数据库中查询所有 GZ02 计 6 的男同学：

select __________ from 学生表 where____________ and________________

● 检索所有选修课程号为 2 或 1 的并且成绩在 80 以上的同学，显示其学号和选修的课程号：

select 学号，____________from 选课表 where________________________

● 检索出已经选过课的同学的学号：

select________ __________from 选课表

● 检索出班级名中以“G”开头、中间包括“机制”的同学的学号，班级和年龄：

select 学号，班级,_________________from 学生表 where_________________

● 查找学生表中字段“班级”含有空值且“年龄”字段不为空的记录：

select______________from 学生表 where 班级 is null and___________________

● 检索出选修课程号为 1 的同学，并将相应的成绩重命名为“软件工程成绩”输出：

select _____________,____________,_____________from 选课表 where ___________

【实训小结】

【教师评阅意见】

实训三　分 组 计 算

【实训目的】

1．熟练掌握基本聚集函数的使用。

2．熟练掌握 GROUP BY 子句与 HAVING 子句的使用。

【实训重点与难点】

1．聚集的意义和概念。

2．Group By 的限制性。

3．Having 和 Where 的区别。

【实训内容】

1．聚集函数。

聚集函数的作用是对一组值进行计算并返回一个单值。聚集函数可以返回整个或者几个列或者一个列的汇总数据，它常用来计算 SELECT 语句查询的统计值。例如，求某个列的平均值、最大值等，并且聚集函数经常与 SELECT 语句的 GROUP BY 子句一同使用，按照给定的条件进行分组，计算一些合计值。基本的聚集函数如下表所示，读者应该掌握。

基本聚合函数及功能

聚 集 函 数	功　能
AVG	返回数据表达式的平均值
COUNT	返回在某个表达式中数据值的数量
COUNT（*）	返回所选择行的数量
MAX	返回表达式中的最大值
MIN	返回表达式中的最小值
SUM	返回表达式中所有值的和

注意：除 COUNT（*）外，其他函数在计算时忽略 NULL 值。

2．使用 GROUP BY 子句进行分组操作。

聚集函数本身只能产生一个单个的汇总数据，使用 GROUP BY 子句之后，就可以生成分组的汇总数据。GROUP BY 子句把数据组织起来分成组。一般情况下，根据表中的某一列进行分组，并且使用聚集函数，对每一个组只能产生一个单个值。

3．使用 HAVING 子句在分组的基础上进行筛选。

联合使用 GROUP BY 子句与 HAVING 子句，将在数据分组的基础上，进一步对数据进行汇总。可以用子句 HAVING 为结果集中的组设置条件。在结果集中，HAVING 子句可以在分组的同时，对字段或表达式指定搜索条件。HAVING 子句为 GROUP BY 设置条件的方式，与 WHERE 子句为 SELECT 语句设置条件的方式大致相同。

4．对 WHERE、GROUP BY、HAVING 三个子句的区分。

WHERE 子句用来筛选 FROM 子句中指定的操作所产生的行，GROUP BY 子句用来分组 WHERE 子句的输出，而 HAVING 子句用来从分组的结果中筛选行。

5．请完成以下查询语句。

● 检索出课程表中的信息，并且按照周课时数降序排列。

● 列出每个班级的人数并且按照人数降序排列。

● 求出学校的平均每班人数（提示：平均每班人数=全校总人数/总班级数）。

● 从选课表中按照课程号汇总平均成绩，并按平均成绩从高到低排序。

● 计算出每个同学所有成绩的平均值和最大值。

● 检索出那些男生的人数多于 20 个的班级，结果包括班级和男生人数。

● 列出有重名现象的学生姓名和此重名学生的个数。

【实训小结】

【教师评阅意见】

实训四　多个表中检索数据

【实训目的】

1．理解连接查询的三种形式。

2．理解交叉连接、外连接，熟练掌握内连接。

3．理解并掌握自连接形式。

【实训重点与难点】

1．内连接的意义和语法。

2．自连接的意义和形式。

【实训内容】

连接就是允许同时从两个表或者两个以上的表中检索数据，指定这些表中的某个或者某些列作为连接条件。连接查询是关系数据库中最主要的查询，主要包括内连接、外连接和交叉连接等。

1．交叉连接。

交叉连接即笛卡儿乘积，是指两个关系中所有元组的任意组合。一般情况下，交叉查询是没有实际意义的。

2．内连接。

内连接是一种最常用的连接类型，在内连接查询中，只有满足条件的元组才能出现在结果关系中。内连接查询有两种表示形式：一种是在 FROM 子句中使用关键字 INNER JOIN，此时需要用关键字 ON 指定连接条件（ANSI 连接）；另一种是不使用 INNER JOIN，但需在 WHERE 子句中指定连接条件（theta 连接，非 ANSI 标准）。

3．自连接。

自连接是一种特殊的内连接，它是指相互连接的表在物理上为同一张表，但可以在逻辑上分为两张表。使用自连接时，必须在逻辑上为两个表取别名，使之在逻辑上成为两张表。取别名的格式为：

FROM　表名　AS　别名

当为表指定了别名以后，在查询语句中的其他地方用到该表名时，都应使用其别名，而不能使用其原表名。

4．外连接。

内连接的查询结果都是满足连接条件的元组，但有时我们也希望输出那些不满足连接条件的元组的信息，这时就需要使用外连接。

5．请完成以下查询语句。

● 检索所有选修课程号为 2 或 1 的 GZ02 计 6 班的同学，显示其学号和课程名称。

● 列出已经选择了软件工程这门课的学生信息。

● 检索出年龄和性别都与学号为“2011109”的学生相同的学生信息。

● 按班级汇总各班平均成绩。

● 计算出每门课程的最高分、最低分、平均分，且结果中要求列出课程名和教师。

● 汇总出每个班级总的课时数（即每个班级所有学生选课时数的总和），并按总课时数降低排序。

【实训小结】

【教师评阅意见】

实训五 返回单列结果集的查询

【实训目的】

1．掌握子查询的意义和形式。

2．掌握如何利用非相关子查询。

【实训重点与难点】

非相关子查询的用途。

【实训内容】

子查询是一系列 SELECT 语句的嵌套使用。SELECT 语句可以嵌套在其他许多语句中，例如 SELECT、INSERT、UPDATE、DELETE 等，这些嵌套的 SELECT 语句就称为子查询。

1．非相关子查询。

非相关子查询包括：

● 把子查询用做派生的表。

● 把子查询用做表达式。

2．连接与子查询的转换。

一般情况下，子查询是可以与连接查询相互转换的。

3．请完成以下查询语句。

● 查询一门课都没有选的学生信息。

● 检索出 GZ02 计 6 班年龄大于等于全校学生平均年龄的学生信息。

● 列出课程号为 1 的最高分获得者的信息。

● 检索出选修了 COM 技术课的学生信息。

● 查询出其 2 号课程成绩比所有 1 号课程成绩都低那些学生的学号。

方法一（用 ALL）。

方法二（用 Min）。

取得班级人数在全校平均班级人数以上的班级以及人数。

【实训小结】

【教师评阅意见】

实训六　动态执行的子查询

【实训目的】

掌握如何利用相关子查询。

【实训重点与难点】

相关子查询的用途。

【实训内容】

子查询是一系列 SELECT 语句的嵌套使用。SELECT 语句可以嵌套在其他许多语句中，例如 SELECT、INSERT、UPDATE、DELETE 等，这些嵌套的 SELECT 语句就称为子查询。

1. 相关子查询可被用做动态表达式，这个表达式的值相对于外层查询的每一行而变化。查询处理器为外层查询的每一个记录计算子查询的值，一次一行，而这个子查询每次都会被作为一个表达式而被计算并返回给外层查询。相关子查询是动态执行的子查询和外层查询间的一个非常有效的联合。

使用相关子查询时，内层子查询被反复执行，外层查询有多少记录，内层查询就被执行多少次。

2. 请完成以下查询语句。

● 检索出只选择了 1 号课程的学生信息（用 Exists）。

SELECT * FROM 学生表 WHERE
EXISTS （SELECT * FROM 选课表 WHERE 课程号=1 AND 学号=学生表.学号）
AND NOT EXISTS （____________________ AND 学号=学生表.学号）

● 列出每个学生 1 号～4 号课程的成绩，要求列出学号、姓名和各科成绩，结果格式为：
学号，姓名，1 号成绩，2 号成绩，3 号成绩，4 号成绩

SELECT 学号,姓名,
(____) AS '1 号成绩',
(____) AS '2 号成绩',
(____) AS '3 号成绩',
(____) AS '4 号成绩'
FROM 学生表

● 按照教师，列出他的课程的被选次数。

SELECT 教师,
(SELECT COUNT（学号）FROM 选课表 WHERE
________ IN (__________________________________) AS '被选次数'
FROM 课程表 AS T
GROUP BY______

● 检索出每门课的及格人数和不及格人数（按照课程名、及格人数、不及格人数排列）

● 检索出起码上过两个教师课程的学生。

SELECT * FROM 学生表 WHERE
(SELECT COUNT(__________) FROM 课程表
WHERE ____IN (__________________________________)>=2

● 列出每个学生每周要上的课时数（按照学号,姓名,课时数排列）。

SELECT 学号,姓名,
(SELECT SUM(____) FROM 课程表

WHERE_____IN (____) AS 课时数
FROM 学生表

【实训小结】

【教师评阅意见】

实训七　修改数据表

【实训目的】

掌握 INSERT、UPDATE、DELETE 三个数据操作语句。

【实训重点与难点】

数据操作（DML 语句），带 SELECT 的 INSERT 语句。

【实训内容】

1．数据操纵语句。

用 INSERT、UPDATE、DELETE 三个语句来完成对数据进行添加、更新及删除的操作，这三个语句能修改数据库中的数据，但不返回结果集。

2．请完成以下数据操纵语句。

● 学号为“1031231”的学生，新选修了 3 号课程，成绩未知。

● 为 GZ02 计 6 班未选 4 号课程的学生补选 4 号课程。

● 将名字为“王玲俐”的学生的年龄修改为 18 岁，班级改为“GZ02 计 8”。

● 将“软件工程”这门课成绩在 60 分以下的学生的成绩统一修改为 59 分。

● 删除课程号为 1 号的所有的选课信息。

● 因为特殊原因，涂老师不能上 GZ02 财 2 班的课，请帮他删除相应记录。

【实训小结】

【教师评阅意见】

实训八　查询综合练习

【实训目的】

通过第 2 章的综合练习，帮助学生巩固第 2 章所学知识。

【实训重点与难点】

SELECT 语句的用法，子查询，查询技巧。

【实训内容】

1. 查询出教过 GZ02 计 5 班的教师名称（连接和子查询）。

2. 查询出选了“Delphi”课程的总人数（连接和子查询）。

3. 查询出被涂老师教过的学生的人数和平均年龄（连接和子查询）。

4. 查询出同时选了 2 号和 3 号课程且成绩均已及格的学生姓名（子查询）。

5. 查询出姓陈且有功课不及格的学生信息（子查询）。

6. 查询出姓王且所有功课都及格的学生信息（子查询）。

7. 查询出女生选修的总课时数（分别尝试用连接和子查询实现，再判断哪种做法是正确的）。

8. 查询出未参加选课的计算机系学生信息。

【实训小结】

【教师评阅意见】

实训九　信息世界的建模

【实训目的】

1．掌握实体-联系模型中所涉及的基本概念。

2．掌握码的确定。

3．掌握实体-联系的表示方法。

4．掌握实体-联系图的画法。

【实训重点与难点】

实体-联系的表示方法（难点），实体-联系图的画法。

【实训内容】

根据以下情况，为某一计算机经销商设计一个数据库。实际情况描述如下。

该经销商包括的信息：生产厂商，产品的信息。其中：

- 生产厂商的信息包括名称、地址、电话等。
- 产品的信息包括生产商、品牌、型号、配置、进价等。

1．根据以上事实，请为该管理系统进行第一层次的抽象转换。

实体名称	属性	码

2．一种产品可以由多个生产商提供，一个生产商也可以生产多种不同的产品，根据以上实际情况，请为该两个实体建立联系。

联系名称	联系的类型	联系集中的码

3．用 E-R 图描述该数据库。

4．若该数据库中加入了顾客的信息，包括姓名、地址、身份证号等，一个顾客可以购买不同的产品，一种产品可以卖给不同的顾客，请修改该数据库，用E-R图加以描述。

5．用E-R图表示某仓库管理的概念模型。

（1）实体。

仓库：其属性有仓库号、面积、电话号码。

零件：其属性有零件号、名称、规格、单价、描述。

供应商：其属性有供应商号、姓名、地址、电话号码、账号。

职工：其属性有职工号、姓名、年龄、职称。

（2）各实体间的联系。

一个仓库可以存放多种零件，一种零件可以存放在多个仓库中。

一个仓库有多个职工当仓库员，一个职工只能在一个仓库工作。

职工之间具有领导与被领导关系，即仓库主任领导若干个保管员。

一个供应商可以供给多种零件，一个零件可以由多个供应商供给。

【实训小结】

【教师评阅意见】

实训十 逻辑数据的建模

【实训目的】

1．掌握关系的基本结构及术语。

2．理解关系的完整性约束。

3．掌握E-R模型转换成关系模型的方法。

【实训重点与难点】

E-R 模型转换成关系模型的方法。

【实训内容】

1．下列 E-R 图中，若顾客购买了某一产品后，需要记录下日期和数量等特征，请问怎么修改 E-R 图？

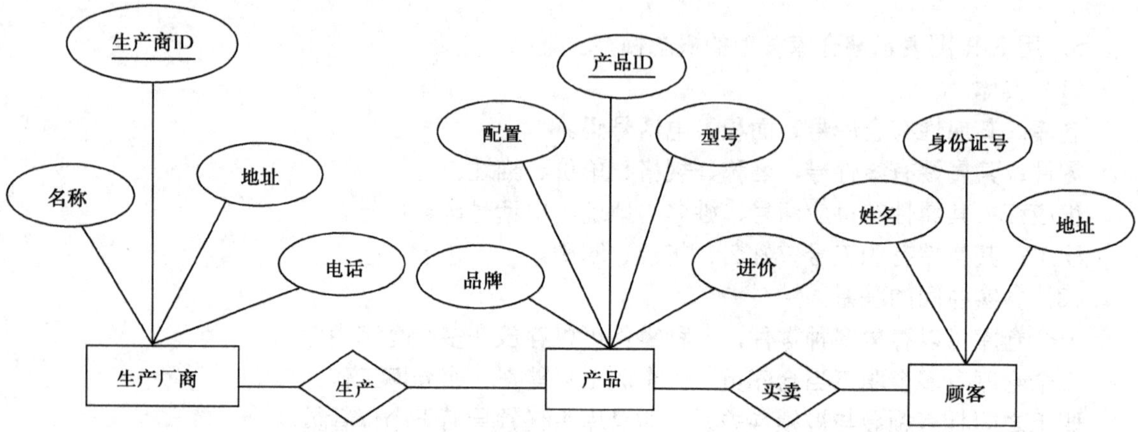

2．将如下所示的 E-R 图转换为关系模式。

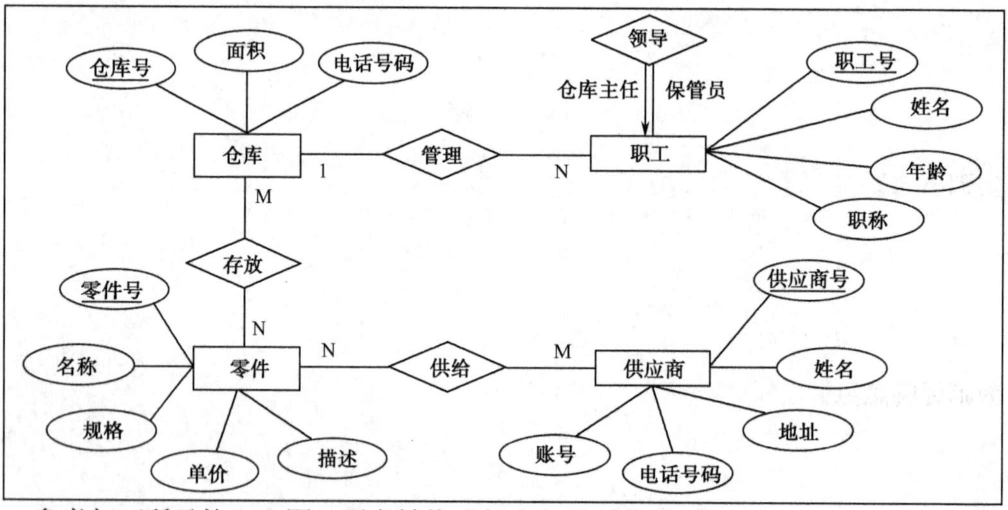

3．参考如下所示的 E-R 图，要求转换成相应的关系模式。

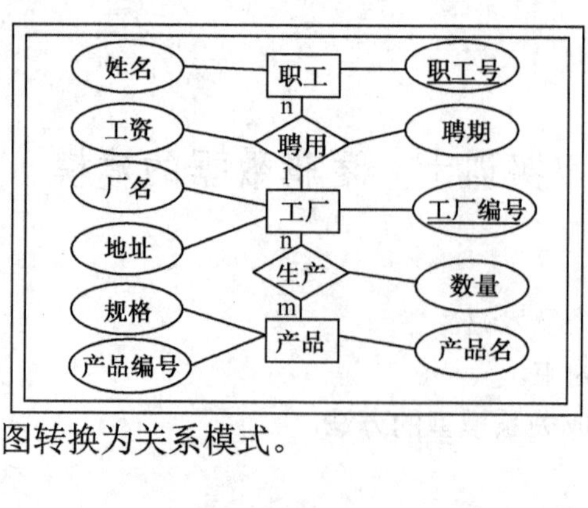

4．将如下所示的 E-R 图转换为关系模式。

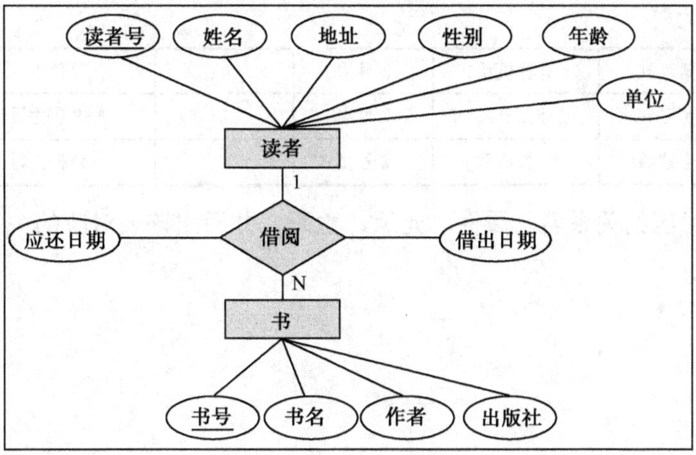

【实训小结】

【教师评阅意见】

实训十一 数据库建模

【实训目的】

1. 理解函数依赖。
2. 掌握关系范式及范式的分解。
3. 掌握关系数据库概念结构及逻辑结构设计。
4. 理解数据库设计的基本过程。

【实训重点与难点】

函数依赖（难点），关系范式及范式的分解。

【实训内容】

下表是一个描述学生情况的关系SLC，这个关系的每个字段是不可再分的，其关键字为：学号+课程号，两个属性的组合可以确定元组在关系中的位置。其中学号是不能重复的，姓名是可以重名的，同样课程号也不能重复。请回答以下问题：

学号	姓名	系	系地址	课程号	课程名	成绩
1031231	张小燕	电气系	4号楼	1	软件工程	90
1031231	张小燕	电气系	4号楼	2	ASP程序设计	60
1031231	张小燕	电气系	4号楼	3	COM技术	50
1031233	陈毓兰	机械系	5号楼	1	软件工程	100
1031233	陈毓兰	机械系	5号楼	2	ASP程序设计	89

续表

2021501	贾胜红	计算机系	2 号楼	1	软件工程	95
2021501	贾胜红	计算机系	2 号楼	2	ASP 程序设计	87
2021502	金建娥	计算机系	2 号楼	1	软件工程	73

1．指出表中对应的关系名、属性、元组、主码，并写出该表对应的关系模式。

2．分析表中存在的下列问题。

数据冗余；

数据更新异常；

数据插入异常；

数据删除异常。

3．参照下图，描述该关系模式中存在的函数依赖关系。

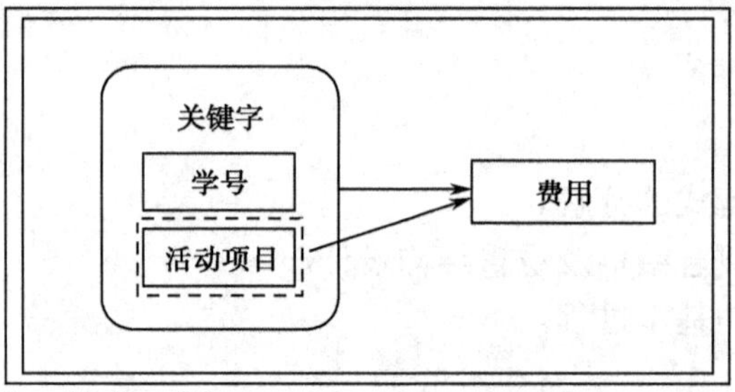

4．对上述关系进行第二范式分析。

5．对上述关系进行第三范式分析。

6. 设有关系模式：TDC（教师编号，教师姓名，职称，教师地址，所在系编号，系名称，系地址，课程号码，课程名称，教学水平，学分）。

请指出该关系模式的主码，判断该关系模式是第几范式，若不是第三范式，请将其规范化为第三范式，并指出分解后每个关系模式的主码和外码。

7. 设有关系模式：S1（学号，姓名，出生日期，所在系，宿舍楼）。其语义为：一个学生只在一个系学习，一个系的学生只住在一个宿舍楼里。

请指出该关系模式的主码，判断该关系模式是第几范式，若不是第三范式，请将其规范化为第三范式，并指出分解后每个关系模式的主码和外码。

8. 设有关系模式：S2（学号，姓名，所在系，班级号，班主任，系主任）。其语义为：一个学生只在一个系的一个班学习，一个系只有一个系主任，一个班只有一个班主任。

请指出该关系模式的主码，判断该关系模式是第几范式，若不是第三范式，请将其规范化为第三范式，并指出分解后每个关系模式的主码和外码。

【实训小结】

【教师评阅意见】

实训十二　自定义数据的完整性

【实训目的】

熟练掌握使用 SQL 语句实现各类约束。

【实训重点与难点】

六大约束的定义，外部键约束及引用行为。

【实训内容】

约束指的是对在一个基表上进行的 INSERT、UPDATE 或 DELETE 操作的结果设置限制以帮助定义有效值的集合。主要有 6 类约束：NOT NULL 约束、DEFAULT 约束、PRIMARY KEY 约束、UNIQUE 约束、FOREIGN KEY 约束、CHECK 约束。

1．NOT NULL：非空约束，不接受该属性为空的元组，在定义表时说明。

2．DEFAULT 约束：指定了列的默认值，在定义表或修改已经定义好的表时均可定义该约束。

3．PRIMARY KEY 约束：PRIMARY KEY 约束就是定义主键。可以在定义表结构或修改表结构时指定该约束。

4. UNIQUE 约束：使用 UNIQUE 约束确保在非主键列中不输入重复值。注意 UNIQUE 约束与 PRIMARY KEY 约束的不同。

5．FOREIGN KEY 约束：FOREIGN KEY 约束实现了实体间的引用完整性。

尽管 FOREIGN KEY 约束的主要目的是控制存储在外键表中的数据，但它还可以控制对主键表中数据的修改。如果试图删除主键表中的行或更改主键值，而该主键值与另一个表的 FOREIGN KEY 约束值相关，则该操作有两种不同的引用行为（在 SQL SERVER 中），即 NO ACTION 和 CASCADE。

6．CHECK 约束：CHECK 约束用于将列的取值范围限制在指定的范围内，从而使数据库中存放的数据都是有意义的值。

7．按照下面的关系模式要求，写出各约束定义。

● 创建如下两张表。

图书信息表

字段名	字段类型	约束
图书号	Char(10)	主键
图书名	Varchar(30)	非空
出版社	Varchar(30)	唯一
价格	Float	默认值：20

借书信息表

<table>
<tr><th>字段名</th><th>字段类型</th><th>约束</th></tr>
<tr><td>读者号</td><td>Char(10)</td><td rowspan="2">主键</td></tr>
<tr><td>图书号</td><td>Char(10)</td></tr>
<tr><td>数量</td><td>Int</td><td>默认值：1</td></tr>
<tr><td>借书日期</td><td>Datetime</td><td>唯一</td></tr>
<tr><td>应还日期</td><td>Datetime</td><td>唯一</td></tr>
</table>

● 假设图书信息表中已经有一行记录，值为：

('100001'，'数据结构'，'bbb'，21）

请分析下面语句的出错原因。

① insert into 图书信息表(图书号,图书名,出版社)

values('100001',null,'aaa')

② insert into　图书信息表 values('100002','网络技术','bbb',18)

● 给借书信息表定义外键。

● 请分析下面语句的出错原因。

insert into 借书信息表

values('001','100002',2,'2006-11-3','2006-11-18')

● 要求“图书信息表”中“价格”字段的值介于 0～100 元之间。

【实训小结】

【教师评阅意见】

实训十三　强制复杂的业务规则的定义

【实训目的】

理解并掌握触发器的建立及使用。

【实训重点与难点】

触发器的定义。

【实训内容】

1．除了可以使用约束来完成数据的用户自定义完整性，还可使用触发器来实现用户自定义完整性。有三种类型的触发器：INSERT 触发器，UPDATE 触发器，DELETE 触发器。

2．建立触发器以实现以下功能：

● 学生表中插入新行时，班级的取值必须以"GZ"打头。若不符合条件，请给出提示，并回滚事务。

● 不允许把课程的周课时数减小，若出现此情况，请给出提示，并回滚事务。

● 删除学生表中学生的同时要求删除此学生在选课表中的所有选课记录。

● 使用 instead of 触发器：用打印出“不能删除学生”的提示取代任何对学生表的删除动作。

【实训小结】

【教师评阅意见】

实训十四 SQL 语句综合练习

【实训目的】

通过综合练习，帮学生巩固 SQL 语句的各种用法。

【实训重点与难点】

1．查询语句的用法。

2．约束、触发器的建立。

3．子查询。

4．触发器。

【实训内容】

1．检索出年龄小于 22 岁的所有陈姓男生。

2．检索出周课时数大于 2 的课程信息。

3．检索出 GZ02 计 6 班选择了 3 号课程的学生信息（分别用连接和子查询完成）。

4．列出 1 号课程的课程号、学生姓名和成绩，并且按照成绩降序排列（连接）。

5．检索出选修了“Delphi”课的女生信息（分别用连接和子查询完成）。

6．汇总出每个班级选择了 COM 技术课的人数（分别用连接和子查询完成）。

7．列出女生人数大于等于10的班级名及女生人数，并且按照女生人数降序排列。

8．用两种方法完成：

- 将女生的条件放在分组前；
- 将女生的条件放在分组后。

9．汇总出每个班级每位学生所选修的总的课时数，要求显示出班级、学生姓名和总课时数，并按班级升序排序（总课时数为周课时数之和）。

10．检索所有选修课程号为2或3的GZ02计6班的同学，显示其学号和选修的课程名称（连接）。

11．取得班级平均年龄小于全校平均年龄的班级以及平均年龄（子查询）。

12.检索所有选修了课程号为2但没有选修3号课程的GZ02计6班的同学信息(子查询)。

13．查询“COM技术”课程的成绩大于等于全校“COM技术”课程平均成绩的班级（子查询）。

【实训小结】

【教师评阅意见】

反侵权盗版声明

举报电话：（010）88254396；（010）88258888
传　　真：（010）88254397
E-mail：　dbqq@phei.com.cn
通信地址：北京市万寿路 173 信箱
　　　　　电子工业出版社总编办公室
邮　　编：100036